Dr. Oetker Kochbuch

Dr. Oetker Kochbuch

Grundrezepte für die gute Küche

Prisma Verlag Gütersloh

Alle Rezepte sind
– wenn nicht anders angegeben –
für 4 Personen berechnet.

Sonderausgabe für den
Prisma Verlag GmbH, Gütersloh

Gestaltung: Agentur für Werbung und Marketing
ATS GmbH, Bielefeld
Titelfoto und Fotos Kapitel-
Doppelseiten: Arnold Zabert, Hamburg
Rezepte und Anleitungen:
Versuchsküche Dr. Oetker, Bielefeld
ISBN 3 570 09842 7

Nach diesem Buch kann jeder kochen.
Denn es ist ein Grundkochbuch von
Dr. Oetker, in dem alles steht,
was man vom Kochen wissen möchte.
Voller Rezepte für köstliche Gerichte.
Reich bebildert. Mit leicht verständlichen
Arbeitsanleitungen, Würztabellen,
küchentechnischen Grundbegriffen und
Menü-Vorschlägen.
Alle Rezepte wurden in der Dr. Oetker
Versuchsküche entwickelt und garantieren
ein gutes Gelingen.
Viel Spaß beim Kochen und guten Appetit.

Inhaltsübersicht

Seite

Küchentechnische Ausdrücke

Abschäumen

Entfernen des Schaumes nach dem ersten Aufkochen von Fleischbrühen.

Abschrecken

Übergießen heißer Nahrungsmittel mit kaltem Wasser.

Abschlagen

Schlagen von rohen Zutaten unter Erwärmung im Wasserbad zu einer cremigen Masse.

Abwällen

Kurzes Erhitzen eines rohen Lebensmittels durch Eintauchen in kochendes Wasser oder Übergießen damit.

Abziehen (legieren)

Eigelb oder Ganz-Ei mit etwas Flüssigkeit (Wasser oder Sahne) verschlagen und unter Schlagen in die kochendheiße Speise geben, diese darf nicht mehr aufkochen.

Al dente

Körnig (mit Biß) kochen, z. B. Teigwaren (Nudeln), Reis (Risotto).

Anschwitzen (andünsten)

Erhitzen des Kochgutes (Suppengrün, Zwiebel, Gemüse) in heißem Fett, ohne daß es bräunt.

Ausbacken (fritieren)

Garen in heißem Fett, das Kochgut muß darin schwimmen. Entweder wird dazu nur Speiseöl verwendet oder nur festes Fett, z. B. Pflanzenfett, aber nicht Öl und festes Fett gemischt.

Backen

Garen durch heiße Luft im Backofen oder in Spezialgeräten wie Waffeleisen usw.

Bardieren

Fleisch oder Fisch mit Speckscheiben umhüllen.

Beizen (marinieren)

Einlegen von Fleisch zur Geschmacksabwandlung (Sauerbraten) oder zur Milderung des oft strengen Wildgeschmacks. Beize enthält neben den Hauptbestandteilen wie Essig, Rotwein oder Buttermilch zahlreiche Gewürze und Zwiebeln.

Binden

Suppen oder Soßen mit kalt angerührter Speisestärke oder kalt angerührtem Mehl sämig machen.

Blanchieren

Rohe Lebensmittel mit kochendem Wasser übergießen oder kurze Zeit in kochendes Wasser tauchen, mit kaltem Wasser übergießen.

Braten

Garen in Fett bei hoher Temperatur im Brattopf, in der Pfanne, im Backofen, auf dem Rost oder in der Rostbratpfanne. Wichtig ist die schnelle und gute Bräunung, bei der sich Röst- und Aromastoffe bilden.

Dämpfen

Garen im Siebeinsatz in Wasserdampf im gut verschlossenen Topf. Der Nährstoffverlust ist gering, da das Kochgut nicht unmittelbar mit dem Kochwasser in Berührung kommt.

Dressieren

Fleischstücke, Geflügel oder Fisch vor dem Kochen oder Braten mit Hilfe von Stäbchen, Klammern oder Küchengarn in eine bestimmte Form bringen.

Dünsten

Garen im eigenen Saft, wenn nötig unter Zugabe von etwas Fett oder Flüssigkeit. Die Nährstoffe bleiben weitgehend erhalten.

Filetieren (filieren)

Heraustrennen der Filets aus Fisch.

Flambieren

Ein Gericht mit Alkohol übergießen und anzünden.

Fritieren

Ausbacken (d. h. Garen und Bräunen) von vorbereiteten Lebensmitteln schwimmend in heißem Fett.

Garnieren

Gerichte mit farblich abgestimmten kleinen Beigaben ausschmücken.

Gar ziehen lassen

Das Kochgut knapp unter der Kochtemperatur halten.

Glasieren

Gerichte mit Sülze, Gelee, konzentriertem Fleischsaft überziehen oder Kuchen und Torten durch Zuckerguß, Schokoladenguß, durchgerührter, erwärmter Konfitüre glänzend machen.

Gratinieren

Überbacken einer Speise in starker Hitze zum Bräunen und zur Krustenbildung.

Grillen

Garen durch Strahlungshitze bei besonders hoher Temperatur.

Karamelisieren

Schmelzen und Bräunen von Zucker unter ständigem Rühren, mit Flüssigkeit ablöschen.

Klären

Brühe durch Aufkochen mit Eiweiß oder durch Filtrieren klären.

Kochen

Garen in Flüssigkeit. Nur anzuwenden, wenn die Flüssigkeit zu Suppen oder Soßen verwendet werden kann, da ein Teil der Nährstoffe in das Kochwasser übergeht. Grundsätzlich muß das Kochgut bei hoher Einstellung kochend gehalten werden, ohne überzukochen. Bei Herden mit Automatikplatten, die auf den Bereich „Kochen" gestellt werden können, entfällt das Umstellen, denn der Kochvorgang wird selbsttätig durch die Temperaturautomatik überwacht.

Köcheln

Bei schwacher Hitze kochen.

Legieren

Sämigmachen von Soßen und Suppen durch Zugabe von verschlagenem Eigelb und vorsichtigem Erwärmen.

Marinieren

Fleisch, Fisch oder Gemüse in eine Beize einlegen.

Panieren

Das Bratgut nacheinander wenden in Weizenmehl, verschlagenem Ei und Semmelmehl.

Passieren

Soßen, Suppen, Gemüse, Früchte usw. durch ein Sieb streichen.

Pochieren

Aufgeschlagene Eier in kochendes Essigwasser gleiten lassen und garen.

Pökeln

Haltbarmachen von Fleisch (Eisbein, Kasseler) und Gemüse (Sauerkraut) in einer Lösung aus Koch-oder Pökelsalz.

Pürieren

Zerkleinern von rohen oder gekochten Lebensmitteln zu einer breiigen Masse.

Quellen

Einweichen von Hülsenfrüchten, Backobst in reichlich Wasser, damit sich das Gewebe mit Wasser anreichert und ein schnelles Garen erreicht wird. Einweichwasser grundsätzlich mit verwerten.

Räuchern

Aromatisieren und Haltbarmachen von Fleisch, Wurst und Fisch durch Einwirken von Rauch verschiedener Hölzer.

Rösten

Bräunen von Lebensmitteln durch starke Hitzeentwicklung.

Schmoren

Anbraten in Fett im offenen Gefäß bis zur Bräunung und garen unter Zugabe von Flüssigkeit im geschlossenen Topf.

Schwenken

Gegarte Kartoffeln oder Gemüse vorsichtig in zerlassener Butter wenden.

Spicken

Speckstreifen mit einer Spezialnadel durch Fleisch ziehen.

Stocken

Garen von Ei oder Eimasse mit oder ohne Fett bei geringer Temperatur.

Toasten

syn. rösten: bräunen von Brot durch Wärmestrahlung.

Tranchieren

Kunstgerechtes Zerlegen von Geflügel, Fleisch oder Fisch.

Überbacken (gratinieren)

Fertige Speisen, die mit geriebenem Käse oder Semmelmehl und Butterflöckchen belegt sind, bei starker Hitze von oben bräunen oder überkrusten lassen.

Unterheben (unterziehen)

Vorsichtiges Vermengen (nicht verrühren) von steifgeschlagenem Eiweiß oder Sahne mit einer Teig-/Eigelbmasse.

Im Wasserbad garen

Garen von empfindlichen Speisen (abgeschlagene Soßen und Cremes) in einer Schüssel, die in einem Topf mit kochendheißem Wasser hängt.

Kräuter sind das i-Tüpfelchen für viele Gerichte.

Nichts geht über einen Kräutergarten. Denn Kräuter liefern Würze fürs Essen durch ihr intensives Aroma und zusätzliche Vitamine und Mineralstoffe. Die vollen Wirkstoffe und das ganze Aroma haben aber nur gartenfrische Kräuter, die darum sorgfältig verarbeitet werden sollten.

Kräutertips

Kräuter am besten morgens pflücken, bevor die Sonne sie erwärmt hat.

Kräuter immer nur von Hand zerkleinern, nicht im Mixer.

Frische gehackte oder kleingeschnittene Kräuter erst in heiße Speisen geben, wenn diese schon angerichtet sind. Nur so bleiben Frische, Würzkraft und Wirkstoffe voll erhalten.

Kräuter nicht offen in ein Glas mit Wasser stellen. Besser: Leicht mit Wasser benetzen und in Frischhaltebeutel legen. Dann aufblasen und verschließen. Sie können die Kräuter auch locker in Klarsichtfolie wickeln. Im Kühlschrank aufbewahrt bleiben sie so drei bis vier Tage frisch.

Basilikum

Die feingeschnittenen Blätter eignen sich besonders gut zum Würzen von Tomatengerichten, kalten Kräutersoßen, wie die berühmte Pesto alla Genovese, die zu Nudeln (Spaghetti) gereicht wird. Gut geeignet für Gemüse und Gemüsesuppen (wie Minestrone), frische Salate, Fleischgerichte vom Lamm, Schwein oder Rind, gedünsteten und gebratenen Fisch und für Pizzas.

Bohnenkraut

Das pfeffrige, typisch nach Bohnen schmeckende Kraut intensiviert den Geschmack aller Bohnengerichte, auch den von getrockneten Bohnen. Ist kräftig-aromatisch und kann daher auch mit den Stengeln gekocht werden. In Eintöpfen, bei Schmortomaten und in Auberginengerichten. Es paßt sogar zu Bouillon und macht Lammgerichte würzig.

Borretsch oder Gurkenkraut

Borretsch ist ideal als Gewürz für alle Gurkengerichte, deren Aroma er wirksam unterstreicht. Wird nur frisch gehackt verwendet. Und zwar zu Blattsalaten, Misch- und Delikateßsalaten, für kalte Kräutersoßen, Kräuterquark und Crème-fraîche-Mischungen. Die dekorativen Blüten sind hübsch als Garnierung.

Dill

Frische Dillblätter und – zum Gurkeneinlegen – die trockenen Dilldolden (Blüten) verwenden. Dill gehört in Gurkensalat, zu eingelegten Gurken und ist als Gewürz genauso wichtig für Fisch, Hummer und Krebse sowie für die dazu passenden Soßen. Dill kommt ins Kochwasser von Fischen und Schalentieren, in Sahnemarinaden für Kopfsalate wie in alle Rohkostsalate, in Mayonnaise, helle Suppen und in Kräuterzubereitungen. Dill kann mit fast allen Kräutern kombiniert werden.

Estragon

Unerläßlich für die sauce béarnaise. Ist aber auch für kalte Kräuter- und Mayonnaisesoßen die typische Würze. Er paßt zu geschmortem Hähnchen (als Füllung), zu Kaninchen- und Kalbsbraten sowie zu Sauerbraten und ist wichtiger Bestandteil des Estragon-Essigs.

Kerbel

Kerbel gehört in die berühmte Frankfurter Grüne Soße. Auch zu den fines herbes (feine Kräuter) der klassischen französischen Küche, zusammen mit Schnittlauch, Petersilie und Estragon.
Mit Kerbel können Eierspeisen, Quark- und Frischkäsezubereitungen gewürzt werden. Und natürlich gehört Kerbel in die Kerbelsuppe und die Kerbelsoße, aber auch in Tomatengerichte, frische Salate sowie in Sahnesoße zu Fisch.

Lavendel

Lavendel ist ein wichtiger Bestandteil der Provence-Kräuter und wird – sparsam – als Würze für provenzalische Gerichte, aber auch für Lammbraten, Eintöpfe, Fischsuppen, im Sud für Kochfisch, in Kräuterbutter, für Salat und in Marinaden für Steaks und Braten verwendet. Verträgt sich gut mit Fenchel und Knoblauch.

Liebstöckel

Da Liebstöckel hocharomatisch ist, verliert er seinen Geschmack auch beim Kochen nicht. Die getrockneten, gemahlenen Wurzeln sind ein guter Würzvorrat für den Winter. Mitgekocht oder frisch gehackt würzt Liebstöckel Frühlings- und Eintopfsuppen, Pasteten, Bratensoßen, Erbsen- und Bohnengemüse, Salate, Kräutersoßen, Kartoffelsuppen und andere Kartoffelzubereitungen. Auch für Salate ist er geeignet.

Majoran

Auch Wurstkraut genannt, da es für viele Wurstsorten in der häuslichen Küche unentbehrlich ist. Geeignet für alle Gemüse- und Räucherfleischgerichte, auch für Leber, fettes Geflügel, die Füllung von Gänsen, für Hülsenfruchteintöpfe, Leberpastete und -knödel.

Petersilie

Vielseitige Verwendung. Wächst als glatte und krause Petersilie und macht Salate und kalte Soßen, Erbsen, Möhren, Grüne Bohnen, Suppen, Eintöpfe, Salzkartoffeln und Kräuterzubereitungen aromatisch. Paßt zu Fisch wie zu Meeresfrüchten und Geflügel. Zum Garnieren unentbehrlich. Petersilie kann mitgekocht werden, genau wie die Wurzelpetersilie.

Pfefferminze oder Minze

Pfefferminze oder Minze ist zuallererst als Tee bekannt, der auch aus frischen Blättern zubereitet werden kann, und ist unentbehrlich für die Minzsoße zu Lamm. Aber auch Wild, orientalische Hackgerichte, frische Blatt- und gemischte Salate, Drinks und Cocktails werden mit Minze gewürzt. Minze kann gut mit Basilikum und Oregano kombiniert werden.

Pimpinelle oder Bibernelle

Pimpinelle gehört in die Frankfurter Grüne Soße, würzt frische Salate, Gurkengerichte, Eintöpfe, Kräuterquark und -butter, Suppen, Rührei, Kräutereierkuchen, Mayonnaisen und helle Soßen und ist Bestandteil von Kräuteressig.

Rosmarin

Rosmarin paßt vorzüglich zu Braten, gegrilltem Fisch und anderen Grillgerichten, es macht Tomatengerichte noch würziger und eignet sich gut als Würze für Fleisch- und Fischgerichte, die im Backofen gebraten werden. Ein Kraut auch für Lammbraten nach italienischen Rezepten. Typisch provenzalisch: Lammkeule mit einer Mischung aus Knoblauch, Fenchel, Rosmarin und Basilikum. Paßt auch zu Hähnchen wie zu Auberginen und Zucchini.

Salbei

Salbei ist für Aal- und Fettfischgerichte fast unerläßlich. Gut auch für Grilladen, wenn er – das gilt allgemein – vorsichtig dosiert wird. Die italienischen Kalbsschnitzel (Saltimbocca) sind ohne Salbei nicht echt. Bekannt sind noch Salbei-Leber, -Lamm und -Schweinebraten.

Schnittlauch

Schnittlauch ist – wie die Petersilie – ein Universalkraut für fast alle salzigen Gerichte. Schnittlauch gehört zu den Zwiebelgewächsen und paßt deshalb zu allen Gerichten, bei denen auch Zwiebeln verwendet werden. Also in alle Eintöpfe, in Delikateßsalate und Blattsalate, in Kräuterquark und -butter, in Suppen und Soßen, Eierspeisen und als Brotbelag. Zu gekochtem Fisch und Mayonnaise wird Schnittlauch genauso gern verwendet. Er ist mit allen frischen Kräutern zu kombinieren.

Thymian

Thymian ist die gute Würze für Fleisch mit dunklen Soßen, Wild-, Schweine- oder Lammbraten. Er gibt Kaninchen und Geflügel ein bißchen Nelkengeschmack, der typisch für Thymian ist. Für alle Tomatengerichte, Zucchini- und Auberginengerichte geeignet und – gering dosiert – auch für Kräuterbutter und Fischgerichte.

Wermut

Sparsam verwendet gibt Wermut deftigen Eintöpfen, Schweinebraten und Gänsebraten einen interessanten Geschmack.

Zitronenmelisse

Zitronenmelisse eignet sich allein oder in Verbindung mit anderen Kräutern für Blatt- oder gemischte Salate, für Delikateßsalate und überall da, wo auch Zitrone verwendet wird. Kräutersoßen, -quark und -butter, helle Soßen und Suppen macht das Kraut feiner und ist auch für Fisch und Wild geeignet. In der süßen Küche gibt es Obstsalaten und Dessertgelees Pfiff.

Mengenangaben

Bei den folgenden Angaben handelt es sich um Durchschnittsmengen, die jede Hausfrau aufgrund ihrer Erfahrungen für die besonderen Verhältnisse ihrer Familie abändern muß. Bei der Veranschlagung des Kostmaßes sind Alter, Berufsarbeit, Gewöhnung, Veranlagung der einzelnen Personen und die Speisenzusammenstellung zu berücksichtigen.

Im allgemeinen werden folgende Mengen für eine Person und Mahlzeit zugrundegelegt:

Vorsuppe:		250 ml (¼ l)
Hauptgericht:		500 ml (½ l) Suppe
	oder	150 – 200 g Fleich ohne Knochen
	oder	200 – 250 g Fleisch mit Knochen
	oder	250 g Fisch mit Kopf
	oder	150 – 200 g Fischfilet
Beigaben:		100 – 125 ml (1/10 – ⅛ l) Soße
	und	250 g Gemüse (ungeputzt)
	oder	60 g Backobst
	und	250 g Kartoffeln (ungeschält)
	oder	60 – 70 g Reis
	oder	60 – 70 g Teigwaren
Nachtisch:		150 – 200 g frisches Obst
	oder	125 g frisches Obst für Kompott
	oder	60 g Backobst

Flüssigkeitsmengen

1000 ml (1 l)	Wasser	=	1 kg	=	1000 g
750 ml (¾ l)	Wasser	=	¾ kg	=	750 g
500 ml (½ l)	Wasser	=	½ kg	=	500 g
375 ml (⅜ l)	Wasser	=	⅜ kg	=	375 g
250 ml (¼ l)	Wasser	=	1 Suppenteller		
200 ml (⅕ l)	Wasser	=	200 g		
150 ml	Wasser	=	1 Tasse		
125 ml (⅛ l)	Wasser	=	8 Eßl.		
100 ml (1/10 l)	Wasser	=	6 Eßl.		
15 ml	Wasser	=	1 Eßl.		

Abkürzungen

kg = Kilogramm
g = Gramm
l = Liter
ml = Milliliter
Eßl. = Eßlöffel
Teel. = Teelöffel

MENÜS

Ein Menü ist die sorgfältig abgestimmte Zusammenstellung von Speisen für eine Mahlzeit.

Ob für ein Festtagsessen oder ein sonntägliches Mittagessen, die Speisenfolge sollte sowohl geschmacklich als auch farblich harmonisch aufeinander abgestimmt sein.

Auch die Getränke spielen eine wichtige Rolle. Sie unterstreichen den Geschmack und runden das Menü ab.

Zu leichten Vorspeisen wie Suppen, Salate und zu gedünstetem und gekochtem Fisch passen leichte, trockene Weißweine.

Zu herzhaften Vorspeisen und zu hellem Fleisch sollten kräftige Weißweine und spritzige Roséweine (Weißherbst) gereicht werden.

Zu dunklem Fleisch, zu Wild und Wildgeflügel eignen sich leichte, trockene bis volle Rotweine.

Zu Desserts können schwere, vollmundige Weine, Sherry, Sekt oder Champagner serviert werden.

Die folgenden Vorschläge dienen als Anregung und zeigen die Möglichkeiten auf, Gerichte aus diesem Buch zu einem Menü zusammenzustellen.

Rindfleischbrühe mit Schöberln S. 17

*

Schweinefilet mit

Erbsengemüse und Ananasstücken S. 101

Kartoffelkroketten S. 195

*

Sherry-Frucht-Gelee S. 229

Kalbfleischbrühe S. 18 mit Leberklößchen S. 20

*

Hähnchen mit Champignons S. 129

Peters Salat S. 40

*

Westfälische Erdbeeren S. 215

Gefüllte Tomaten S. 148

*

Minestrone S. 22

*

Überkrusteter Curry-Fisch S. 61

Reisring S. 200

Endiviensalat S. 32

*

Erdbeer-Schlemmereis S. 238

Porreesuppe S. 26

*

Schweinebraten mit Kruste S. 99

Kartoffelklöße S. 196

Sauerkraut S. 147

*

Rote Grütze S. 223

Bunte Salatschüssel S. 36
*
Legierte Spargelsuppe S. 23
*
Hammelrücken S. 102
Broccoli mit feiner Eiersoße S. 139
Pommes frites S. 194
*
Vanille-Quarkcreme S. 231

Überbackene Zwiebelsuppe S. 23
*
Gefüllte Rebhühner S. 120
Ratatouille S. 145
Petersilienkartoffeln S. 192
*
Zimt-Eierkuchen mit Ahornsirup S. 184

Trockener Sherry oder trockener Wermut
*
Pilzsalat Richard S. 40
*
Frische Erbsensuppe S. 24
*
Seezungenschleifen S. 60
Toast
dazu:
Weißwein-Riesling aus dem Rheingau
*
Rehsteak mit Sauerkirschen S. 113
Herzogin-Kartoffeln S. 197
Eisbergsalat S. 33
dazu:
Rotwein-Spätburgunder aus dem Kaiserstuhl
*
Welfenspeise S. 231
*
Mokka
Weinbrand oder Likör

Sekt oder Champagner
*
Weinbergschnecken S. 72
*
Kerbel-Kräuter-Suppe S. 24
*
Feiner Geflügelsalat S. 46
dazu:
Weißwein – Müller-Thurgau – aus Franken
*
Rinderfiletsteaks S. 106
Folienkartoffeln S. 194
mit Crème fraîche-Füllung
Ratatouille S. 145
Rotwein – Spätburgunder – aus Württemberg
*
Johannisbeeren mit Eierlikör S. 216
*
Mokka
Weinbrand
Likör oder Sekt

Champagner oder
Weißwein – Ruländer Auslese
aus dem Kaiserstuhl
*
Scampi Americaine S. 72
dazu:
Weißwein – Weißburgunder aus Baden
*
Salat schöne Gärtnerin S. 50
*
Wildschweinkoteletts mit
Äpfeln und Zwiebeln S. 116
Kräuterkartoffeln
dazu:
Weißherbst aus Baden
*
Pfirsich „Melba" S. 237
*
Mokka
Weinbrand
Likör oder Sekt

Suppen

Fleisch-, Knochen- und Grundsuppen

1. Fleisch und Knochen nur kurz mit kaltem Wasser abspülen, damit keine Nährstoffe verlorengehen.

2. Fleisch in kaltes oder kochendes Wasser geben. Kommt es nur auf eine gute Brühe an, das Fleisch (evtl. kleinschneiden) in kaltem Wasser aufsetzen, damit das Fleisch besser auslaugt. Soll das Fleisch saftig bleiben, es in kochendes Wasser geben; das Eiweiß an den Schnittflächen gerinnt sofort und verschließt die Poren des Fleisches.

3. Fleisch muß während des Kochens mit Wasser bedeckt sein, da es sonst hart und zäh wird.

4. Brühe bei starker Hitze fast zum Kochen bringen, abschäumen, bei schwacher Hitze fertig kochen.

5. Ein Verkochen der Flüssigkeit braucht beim Ansetzen nicht berücksichtigt zu werden, da auf dem Gas- und Elektroherd bei richtiger Einstellung der Flamme bzw. der Kochplatte kaum Wasser verdampft.

6. Das geputzte, gewaschene Suppengrün kleingeschnitten oder gebündelt in die Brühe geben, je nachdem, ob es in der Suppe bleiben soll oder nicht.
Petersilie erst kurz vor dem Anrichten in die Suppe geben, sie verliert durch das Kochen die grüne Farbe und die Vitamine. Um eine dunklere Färbung der Brühe zu erzielen, eine fettlos gebräunte Zwiebel darin mitkochen lassen.

7. Wird eine besonders klare Suppe gewünscht, Einlagen wie Teigwaren, Reis, Klöße in Salzwasser gar kochen, mit kaltem Wasser abspülen (Klöße nicht) und sie erst kurz vor dem Anrichten in die fertige Suppe geben.

8. Um einer gebundenen Suppe einen kräftigen Geschmack zu geben, Mehl, Grieß, Reis und Sago zunächst mit Fett anrösten, dann mit der erforderlichen Flüssigkeit auffüllen (ablöschen), gar kochen. Diese Zubereitungsart bei der sogenannten Mehlschwitze wählen, wobei das Mehl, je nach Wunsch, heller oder dunkler geröstet werden kann.

Dunkle Grundsuppe

40 g Butter oder Margarine	zerlassen
50 g Weizenmehl	unter Rühren so lange darin erhitzen, bis es hell- bis dunkelbraun ist
evtl. 1 Zwiebel	abziehen, würfeln, in das leicht gebräunte Mehl geben, da sie sonst zu dunkel wird
1 l Flüssigkeit	hinzugießen, mit einem Schneebesen durchschlagen, zum Kochen bringen, etwa 10 Minuten kochen lassen, nach Belieben abschmecken.

Helle Grundsuppe

40 g Butter oder Margarine	zerlassen
40 g Weizenmehl	unter Rühren so lange darin erhitzen, bis es hellgelb ist
1 l Flüssigkeit	hinzugießen, mit einem Schneebesen durchschlagen, zum Kochen bringen, etwa 10 Minuten kochen lassen, nach Belieben abschmecken.

Knochenbrühe

500 g zerkleinerte Fleischknochen	
2 Markknochen	unter fließendem kaltem Wasser abspülen, in
1½ l kaltes Salzwasser	geben, zum Kochen bringen, abschäumen
1 Bund Suppengrün	putzen, waschen, kleinschneiden, etwa 30 Minuten vor Beendigung der Kochzeit in die Brühe geben, mitkochen lassen, die Brühe durch ein Sieb gießen
1 rote und 1 grüne Paprikaschote	halbieren, entstielen, entkernen, die weißen Scheidewände entfernen, die Schoten waschen, in Streifen schneiden, in der Brühe in 10 – 15 Minuten gar ziehen lassen, nach Belieben mit
geschrotetem, schwarzem Pfeffer	würzen
Kochzeit:	Etwa 2½ Stunden.

Fleischbrühe

250 g Knochen	abspülen, zerkleinern
375 g Rindfleisch (Brust-, Schwanzstück oder Bein)	waschen
	beide Zutaten in
2 l kaltes Salzwasser	geben, zum Kochen bringen
1 Bund Suppengrün	putzen, waschen
1 Zwiebel	abziehen, in Scheiben schneiden, nach Belieben rösten, mit dem Suppengrün in die Brühe geben, kochen lassen wenn das Fleisch gar ist, die Brühe durch ein Sieb gießen, mit Salz,
Fleischextrakt oder Suppenwürze	abschmecken
Kochzeit:	2½ – 3 Stunden
	klare Fleischbrühe in Tassen mit
Käsestangen	reichen oder sie zu einer der nachfolgenden Suppen mit Einlage verwenden.

Rindfleischbrühe mit Schöberln

1½ l Wasser	zum Kochen bringen
250 g Beinscheibe (vom Rind)	
2 – 3 Rindermarkknochen	
	beide Zutaten unter fließendem kaltem Wasser abspülen, in das kochende Wasser geben, zum Kochen bringen, abschäumen
1 Bund Suppengrün	putzen, waschen, zerkleinern, in die Brühe geben
	das Fleisch gar ziehen lassen
	die Brühe durch ein Sieb gießen, mit
Salz	
Suppenwürze	abschmecken
Kochzeit:	2 – 2½ Stunden
	für die Schöberln
2 Eiweiß	mit
Salz	
Zucker	steif schlagen
2 Eigelb	
4 gestrichene Eßl. Weizenmehl	
2 gestrichene Eßl. geriebenen Parmesan-Käse oder Gouda-Käse	
2 Eßl. feingeschnittenen Schnittlauch	unterziehen
	die Masse auf ein gefettetes, mit Mehl bestäubtes Backblech in der Größe von 20 × 20 cm streichen, in den Backofen schieben
Strom:	175 – 200
Gas:	3 – 4
Backzeit:	8 – 10 Minuten
	die gestockte Masse etwas abkühlen lassen, in kleine Rauten schneiden, in die Rindfleischbrühe geben.

Einlaufsuppe

2 Eßl. Weizenmehl	mit
1 Eßl. Milch	
1 Ei	
Salz, geriebener Muskatnuß	verschlagen, tropfenweise (über einen Quirl oder durch die Löcher eines Schaumlöffels) in
1 l stark kochende Fleischbrühe (S. 16) oder Instant-Fleischbrühe	geben, einmal aufkochen lassen, die Suppe mit
gehackter Petersilie	bestreuen
Kochzeit:	Etwa 3 Minuten.

Ochsenschwanzsuppe

750 g Ochsenschwanz	waschen, abtrocknen, in Stücke schneiden
1 mittelgroße Zwiebel	abziehen, in Scheiben schneiden
1 Bund Suppengrün	putzen, waschen, kleinschneiden
40 g Margarine	erhitzen, den Ochsenschwanz mit
40 g Schinkenspeck-würfeln	gut darin bräunen, Zwiebel und Suppengrün hinzufügen, kurz miterhitzen
1½ l heißes Wasser	mit
4 Pfefferkörnern 2 Pimentkörnern (Nelkenpfeffer) 1 Gewürznelke 1 kleinen Lorbeerblatt, Salz	hinzufügen, zum Kochen bringen, gar kochen lassen, die Brühe durch ein Sieb gießen, entfetten, das Fleisch von den Knochen lösen, kleinschneiden
40 g Margarine	zerlassen
50 g Weizenmehl	unter Rühren so lange darin erhitzen, bis es dunkelbraun ist, die Brühe hinzugießen, mit einem Schneebesen durchschlagen, darauf achten, daß keine Klumpen entstehen, die Suppe zum Kochen bringen, das Fleisch hinzugeben, etwa 5 Minuten kochen lassen, mit
Salz, Pfeffer 1 – 2 Eßl. Zitronensaft Rotwein Zucker	abschmecken
Kochzeit:	Etwa 2 Stunden.

Hühnerbrühe

1 küchenfertiges Suppenhuhn (1¼ kg)	waschen, zusammen mit Herz, aufgeschnittenem, gesäubertem Magen, Hals in
2½ l kochendes Salzwasser	geben
1 Bund Suppengrün	putzen, waschen, kleinschneiden, hinzufügen, zum Kochen bringen, alles gar kochen lassen (die Leber nur wenige Minuten mitkochen) wenn das Huhn gar ist, die Brühe durch ein Sieb gießen, das Hühnerfleisch von den Knochen lösen, nach Belieben kleinschneiden, in die Brühe geben oder zu Frikassee verwenden
Kochzeit:	Etwa 2 Stunden.
Einlage:	Verlorene Eier.

Gulaschsuppe

300 g Zwiebeln	abziehen, in Scheiben schneiden
1 rote und 1 grüne Paprikaschote (etwa 400 g)	halbieren, entstielen, entkernen, die weißen Scheidewände entfernen, die Schoten waschen, in feine Streifen schneiden
250 g Rindfleisch	waschen, in kleine Würfel schneiden
60 g Margarine	zerlassen, die Zwiebeln darin hellgelb dünsten lassen, Paprikastreifen,
3 schwach gehäufte Eßl. Tomatenmark	hinzufügen, andünsten, das Fleisch, etwa 250 ml (¼ l) von
1½ l heißer Fleischbrühe (S. 16) oder Instant-Fleischbrühe Salz Paprika extrascharf Gulasch-Gewürz Knoblauchsalz	hinzufügen, gut umrühren, dünsten lassen, 30 Minuten vor Beendigung der Garzeit die restliche Brühe hinzugießen, gar kochen lassen
3 gestrichene Teel. Speisestärke	mit
2 Eßl. kaltem Wasser	anrühren, die Suppe damit binden, mit
Tabascosoße	abschmecken
Garzeit:	Etwa 1¼ Stunden.
Veränderung:	300 g geschälte, gewaschene, in kleine Würfel geschnittene Kartoffeln 20 Minuten vor Beendigung der Kochzeit in die Suppe geben.

Kalbfleischbrühe

250 g zerkleinerte Kalbsknochen	unter fließendem kaltem Wasser abspülen
250 g Kalbfleisch (aus der Brust)	waschen, beide Zutaten in
1½ l kaltes Salzwasser	geben, zum Kochen bringen, abschäumen
1 Bund Suppengrün	putzen, waschen, kleinschneiden, hinzufügen, das Fleisch gar ziehen lassen, die Brühe durch ein Sieb gießen, mit Salz,
Fleischextrakt oder Suppenwürze	abschmecken
etwa 100 g gekochte Spargelköpfe etwa 100 g gedünstete Erbsen	nach Belieben hinzufügen, miterhitzen
Kochzeit:	Etwa 1½ Stunden.
Beigabe:	Weißbrot.

Flädle-Suppe

1 Ei	mit
Salz	
4 Eßl. kalter Milch	
3 gestrichenen Eßl. Weizenmehl	verschlagen
2 Eßl. Speiseöl	in einer Stielpfanne erhitzen, eine dünne Teiglage hineingeben, von beiden Seiten goldgelb backen, von dem restlichen Teig nochmals 1 Pfannkuchen backen (es können auch evtl. übrig gebliebene Pfannkuchen vom Vortage verwendet werden)
	die Pfannkuchen aufrollen, in dünne Streifen (Flädle) schneiden, in
1 l heiße Fleischbrühe (S. 16) oder Instant-Fleischbrühe	geben, kurz miterhitzen, nach Belieben mit
feingeschnittenem Schnittlauch	bestreuen
Kochzeit:	2 – 3 Minuten.

Suppeneinlagen

1. Wird eine besonders klare Suppe gewünscht, Einlagen – wie Teigwaren, Reis, Klöße – in Salzwasser gar kochen, sie erst kurz vor dem Anrichten in die fertige Suppe geben. Einlagen in gebundenen Suppen garen.
2. Um Klößchen abzustechen, Löffel vorher in die kochende Flüssigkeit tauchen, damit sich der Teig gut ablöst; um runde Klößchen zu erhalten, diese zweckmäßig mit nassen Händen formen.
3. Alle Klößchen in kochende Flüssigkeit geben, im offenen Topf gar ziehen lassen (Flüssigkeit muß sich leicht bewegen).

Markklößchen

40 g Mark	zerlassen, durch ein Sieb gießen, kalt stellen
	das abgekühlte Fett schaumig rühren
1 Ei	
Salz	und so viel
Semmelmehl (etwa 45 g)	hinzufügen, daß eine geschmeidige Masse entsteht, darunter
1 Messerspitze Backpulver Backin	rühren
	die Masse ½ Stunde stehenlassen, mit nassen Händen Klößchen daraus formen, in
kochendes Salzwasser oder in kochende Suppe	geben, gar ziehen lassen (Flüssigkeit muß sich leicht bewegen)
Garzeit:	Etwa 3 Minuten.

Grießklößchen

125 ml (⅛ l) Milch	mit
10 g Butter oder Margarine	
Salz, geriebener Muskatnuß	zum Kochen bringen, von der Kochstelle nehmen
50 g Grieß	unter Rühren hineinstreuen, zu einem glatten Kloß rühren, noch etwa 1 Minute erhitzen
	den heißen Kloß in eine Schüssel geben
1 Ei	unterrühren
	aus der Masse mit zwei nassen Teelöffeln Klößchen formen, in
kochendes Salzwasser oder in kochende Suppe	geben, gar ziehen lassen (Flüssigkeit muß sich leicht bewegen)
Garzeit:	Etwa 5 Minuten.

Eierstich

2 Eier	mit
125 ml (⅛ l) kalter Milch	
Salz, geriebener Muskatnuß	verschlagen, in ein mit
Butter oder Margarine	gefettetes Gefäß füllen, mit
Alufolie	verschließen, in kochendes Wasser stellen, das Wasser wieder zum Kochen bringen, den Topf mit einem Deckel verschließen (das Wasser nicht mehr kochen lassen), wenn die Masse fest geworden ist, sie stürzen, in Würfel schneiden, in die Suppe geben
Garzeit:	Etwa 30 Minuten.
Veränderung:	1 Eßl. feingehackte Kräuter, feingeriebenen Käse oder Tomatenmark mit den Eiern verschlagen.

Fleischklößchen

20 g Margarine	geschmeidig rühren
50 g Gehacktes	
1 Eigelb	
Salz, Pfeffer	
20 g Semmelmehl	hinzufügen
	aus der Masse mit nassen Händen Klößchen formen, in
kochendes Salzwasser oder in kochende Suppe	geben, gar ziehen lassen (Flüssigkeit muß sich leicht bewegen)
Garzeit:	Etwa 5 Minuten.
	Die Klößchen eignen sich besonders gut als Einlage in Frikassee und Ragout.

Leberklößchen

50 g Leber (z. B. Geflügelleber)	enthäuten
1 Zwiebel	abziehen
2 gestrichene Eßl. fetter Speck	
	die Zutaten durch den Fleischwolf drehen oder fein hacken, mit
1 Eigelb	
Salz, Pfeffer	
2 Eßl. Semmelmehl	mischen, von der Masse mit einem Teelöffel Klößchen abstechen, in
kochendes Salzwasser oder in kochende Suppe	geben, gar ziehen lassen (Flüssigkeit muß sich leicht bewegen)
Garzeit:	Etwa 10 Minuten.

Gemüsesuppen

1. Gemüsesuppen ganz oder zum Teil mit Fleisch- oder Knochenbrühe zubereiten. Wasser, Gemüsebrühe und Reste von Gemüsekochwasser ebenfalls verwenden.

2. Die Vorbereitung von frischem Gemüse (putzen, waschen) erfolgt nach den Vorschriften, die für das Vorbereiten von Gemüse angegeben sind.

3. Frisches Gemüse entweder mit kochender Flüssigkeit ansetzen oder in Fett andünsten, mit heißer Flüssigkeit auffüllen, gar kochen lassen.

4. Trockengemüse (Hülsenfrüchte) 12 – 24 Stunden in Wasser einweichen, mit dem Einweichwasser zum Kochen bringen, gar kochen lassen.

5. Zur feineren Zubereitung Suppen durch ein Sieb streichen.

6. Falls Diätvorschriften eine Mehlschwitze verbieten, die Suppe mit kalt angerührter Speisestärke binden, vor dem Anrichten ein Stück Butter hinzufügen.

Tomatensuppe

(2 – 3 Portionen)

2 mittelgroße Zwiebeln	abziehen
1 Stück Sellerie (75 g) ***1 Stück Porree (75 g)***	beide Zutaten putzen, waschen die 3 Zutaten zusammen mit
75 g durchwachsenem Speck	in kleine Würfel schneiden
1 Knoblauchzehe	abziehen, zerdrücken
1 Eßl. Olivenöl	erhitzen, die Zutaten darin andünsten
500 ml (½ l) Fleischbrühe (S. 16) oder Instant-Fleischbrühe	hinzugießen, zum Kochen bringen, etwa 15 Minuten kochen lassen
250 g Tomaten	kurze Zeit in kochendes Wasser legen (nicht kochen lassen), in kaltem Wasser abschrecken, enthäuten die Tomaten aushöhlen, das Äußere in Würfel schneiden, mit
2 Eßl. Tomatenmark	in die Suppe geben, mit
Salz, Pfeffer gerebeltem Basilikum gerebeltem Oregano gerebeltem Rosmarin	würzen, 2 – 3 Minuten kochen lassen die Suppe in Suppentassen anrichten auf jede Portion etwas von
1 Becher (150 g) Crème fraîche	geben, mit
gehackten Kräutern	bestreuen
Kochzeit:	Etwa 18 Minuten.

Blumenkohlsuppe

375 g vorbereiteten Blumenkohl	in Röschen teilen, waschen, in
750 ml (¾ l) kochendes Salzwasser	geben, zum Kochen bringen, gar kochen lassen das Blumenkohlwasser durch ein Sieb gießen, mit Wasser auf 750 ml (¾ l) auffüllen
40 g Butter oder Margarine	zerlassen
40 g Weizenmehl	unter Rühren so lange darin erhitzen, bis es hellgelb ist, das Gemüsewasser,
250 ml (¼ l) Milch	hinzugießen, mit einem Schneebesen durchschlagen, darauf achten, daß keine Klumpen entstehen, die Suppe zum Kochen bringen, etwa 10 Minuten schwach kochen lassen
1 Eigelb	mit
2 Eßl. kaltem Wasser	verschlagen, die Suppe damit abziehen, mit
Salz Suppenwürze geriebener Muskatnuß	abschmecken, die Blumenkohlröschen hinzugeben
Kochzeit:	30 – 40 Minuten.

Minestrone

2 Zwiebeln	abziehen, zusammen mit
75 g durchwachsenem Speck	in Würfel schneiden
4 – 5 Eßl. Speiseöl	erhitzen, Zwiebeln und Speck darin andünsten
1 halbe kleine Sellerieknolle	putzen, schälen, waschen
2 Stangen Porree (Lauch)	putzen, gründlich waschen
250 g Möhren	putzen, schrappen, waschen
375 g Weißkohl	putzen, waschen das Gemüse in Streifen schneiden (Porree evtl. nochmals waschen), zu der Speck-Zwiebel-Masse geben, mitdünsten lassen
1½ l Fleischbrühe (S. 16) oder Instant-Fleischbrühe	hinzugießen, zum Kochen bringen
125 g Spaghetti	in fingerlange Stücke brechen, in die kochende Suppe geben, gar kochen lassen
250 g enthäutete Tomaten	in Würfel schneiden
100 g gedünstete Erbsen	beide Zutaten kurz vor Beendigung der Garzeit in die Suppe geben, miterhitzen die Suppe nach Belieben mit
geriebenem Käse	bestreuen oder ihn getrennt dazureichen
Garzeit:	Etwa 35 Minuten.

Selleriesuppe

250 g Sellerie	schälen, waschen, in dünne Streifen oder Scheiben schneiden, in
1 – 1¼ l kochendes Wasser	geben, zum Kochen bringen, gar kochen lassen, aus dem Kochwasser nehmen, durch ein Sieb streichen (einige Stücke zurücklassen), den durchgestrichenen Sellerie wieder in das Kochwasser geben
40 g Margarine	zerlassen
40 g Weizenmehl	unter Rühren so lange darin erhitzen, bis es hellgelb ist, die Gemüsebrühe hinzugießen, mit einem Schneebesen durchschlagen, zum Kochen bringen, etwa 10 Minuten kochen lassen, die Selleriestückchen hinzugeben die Suppe mit
Salz	abschmecken, nach Belieben mit
gerösteten Semmelwürfeln	anrichten
Kochzeit:	Etwa 30 Minuten.

Erbsensuppe

(Hülsenfrüchte)

200 g ungeschälte Erbsen	waschen, in
1¼ – 1½ l Wasser oder Fleischbrühe (S. 16) oder Instant-Fleischbrühe	12 – 24 Stunden einweichen, mit der Einweichflüssigkeit zum Kochen bringen nach Belieben
Speckschwarten und Schinkenreste	hinzufügen, gar kochen lassen
Suppengrün	putzen, waschen, nach 1 Stunde Kochzeit mit in die Suppe geben die garen Erbsen durch ein Sieb streichen
1 Zwiebel	abziehen, würfeln
1 Eßl. Fett	zerlassen die Zwiebel darin leicht bräunen
1 Eßl. Weizenmehl	hinzufügen, kurz miterhitzen die Erbsenbrühe hinzugießen, mit einem Schneebesen durchschlagen, zum Kochen bringen, etwa 15 Minuten kochen lassen die Suppe mit
Salz gerebeltem Majoran Fleischextrakt oder Suppenwürze	abschmecken, mit
gehackter Petersilie oder feingeschnittenem Schnittlauch	bestreuen, nach Belieben mit
gerösteten Semmelwürfeln	anrichten
Kochzeit:	Etwa 2 Stunden.

Überbackene Zwiebelsuppe

375 g Zwiebeln	abziehen, in Scheiben schneiden
75 g Margarine	zerlassen, die Zwiebelscheiben darin andünsten
1 l Fleischbrühe (S. 16) oder Instant-Fleischbrühe	hinzugießen, die Suppe zum Kochen bringen, in etwa 20 Minuten gar kochen lassen, mit
Salz	
Pfeffer	
4 Eßl. Weißwein	abschmecken die Suppe in feuerfeste Tassen füllen, aus
4 Scheiben Weißbrot	runde Platten (Durchmesser etwa 7 cm) ausstechen, auf die Suppe geben
50 g geriebenen Gouda- oder Parmesan-Käse	darüber streuen die Suppentassen auf dem Rost unter den vorgeheizten Grill schieben
Strom:	Etwa 5 Minuten
Gas:	Etwa 2 Minuten.
Veränderung:	Aus Alufolie extrastark über dem Boden einer Konservendose (Durchmesser etwa 10 cm) Förmchen (etwa 6 cm hoch) formen, dabei die Ränder etwas nach außen biegen, die Suppe in die Förmchen füllen, dann wie im Rezept angegeben, überbacken lassen.

Legierte Spargelsuppe

250 g Suppenspargel	von oben nach unten schälen, darauf achten, daß Schalen und holzige Stücke völlig entfernt, die Köpfe aber nicht verletzt werden, den Spargel waschen, in 3 cm lange Stücke schneiden, in
1 l kochendes Salzwasser	geben, zum Kochen bringen, gar kochen lassen das Spargelwasser durch ein Sieb gießen
40 g Butter oder Margarine	zerlassen
40 g Weizenmehl	unter Rühren so lange darin erhitzen, bis es hellgelb ist, das Gemüsewasser,
250 ml (¼ l) Milch	hinzugießen, mit einem Schneebesen durchschlagen, zum Kochen bringen, etwa 10 Minuten kochen lassen, die Spargelstückchen hinzugeben, nach Belieben
1 Eigelb	mit
2 Eßl. Sahne oder Dosenmilch	verschlagen, die Suppe damit abziehen, mit
Salz	abschmecken
Kochzeit:	Etwa 30 Minuten.

Frische Erbsensuppe

(2 Portionen)

400 g ausgepalte Erbsen (etwa 1¼ kg mit Hülsen)	waschen, abtropfen lassen
1 kleine Möhre	schrappen
250 g Kartoffeln	schälen die beiden Zutaten waschen, abtropfen lassen, in kleine Würfel schneiden
2 Eßl. Butter oder Margarine	zerlassen, Erbsen und Möhrenwürfel darin andünsten die Kartoffelwürfel,
750 ml (¾ l) heiße Fleischbrühe (S. 16) oder Instant-Fleischbrühe	hinzufügen, die Suppe zum Kochen bringen, gar kochen lassen die Erbsensuppe evtl. mit
Salz	abschmecken, mit
gehackter Petersilie	bestreuen
Kochzeit:	25 – 30 Minuten.
Veränderung:	Grieß- oder Fleischklößchen in die frische Erbsensuppe geben.

Kartoffelsuppe

500 g Kartoffeln	schälen, waschen, in Würfel schneiden
1 Bund Suppengrün	putzen, waschen, kleinschneiden die Zutaten in
1 l kochendes Salzwasser	geben
1 Brühwürfel (für 500 ml = ½ l)	hinzufügen, zum Kochen bringen, gar kochen lassen, durch ein Sieb streichen
2 mittelgroße Zwiebeln	abziehen
40 g durchwachsenen Speck	beide Zutaten in Würfel schneiden den Speck auslassen, die Zwiebeln darin andünsten, mit
2 – 3 Eßl. Weizenmehl	bestreuen, kurz miterhitzen die Kartoffelbrühe hinzugießen, mit einem Schneebesen durchschlagen die Suppe zum Kochen bringen, etwa 10 Minuten schwach kochen lassen, mit
Fleischextrakt oder Suppenwürze	abschmecken, mit
2 Eßl. gehackter Petersilie	bestreuen
Kochzeit:	Etwa 30 Minuten.
Veränderung:	Die Suppe mit einem in Würfel geschnittenen, in Butter gebräunten Brötchen (Semmel) anrichten.

Rheinischer Suppentopf

375 g Rindfleisch (Suppenfleisch)	waschen, abtrocknen, in Würfel schneiden
4 – 5 Eßl. Speiseöl	erhitzen, das Fleisch von allen Seiten gut darin anbraten
1¼ l Fleischbrühe (S. 16) oder Instant-Fleischbrühe	hinzugießen, zum Kochen bringen, 15 – 20 Minuten kochen lassen
1 Sellerieknolle (etwa 250 g)	putzen, schälen, waschen, in Würfel schneiden
300 g frische Grüne Bohnen oder tiefgekühlte Brechbohnen	frische Bohnen abfädeln, waschen, in Stücke brechen (tiefgekühlte Bohnen auftauen)
250 g Kartoffeln	schälen, waschen, in Würfel schneiden
1 Stange Porree (Lauch)	putzen, gründlich waschen, in Ringe schneiden, evtl. nochmals waschen das Gemüse in die Fleischsuppe geben, weitere 30 – 50 Minuten kochen lassen, mit
Salz, Pfeffer	abschmecken den Suppentopf mit
feingehackter Petersilie	bestreuen
Garzeit:	Etwa 1¼ Stunden.

Kerbel-Kräuter-Suppe

1 Bund Suppengrün	putzen, waschen, in feine Streifen schneiden
40 g Butter oder Margarine	zerlassen, das Suppengrün darin leicht andünsten
1 l Fleischbrühe (S. 16) oder Instant-Fleischbrühe	hinzufügen, zum Kochen bringen, etwa 25 Minuten bei schwacher Hitze kochen lassen
2 – 3 Eßl. Speisestärke	mit
4 – 5 Eßl. kaltem Wasser	anrühren, die Brühe damit binden
1 Becher (150 g) Crème fraîche	unterrühren
1 kleines Bund Kerbel ½ Bund Petersilie	die Kräuter waschen, fein hacken, hinzufügen, die Suppe mit
Salz, Pfeffer	würzen, nach Belieben mit
gerösteten Weißbrotwürfeln	anrichten
Kochzeit:	Etwa 25 Minuten.

Pilz-Reis-Suppe

375 g Rindfleisch (Brust-, Schwanzstück oder Bein)	in
1½ l kaltes Salzwasser	geben, zum Kochen bringen, gar kochen lassen, die Brühe durch ein Sieb geben
250 g Pilze (z. B. Champignons, Pfifferlinge)	sorgfältig putzen, waschen, in kleine Stücke schneiden
1 Eßl. Butter oder Margarine	erhitzen, die Pilze dazugeben, mit Salz bestreuen
evtl. etwas gerebeltes oder frisches, gehacktes Estragon	hinzufügen, gar dünsten lassen die Brühe wieder zum Kochen bringen
50 g Langkornreis	hineingeben, ausquellen lassen (er muß noch körnig sein!)
125 g gedünstete Spargelstücke	abtropfen lassen, zusammen mit dem kleingeschnittenen Fleisch und den Pilzen in die Suppe geben, zum Kochen bringen, einmal aufkochen lassen, mit
Suppenwürze	abschmecken die Suppe mit
gehackter Petersilie	bestreuen

Kochzeit für das Fleisch:	Etwa 2 Stunden
Dünstzeit für die Pilze:	Etwa 20 Minuten
Garzeit für den Reis:	12 – 15 Minuten.

China-Suppe „Tunhang“

(2 Portionen – Abb. S. 14/15)

1 Packung tiefgekühlte Chinasuppe Tunhang	unaufgetaut in
600 ml Wasser	geben, zum Kochen bringen, ab und zu umrühren, in etwa 5 Minuten gar ziehen lassen, in vorgewärmte Suppentassen oder -teller geben
Garzeit:	Etwa 10 Minuten.

Frühlingssuppe

(Abb. nebenstehend)

125 g vorbereiteten Blumenkohl	in Röschen teilen
2 Möhren	putzen, schrappen, mit einem Buntschneidemesser in Scheiben schneiden
4 Stangen Suppenspargel	schälen, in kleine Stücke schneiden
1 Stange Porree	putzen, in Scheiben schneiden
1 Stück Sellerieknolle	putzen, schälen, in Würfel schneiden das Gemüse waschen
2 mittelgroße Tomaten	waschen, kleinschneiden, das Gemüse in
1 l Fleischbrühe (S. 16) oder Instant-Fleischbrühe	geben, zum Kochen bringen, gar kochen lassen, die Suppe mit
Salz, Pfeffer Fleischextrakt oder Suppenwürze	abschmecken, mit
2 Eßl. gehackter Petersilie	bestreuen
Kochzeit:	Etwa 30 Minuten.
Einlage:	Nach Belieben Eierstich (S. 20), Markklößchen (S. 20) oder Grießklößchen (S. 20).

Porreesuppe

375 g Porree (Lauch)	putzen, in feine Ringe schneiden, waschen
50 g Speck	in Würfel schneiden, auslassen, den Porree darin andünsten, mit
30 g Weizenmehl	bestreuen, kurz miterhitzen
1 l Fleischbrühe (S. 16) oder Instant-Fleischbrühe	hinzufügen, mit einem Schneebesen durchschlagen, darauf achten, daß keine Klumpen entstehen, die Suppe zum Kochen bringen, gar kochen lassen
20 g Speisestärke	mit
4 Eßl. kalter Milch	anrühren, die Suppe damit binden
1 Eigelb	mit
2 Eßl. kaltem Wasser	verschlagen, die Suppe damit abziehen, mit
Salz Suppenwürze geriebener Muskatnuß	abschmecken, mit
2 Eßl. gehackter Petersilie	bestreuen
Kochzeit:	Etwa 10 Minuten.
Veränderung:	100 g in Würfel geschnittenen, gekochten Schinken in wenig Butter oder Margarine bräunen lassen, in die Porreesuppe geben.

Bohnensuppe mit Tomaten

(Hülsenfrüchte)

150 g Weiße Bohnen	waschen, in
1¼ l Wasser oder Fleischbrühe (S. 16) oder Instant-Fleischbrühe	12 – 24 Stunden einweichen, mit der Einweichflüssigkeit zum Kochen bringen, gar kochen lassen
1 Stange Porree	putzen, waschen, in Scheiben schneiden, nach 1½ Stunden Kochzeit mit in die Suppe geben, einen Teil der garen Bohnen durch ein Sieb streichen
6 Tomaten	waschen, kurze Zeit in kochendes Wasser legen (nicht kochen lassen), in kaltem Wasser abschrecken, enthäuten, kleinschneiden
1 Eßl. Butter	zerlassen, die Tomatenstücke,
1 Eßl. Tomatenmark	
1 Eßl. Weizenmehl	unter Rühren darin erhitzen, die Bohnenbrühe hinzugießen, mit einem Schneebesen durchschlagen, die ganzen Bohnen hinzufügen, zum Kochen bringen, etwa 15 Minuten kochen lassen
	die Suppe mit
Salz gerebeltem Thymian Knoblauchsalz Fleischextrakt oder Suppenwürze 5 Tropfen Tabasco	abschmecken
4 Wiener Würstchen	in Scheiben schneiden, hinzufügen, miterhitzen
Kochzeit:	Etwa 2 Stunden.

Gemüsebrühe

1 Stück Sellerie 1 mittelgroßer Kohlrabi 1 mittelgroße Möhre 1 mittelgroße Zwiebel 1 Stange Porree 100 g Spargelstücke	
	das Gemüse putzen, waschen, kleinschneiden
40 g Butter	zerlassen, das Gemüse darin andünsten
1¼ l heißes Wasser	hinzufügen, zum Kochen bringen, gar kochen lassen, kurz vor Beendigung der Kochzeit
1 Bund Petersilie	waschen, hinzufügen, die Brühe durch ein Sieb gießen, sie nach Belieben anstelle von Fleisch- oder Knochenbrühen verwenden
Kochzeit:	Etwa 1 Stunde.

Süße Suppen – Kaltschalen

1. Süße Suppen haben als Grundlage Milch (Milchprodukte), Wasser, Obstsaft, Wein oder Bier. Die Suppen mit einem stärkehaltigen Nahrungsmittel wie Mehl, Speisestärke, Grieß usw. binden.

2. Mehl, Grieß und dergleichen bei schwacher Hitze garen lassen.

3. Obstsuppen zum Kochen bringen, garen lassen. Die Früchte vor dem Kochen gründlich reinigen, getrocknete Früchte 12 Stunden einweichen, das Einweichwasser mitverwenden.

4. Alkoholische Flüssigkeiten nicht kochen, sondern nur erhitzen, zuletzt in die Suppe geben.

5. Die Suppe (Kaltschale) im Kochtopf erkalten lassen, ab und zu umrühren, damit sich keine Haut bildet.

6. Als Einlage eignen sich bei süßen Suppen Zwiebackbröckchen, Suppenmakronen, Schnee- oder Grießklößchen (Rezept S. 20) oder Mandelreis. Schneeklößchen auf der heißen Suppe oder auf kochendheißem Wasser im zugedeckten Topf garen.

Feine Schokoladensuppe

30 g Speisestärke	mit 4 Eßl. von
1 l kalter Milch	anrühren, die übrige Milch mit
75 g geriebener Blockschokolade	zum Kochen bringen, von der Kochstelle nehmen, die Speisestärke unter Rühren hineingeben, kurz aufkochen lassen
1 Päckchen Vanillin-Zucker	hinzufügen, die Suppe mit
Salz	
Zucker	abschmecken.

Milchsuppe

mit Pudding-Pulver

1 Päckchen Pudding-Pulver Vanille-, Mandel-, Sahne- oder Zitrone-Geschmack	mit
50 g Zucker	mischen, mit 6 Eßl. von
1¼ l kalter Milch	anrühren, die übrige Milch zum Kochen bringen das Pudding-Pulver unter Rühren in die von der Kochstelle genommene Milch geben, kurz aufkochen lassen die Suppe mit
Zucker	
Salz	abschmecken soll die Suppe als Kaltschale gereicht werden, zusätzlich 6 Eßl. kalte Milch oder Wasser als Anrührflüssigkeit nehmen.

Reis- oder Sagosuppe

90 g Milchreis (Rundkorn) oder 50 g Sago	in
1 l kochende Milch	geben, umrühren, zum Kochen bringen, ausquellen lassen die Suppe mit
Zucker	
Vanillin-Zucker	
Salz	abschmecken
Kochzeit:	Etwa 30 Minuten.

Milchgrießsuppe

1 Päckchen Mandella Holländerspeise	mit
70 g Zucker	mischen, mit 6 Eßl. von
1 l kalter Milch	anrühren, die übrige Milch zum Kochen bringen das Pudding-Pulver unter Rühren in die von der Kochstelle genommene Milch geben, unter Rühren kochen lassen
Kochzeit:	Etwa 2 Minuten.

Rotweinsuppe

300 ml Wasser	mit
1 Stück Stangenzimt	
2 Gewürznelken	zum Kochen bringen
1 kleinen Apfel	schälen, vierteln, entkernen, in Scheiben schneiden, mit
40 g Sago	in das Wasser geben, umrühren, zum Kochen bringen, gar kochen lassen (Stangenzimt und Nelken herausnehmen)
700 ml Rotwein	hinzugießen, die Suppe erhitzen (nicht kochen lassen)
2 Teel. Zitronensaft	
100 g Zucker	unterrühren, nach Belieben warm oder kalt reichen
Kochzeit:	10 – 15 Minuten.

Haferflockensuppe

40 g Haferflocken	in
1 l kochende Milch	streuen, umrühren, zum Kochen bringen, ausquellen lassen die Suppe mit
Salz	
Zucker	abschmecken nach Belieben
etwas Butter	unterrühren
Kochzeit:	Etwa 10 Minuten.

Rhabarber-Kaltschale mit Rosinen-Apfelklößchen

375 g Rhabarber	waschen, in kleine Stücke schneiden, mit
etwa 150 g Zucker	in
1¼ l Wasser	zum Kochen bringen, einmal aufkochen lassen
1 Päckchen Pudding-Pulver Kirsch- oder Zitrone-Geschmack	mit
4 Eßl. kaltem Wasser	anrühren, die Flüssigkeit damit binden
3 – 4 Eßl. Weißwein	hinzufügen, die Suppe evtl. mit
Zucker	abschmecken, erkalten lassen, nach Belieben
etwa 100 g Erdbeeren	waschen, entstielen, halbieren, in die Kaltschale geben
	für die Rosinen-Apfelklößchen
375 ml (⅜ l) Milch	mit
2 gehäuften Eßl. Zucker	zum Kochen bringen
125 g Maisgrieß	unter Rühren hineinstreuen, zum Kochen bringen, etwa 10 Minuten unter öfterem Umrühren quellen lassen
50 g Rosinen	verlesen, unterrühren die Masse etwas abkühlen lassen
1 Ei	unterrühren
1 kleinen säuerlichen Apfel	schälen, vierteln, entkernen, raspeln, hinzufügen
	von dem Teig mit 2 Teelöffeln Klößchen abstechen, portionsweise in
kochendes Salzwasser	geben, zum Kochen bringen, gar ziehen lassen (Wasser muß sich leicht bewegen) die Klößchen abtropfen, erkalten lassen, in die Rharbarber-Kaltschale geben
Garzeit je Portion:	3 – 5 Minuten.

Buttermilch-Kaltschale

30 g Rosinen oder Korinthen	in lauwarmem Wasser ausquellen lassen, abtropfen lassen
1 l Buttermilch	mit
50 g geriebenem Schwarzbrot etwa 50 g Zucker etwas Zitronensaft	verschlagen, die Rosinen (Korinthen) hinzufügen, die Suppe abschmecken, kühl stellen.

Salate

Salate

1. Alle rohen Salate gründlich waschen, abtropfen lassen, erst dann anrichten.
Wässeriger Salat schmeckt fade und nimmt das Öl nicht an.

2. Geschnittenen Salat nicht im Wasser liegenlassen: Mineralstoffe sind zum Teil wasserlöslich.

3. Blattsalate nicht ausdrücken, am besten nach dem Waschen in einem Tuch oder Drahtkorb ausschwenken. Blattsalate erst kurz vor dem Verzehr anrichten, da das Aussehen durch längeres Stehen leidet.

4. Junge Möhren nicht schrappen. Sellerie nach dem Schälen sofort in Zitronen- oder Essigwasser geben, damit er weiß bleibt.

5. Je nach ihrer Beschaffenheit und Verdaulichkeit Gemüse grober oder feiner zerkleinern. Dazu Messer, Gemüsehobel, Rohkostraffel oder Küchenmaschine benutzen.

6. Zerkleinertes Gemüse mit einer einfachen Salatsoße, aber auch mit Sahnesoße oder Salatmayonnaise vermengen.

7. Den Geschmack durch Beigabe von Kräutern, Zwiebeln und Gewürzen abwandeln.

8. Beim Zusammenstellen einer Rohkostplatte sowohl Geschmack als auch Farbe der Gemüsearten berücksichtigen.

9. Gemüse- und Fleischsalate einige Stunden in der Soße oder Mayonnaise durchziehen lassen.

Blattsalate

Kopfsalat

	Von
2 Köpfen Salat	die welken Blätter entfernen, die anderen vom Strunk lösen, die großen Blätter teilen, die Herzblätter ganz lassen den Salat in reichlich Wasser gründlich waschen, aber nicht drücken, ihn dann auf einem Durchschlag abtropfen lassen oder in einem Tuch oder Drahtkorb ausschwenken
	für die Salatsoße
3 Eßl. Salatöl	mit
1 – 2 Eßl. Essig oder Zitronensaft	
Salz	verschlagen
1 – 2 Eßl. gehackte Kräuter	unterrühren
oder	
1 Eßl. Salatöl	mit
2 – 3 Eßl. Essig	
Salz	
Zucker	
4 Eßl. saurer Sahne	verschlagen
1 kleine gewürfelte Zwiebel	
1 – 2 Eßl. gehackte Kräuter	unterrühren den Salat kurz vor dem Anrichten mit einer der angegebenen Soßen mischen.

Kressesalat

200 g Kresse	sorgfältig verlesen, in reichlich Wasser gründlich waschen, aber nicht drücken, abtropfen lassen
	für die Salatsoße
2 – 3 Eßl. Salatöl	mit
1 – 2 Eßl. Essig	
Salz	
Zucker	verschlagen
1 Eßl. gehackte Kräuter	unterrühren die Kresse mit der Soße mischen.

Sauerampfersalat

200 g Sauerampferblätter	verlesen, waschen, gut abtropfen lassen, in Streifen schneiden
2 Scheiben Toastbrot	in Würfel schneiden
40 g Butter	zerlassen, die Brotwürfel hineingeben, mit
Knoblauchpulver	bestreuen, goldgelb rösten
	für die Salatsoße
3 – 4 Eßl. Salatöl	mit
½ Teel. Essig-Essenz (25%)	
3 Teel. Wasser	
Salz	
Pfeffer	
Zucker	verschlagen, mit den Salatzutaten vermengen den Salat sofort servieren.

Endiviensalat

	Von
1 mittelgroßen Kopf Endivie	Wurzel und äußere Blätter abschneiden, die übrigen Blätter übereinanderlegen, in nudelartige Streifen schneiden, sorgfältig waschen, sollte die Endivie bitter sein, sie ½ Stunde in lauwarmes Wasser legen
	für die Salatsoße
3 Eßl. Salatöl	mit
2 Eßl. Essig	
Salz	
Zucker	
Pfeffer	verschlagen
1 Eßl. gehackte Kräuter	unterrühren den Salat mit der Soße vermengen.

Eisbergsalat

	Von
1 mittelgroßen Kopf Eisbergsalat	die äußeren Blätter entfernen, den Salatkopf halbieren oder vierteln, zerpflücken, waschen, auf einem Durchschlag abtropfen lassen oder in einem Tuch oder Drahtkorb ausschwenken
1 Apfelsine	schälen, filieren
	für die Joghurtsoße
1 Becher (150 g) Joghurt	mit
1 Teel. Speiseöl	
1 Eßl. Essig	verrühren, mit
Salz, Zucker	abschmecken Eisbergsalat und Apfelsine mit der Soße vermengen.

Roquefort-Creme

125 g Roquefort	durch ein Sieb streichen, mit
1 Becher (150 g) Crème fraîche	
50 g gemahlenen, gerösteten Haselnuß-kernen	
2 Eßl. trockenem Sherry	verrühren.

Feldsalat

Rapunzeln

	Von
200 g Feldsalat	die Wurzelenden abschneiden, fehlerhafte Blätter entfernen, größere Blätter evtl. einmal durchschneiden den Salat gründlich waschen, abtropfen lassen
	für die Salatsoße
3 Eßl. Salatöl	mit
2 Eßl. Essig	
Salz	
Zucker	verschlagen
1 Eßl. gehackte Kräuter	unterrühren
oder	
2 Eßl. Salatöl	mit
2 Eßl. Essig	
Salz	
Zucker	
2 Eßl. saurer Sahne	verschlagen
1 kleine gewürfelte Zwiebel	
1 Eßl. gehackte Kräuter	unterrühren den Salat kurz vor dem Anrichten mit einer der angegebenen Soßen mischen.

Radicchio mit Feldsalat

150 g Radicchio	auseinanderpflücken
100 g Feldsalat	putzen, größere Blätter evtl. einmal durchschneiden beide Zutaten waschen, abtropfen lassen oder trockenschleudern
	für die Salatsoße
1 Zwiebel	abziehen, in Würfel schneiden, mit
4 – 5 Eßl. Salatöl *1 Teel. Kräuter-Essig-Essenz (25%)* *4 Teel. Wasser* *Salz* *Pfeffer* *Zucker*	verschlagen
1 Teel. gehackte Petersilie *1 Teel. feingeschnittenen Schnittlauch*	unterrühren, mit den Salatzutaten vermengen.

Gemüsesalate

Tomatensalat

500 g feste Tomaten	waschen, abtrocknen, die Stengelansätze entfernen, die Tomaten mit einem Tomatenmesser in Scheiben schneiden, in eine Salatschüssel geben, dabei jede Schicht mit
Salz *Pfeffer* *Zwiebelwürfeln*	bestreuen
3 Eßl. Salatöl	mit
1 – 2 Eßl. Essig	verschlagen, über die Tomaten geben den Salat mit
1 Eßl. gehackten Kräutern	bestreuen.

Paprikasalat mit Gurken und Tomaten

375 g Paprikaschoten (etwa 3 Stück)	halbieren, entstielen, entkernen, die weißen Scheidewände entfernen, die Schoten waschen, in feine Streifen schneiden
1 kleine Salatgurke	von der Spitze zum Stiel hin schälen und probieren, ob sie bitter ist, sollte das der Fall sein, so viel abschneiden, bis der Geschmack einwandfrei ist die Gurke in feine Scheiben schneiden oder hobeln
375 g feste Tomaten	waschen, abtrocknen, die Stengelansätze entfernen, die Tomaten in Scheiben schneiden

	für die Salatsoße
4 Eßl. Salatöl	mit
etwa 4 Eßl. Essig	
Salz	
Zucker	verschlagen
gehackten Dill	unterrühren
	die geschnittenen Zutaten mit der Soße vermengen, den Salat mit Essig, Zucker, Salz abschmecken, gut durchziehen lassen.

Griechischer Salat

(Abb. nebenstehend)

	Von
4 kleinen Zucchini	die Enden abschneiden, die Zucchini waschen, abtrocknen, in Scheiben schneiden
4 Eßl. Olivenöl	erhitzen, die Zucchinischeiben darin andünsten, herausnehmen, mit
1 Eßl. gehacktem Dill	bestreuen, erkalten lassen die Dünstflüssigkeit aufbewahren
4 große Tomaten	kurze Zeit in kochendes Wasser legen (nicht kochen lassen), mit kaltem Wasser abschrecken, enthäuten, die Stengelansätze entfernen, die Tomaten in Scheiben schneiden
1 rote und 1 grüne Paprikaschote	halbieren, entstielen, entkernen, die weißen Scheidewände entfernen, die Schoten waschen, in Streifen schneiden
2 rote Zwiebeln	abziehen, in Scheiben schneiden
250 g griechischen oder bulgarischen Schafskäse	zerbröckeln
	für die Salatsoße die Dünstflüssigkeit der Zucchini mit
2 Eßl. Salatöl	
2 Eßl. Zitronensaft	
1 Eßl. Estragonessig	
Salz	
Pfeffer	
Zucker	verschlagen
2 Eßl. gehackte glatte Petersilie	
1 Teel. gehackte Minze oder Zitronenmelisse	unterrühren die Salatzutaten mit der Salatsoße vermengen, den Salat etwa 1 Stunde durchziehen lassen von
1 Kopf Salat	die welken Blätter entfernen, die anderen vom Strunk lösen, in kleine Stücke zerpflücken, gründlich waschen, gut abtropfen lassen, kurz vor dem Servieren unter den Salat heben.

Bunte Salatschüssel

	Von
1 Kopf Salat	die welken Blätter entfernen, die anderen vom Strunk lösen, die großen Blätter teilen, die Herzblätter ganz lassen, den Salat gründlich waschen, gut abtropfen lassen
4 mittelgroße Tomaten	waschen, abtrocknen, die Stengelansätze entfernen, die Tomaten in Achtel schneiden
	von
2 Bund Radieschen	Wurzeln und Blätter abschneiden, die Radieschen waschen, in Scheiben schneiden
½ Salatgurke	waschen, abtrocknen, ungeschält in dünne Scheiben schneiden
2 Zwiebeln	abziehen, in dünne Scheiben schneiden
	die Blättchen von
1 Kästchen Kresse	abschneiden, waschen, abtropfen lassen
	für die Salatsoße
1 Becher (150 g) Crème fraîche	mit
1 Eßl. Essig	verrühren

1 Eßl. gehackte Kräuter	unterrühren, mit
Salz, Zucker, Pfeffer	abschmecken, über den angerichteten Salat geben, mit
gehackten Kräutern	bestreuen, sofort servieren.

Erfrischende Zucchini

4 Zucchini (etwa 600 g)	schälen, halbieren, entkernen, in feine Scheiben schneiden
1 Eßl. Zucker	mit
3 Eßl. Zitronensaft	gut verrühren, über die Zucchini geben, kalt stellen
60 g Frischkäse	mit
5 Eßl. Sahne	verrühren
	4 Glasteller mit
Salatblättern	auslegen, die Zucchini darauf geben, die Käsecreme darüber verteilen, mit
Paprika edelsüß	bestreuen.

Gurkensalat

1 mittelgroße Salatgurke (etwa 750 g)	waschen, abtrocknen, in feine Scheiben schneiden oder hobeln
	für die Salatsoße
3 Eßl. Salatöl	mit
2 Eßl. Essig	
Salz	
Zucker	
Pfeffer	verschlagen
1 mittelgroße Zwiebel	abziehen, fein würfeln, mit
2 Eßl. gehackten Kräutern	unterrühren
	die Gurkenscheiben kurz vor dem Anrichten mit der Soße vermengen.

Rettich-Nuß-Salat

1 mittelgroßen Rettich (etwa 250 g)	schälen, waschen, grob raspeln
50 g gehobelte Haselnußkerne	
	für die Salatsoße
2 Eßl. saure Sahne	mit
2 Eßl. Salatöl	
1 Eßl. Zitronensaft	verschlagen, mit
Salz	
Zucker	würzen
	die Salatzutaten mit der Salatsoße vermengen, gut durchziehen lassen.

Rettichsalat

3 mittelgroße Rettiche (750 g)	schälen, waschen, grob raspeln
	für die Salatsoße
3 Eßl. Salatöl	mit
2 Eßl. Essig oder Zitronensaft	
Salz	
Zucker	verschlagen
1 mittelgroße Zwiebel	abziehen, fein würfeln, mit
2 Eßl. saurer Sahne	
1 Eßl. gehackten Kräutern	unterrühren
	die Rettiche mit der Soße vermengen den Salat etwa 1 Stunde durchziehen lassen.

Fenchelsalat

2 Fenchelknollen	putzen, waschen, in feine Streifen schneiden
2 – 3 feste Tomaten	kurze Zeit in kochendes Wasser legen (nicht kochen lassen), in kaltem Wasser abschrecken, enthäuten, die Stengelansätze entfernen, die Tomaten vierteln
	für die Salatsoße
1 Knoblauchzehe	abziehen, zerdrücken
1 Zwiebel	abziehen, fein würfeln
	beide Zutaten mit dem
Saft von 1 Zitrone	
3 Eßl. Salatöl	verrühren, mit
Salz, Pfeffer	
Zucker	abschmecken, mit den Fenchelstreifen und den Tomatenvierteln vermengen, mit
gewaschener Kresse (½ Kästchen)	
1 Eßl. gehackten Walnußkernen	bestreuen.

Möhren-Apfel-Salat

500 g Möhren	putzen, schrappen, waschen
250 g Äpfel	schälen, vierteln, entkernen
	die beiden Zutaten raspeln
	für die Salatsoße
2 – 3 Eßl. Zitronensaft	mit
Salz	
Zucker	verschlagen
	die Salatzutaten mit der Salatsoße vermengen, den Möhren-Apfel-Salat durchziehen lassen, evtl. mit Salz, Zucker abschmecken.

Chinakohlsalat

	Von
1 kg Chinakohl	die welken Blätter entfernen, den Kopf halbieren, in schmale Streifen schneiden, waschen, gut abtropfen lassen
	für die Salatsoße
4 Eßl. Sahne	mit
Essig	
Salz	
Zucker	
Pfeffer	abschmecken
2 Eßl. gehackte Kräuter	unterrühren den Salat mit der Soße vermengen, etwas durchziehen lassen.

Bulgarischer Zucchinisalat

	Von
250 g Zucchini	die Stengelansätze entfernen
4 Tomaten	
	beide Zutaten waschen, abtrocknen, in Scheiben schneiden (Stengelansätze der Tomaten entfernen)
2 grüne Paprikaschoten	vierteln, entstielen, entkernen, die weißen Scheidewände entfernen, die Schoten waschen, in Streifen schneiden
1 Zwiebel	abziehen
8 – 10 Oliven	
	beide Zutaten in dünne Scheiben schneiden
	für die Salatsoße
4 Eßl. Salatöl	mit
1 Teel. Essig-Essenz (25%)	
2 Eßl. Wasser	
½ Teel. Senf	
Salz	
Pfeffer	
Zucker	verschlagen
1 Eßl. feingeschnittener Schnittlauch	
1 Eßl. feingehackter Dill	
	beide Zutaten unterrühren die Soße mit den Salatzutaten vermengen
2 hartgekochte Eier	pellen, achteln
150 g bulgarischen Schafskäse	zerbröckeln, die Hälfte des Käses und die Eier vorsichtig mit dem Salat vermengen, den restlichen Käse darüber streuen.
Beigabe:	Stangenweißbrot, Butter.

Tomatensalat mit Oliven und Schafskäse

500 g Tomaten	waschen, abtrocknen, die Stengelansätze entfernen, die Tomaten in dünne Scheiben schneiden, mit
etwa 15 Oliven	
150 g zerbröckeltem Schafskäse	in einer Glasschale anrichten
	für die Salatsoße
1 Zwiebel	abziehen, in Würfel schneiden, mit
3 Eßl. Salatöl	
2 Eßl. Zitronensaft	verrühren
3 gehackte Minzblätter oder 1 Eßl. gehackte Kräuter (z. B. Petersilie, Schnittlauch, Estragon)	unterrühren, mit
Salz	
gemahlenem Pfeffer	abschmecken, über die Salatzutaten geben den Salat kurz durchziehen lassen.

Salat mit Portweinsoße

(4 – 6 Portionen)

	Von
1 kleinen Kopf Eisbergsalat	evtl. welke Blätter entfernen, die anderen vom Strunk lösen, in mundgerechte Stücke zerpflücken, waschen, gut abtropfen lassen oder trockenschleudern
½ Salatgurke	waschen, abtrocknen, längs halbieren, in Scheiben schneiden
150 g kleine Champignons	putzen, waschen, halbieren, mit
Zitronensaft	beträufeln
3 Tomaten	waschen, abtrocknen, die Stengelansätze entfernen, die Tomaten achteln
2 hartgekochte Eier	pellen, achteln
½ Kästchen Kresse	putzen, waschen, abtropfen lassen
	für die Salatsoße
6 Eßl. Salatöl	mit
2 Teel. Essig-Essenz (25%)	
3 – 4 Eßl. Portwein	
Salz	
Pfeffer	verschlagen, mit
getrocknetem Estragon	abschmecken, mit den Salatzutaten vermengen, kurz durchziehen lassen

Chicoréesalat mit Mandarinen *(2 Portionen)*

2 Chicorée	von schlechten Blättern befreien, halbieren, den Strunk keilförmig herausschneiden den Chicorée waschen, gut abtropfen lassen, in etwa ½ cm breite Streifen schneiden
2 Mandarinen	schälen, in Spalten teilen
	für die Salatsoße
2 Eßl. Crème fraîche	mit
1 Eßl. Orangensaft-konzentrat	verrühren, mit
Salz, Pfeffer	
Zucker	abschmecken die Salatzutaten nach Belieben mit
Chicoréeblättern	auf Portionstellern anrichten, die Salatsoße darüber verteilen, mit
gehackten Haselnuß-kernen	bestreuen den Chicoréesalat mit Mandarinen sofort servieren.

Pilzsalat Richard

500 g Champignons	putzen, waschen, in dünne Scheiben schneiden, mit
Zitronensaft	beträufeln
	für die Salatsoße
3 Eßl. Salatöl	mit
2 Teel. Worcestersoße	
1 Eßl. Sojasoße	
Salz	
geschrotetem schwarzem Pfeffer	verschlagen, mit den Pilzscheiben vermengen, etwa 1 Stunde durchziehen lassen, den Salat mit
1 – 2 Eßl. gehackter Petersilie	bestreuen.

Kohlrabi-Radieschen-Salat

4 kleine Kohlrabi	schälen, waschen, grob raspeln
2 Bund Radieschen	putzen, waschen, evtl. halbieren, in dünne Scheiben schneiden
	für die Salatsoße
4 Eßl. Salatöl	mit
1 Eßl. Essig-Essenz (25%)	
4 Eßl. Wasser	
Salz	
Pfeffer	
Zucker	verschlagen, mit den Salatzutaten vermengen, kurz durchziehen lassen, den Salat evtl. mit Salz, Pfeffer, Zucker abschmecken.

Peters Salat

2 Apfelsinen	schälen, in Spalten teilen
1 Bund Radieschen	putzen, waschen, achteln
150 g Feldsalat	putzen, waschen, gut abtropfen lassen oder trockenschleudern
2 Möhren	schrappen, waschen, in sehr dünne Scheiben schneiden
1 kleine Stange Porree	putzen, waschen, in sehr dünne Ringe schneiden, evtl. nochmals waschen, gut abtropfen lassen
2 Chicorée	von den schlechten Blättern befreien, längs halbieren, den Strunk keilförmig herausschneiden, die Chicorée waschen, in dünne Streifen schneiden die Salatzutaten abwechselnd in 4 hohe Gläser schichten
	für die Salatsoße
1 Becher (150 g) Créme fraîche	mit
3 Eßl. Tomaten-Ketchup	
½ Teel. geriebenem Meerrettich (aus dem Glas)	verrühren, mit
Salz	
frisch gemahlenem Pfeffer	
einigen Tropfen Tabasco	
1 – 2 Eßl. Weinbrand	abschmecken die Soße über den Salat geben.

Bunter Salat

6 hartgekochte Eier	pellen
½ Salatgurke	waschen, abtrocknen
1 Bund Radieschen	putzen, waschen die Zutaten in Scheiben schneiden
	für die Salatsoße
2 – 3 Eßl. Salatmayonnaise	mit
3 Eßl. Sahne	
2 Eßl. Tomaten-Ketchup	verrühren, mit
Salz	
Pfeffer	
Zucker	abschmecken, mit den Salatzutaten vermengen, kurz durchziehen lassen den Salat mit
Eischeiben	
Petersilie	garnieren.

Salatsoße

3 Eßl. Salatöl	mit
2 Eßl. Zitronensaft oder Essig	
Salz	
Zucker	verschlagen
1 mittelgroße Zwiebel	abziehen, fein würfeln
2 Eßl. Sahne	
1 Eßl. gehackte Kräuter	
	die Zutaten unterrühren.

Pikante Joghurtsoße

1 Becher (150 g) Joghurt	mit
2 – 3 Eßl. Apfelsinensaft	verrühren, mit
Salz	
Pfeffer	abschmecken
1 Eßl. gehackte Walnußkerne	unterrühren. Pikante Joghurtsoße eignet sich für Sellerie-, Blatt- und Chicorée-Salate.

Vinaigrette

3 Eßl. Salatöl	mit
2 – 3 Eßl. Weinessig	
1 Teel. Senf	
1 kleinen abgezogenen, gewürfelten Zwiebel	
2 hartgekochten, gehackten Eiern	
4 feingewürfelten Cornichons	
gehackter Petersilie	
gehackten Kapern	verrühren, mit
Salz, Pfeffer	abschmecken.

Soße mit Schuß

3 Eßl. Salatmayonnaise	mit
3 Eßl. Sahne	
3 Eßl. Milch	
1 – 2 Teel. Weinbrand	verrühren, mit
Salz, Zucker	
Cayennepfeffer	abschmecken
1 Eßl. gehackte Kräuter	unterrühren.

Rotkohlsalat mit Preiselbeerkompott

375 g Rotkohl (vorbereitet gewogen)	putzen, sehr fein schneiden oder hobeln, waschen, mit
1 Teel. Essig-Essenz (25%)	in
750 ml (¾ l) kochendes Wasser	geben, zum Kochen bringen, halbgar kochen, abtropfen lassen
	für die Salatsoße
1 kleine Zwiebel	abziehen, in Würfel schneiden, mit
3 Eßl. Salatöl	
1 Teel. Essig-Essenz (25%)	
4 Teel. Wasser	verrühren, mit
Salz	
Zucker	abschmecken, mit dem Rotkohl vermengen, abkühlen lassen
3 Eßl. Preiselbeerkompott	unterrühren den Salat mit Zucker abschmecken, mit
Petersilie	
Zitronenscheiben	
Preiselbeerkompott	garnieren.

Kartoffelsalat

750 g Salatkartoffeln	waschen, mit Wasser zum Kochen bringen, gar kochen lassen, abgießen, heiß pellen, lauwarm in feine Scheiben schneiden, mit
250 ml (¼ l) kochendheißem Salzwasser oder Instant-Fleischbrühe	übergießen, nach kurzer Zeit mit einem Schaumlöffel herausnehmen
1 kleine Zwiebel	abziehen, würfeln, zu den Kartoffeln geben, mit
Pfeffer	bestreuen
	für die Salatsoße
3 Eßl. Salatöl	mit
etwa 4 Eßl. Essig	
Salz	verschlagen
1 Teel. gehackte Kräuter	unterrühren die Kartoffeln mit der Soße mischen, 1 – 2 Stunden durchziehen lassen den Salat evtl. mit
Petersilie	
grünem Salat oder Gurkenscheiben	garnieren
Kochzeit:	25 – 30 Minuten.
Veränderung:	Den Kartoffelsalat mit Mayonnaise mischen.

Bohnensalat

500 g Grüne Bohnen oder Wachsbohnen	abfädeln, waschen, in etwa 4 cm lange Stücke brechen oder schneiden, in
125 ml (⅛ l) kochendes Salzwasser	geben, gar kochen, abtropfen lassen
	für die Salatsoße
3 Eßl. Salatöl	mit
1 – 2 Eßl. Essig	
Salz	verschlagen
1 Eßl. gehackte Kräuter	
1 gewürfelte Zwiebel	
saure Sahne (nach Belieben)	unterrühren die noch warmen Bohnen mit der Soße vermengen den Salat gut durchziehen lassen, evtl. nochmals mit Salz abschmecken
Kochzeit:	Etwa 30 Minuten.

Blumenkohlsalat

1 Kopf Blumenkohl	von Blättern, schlechten Stellen befreien, den Strunk herausschneiden den Blumenkohl unter fließendem kaltem Wasser waschen, einige Zeit in
kaltes Salzwasser	legen, um Raupen und Insekten zu entfernen den Blumenkohl mit dem Strunk nach unten in
250 – 500 ml (¼ – ½ l) kochendes Salzwasser	legen, zum Kochen bringen, gar kochen lassen, in Röschen teilen
	für die Remouladensoße
2 hartgekochte Eier	pellen, das Eigelb durch ein Sieb streichen, mit
1 rohen Eigelb	
Salz	verrühren, dann tropfenweise unter Schlagen die Hälfte von
125 ml (⅛ l) Salatöl	hinzufügen, ist die Masse steif genug,
2 Eßl. Essig oder Zitronensaft	
1 Teel. Senf	hinzufügen, dann erst den Rest des Öls hinzugeben das hartgekochte Eiweiß in kleine Würfel schneiden, mit
2 Eßl. gehackten Kräutern	unter die Mayonnaise rühren, mit
Salz	
Zucker	abschmecken die Blumenkohlröschen vorsichtig mit der Soße vermengen den Salat gut durchziehen lassen, evtl. mit Salz, Zucker abschmecken
Kochzeit:	25 – 30 Minuten.

Tomatenkörbchen

6 große Tomaten	waschen, abtrocknen, quer halbieren, aushöhlen, innen mit
Salz	
Pfeffer	bestreuen
etwa 250 g gedünstete junge Bohnen	
etwa 250 g gekochte Spargelspitzen	
	für die Salatsoße
3 Eßl. Speiseöl	mit
2 Eßl. Essig	
Salz, Pfeffer, Zucker	verschlagen
	die Salatsoße mit Bohnen und Spargelspitzen vorsichtig vermengen, gut durchziehen lassen, evtl. mit Salz, Pfeffer, Zucker abschmecken, in den Tomatenhälften anrichten, mit
gehackter Petersilie	bestreuen.

Linsensalat

250 g Linsen	waschen, über Nacht in
750 ml (¾ l) Wasser	einweichen, im Einweichwasser mit
1 Lorbeerblatt	zum Kochen bringen, mit
Salz	
Pfeffer	würzen, etwa 15 Minuten kochen lassen
2 Eßl. Essig	unterrühren, die Linsen erkalten lassen
3 Zwiebeln	abziehen, in Ringe schneiden
1 – 2 Tomaten	waschen, abtrocknen, die Stengelansätze entfernen, die Tomaten halbieren, entkernen, in Streifen schneiden
1 Eßl. feingeschnittener Schnittlauch	
	Linsen, Zwiebeln, Tomaten, Schnittlauch vermengen, mit Salz, Pfeffer abschmecken, gut durchziehen lassen, nochmals mit Salz, Pfeffer abschmecken den Salat mit
Petersilie	garnieren.
Beilage:	Heiße Würstchen.

Spargelsalat

750 g Spargel	von oben nach unten schälen, darauf achten, daß die Schalen und holzigen Stücke völlig entfernt, die Köpfe aber nicht verletzt werden den Spargel waschen, in 4 – 5 cm lange Stücke schneiden, in
375 ml (⅜ l) kochendes Salzwasser	geben, zum Kochen bringen, gar kochen, abtropfen lassen
	für die Salatsoße
3 Eßl. Salatöl	mit
1 – 2 Eßl. Essig	
Salz	
Zucker	verschlagen
1 Teel. gehackte Kräuter	unterrühren den noch warmen Spargel mit der Soße vermengen den Salat gut durchziehen lassen, nach Belieben mit
Eischeiben	
Tomatenscheiben	garnieren
Kochzeit:	Etwa 30 Minuten.

Eingelegte Rote Bete

(Abb. S. 30/31)

1 kg Rote Bete (Rote Rüben) putzen, unter fließendem kaltem Wasser sorgfältig bürsten, in

kochendes Salzwasser legen, zum Kochen bringen, gar kochen lassen, aus dem Kochwasser nehmen, mit kaltem Wasser übergießen, damit sich die Schalen besser abziehen lassen
die abgezogenen Knollen in Scheiben schneiden

5 Zwiebeln abziehen, in Scheiben schneiden, Rote Bete, Zwiebelscheiben,

1 Lorbeerblatt
½ Teel. schwarze Pfefferkörner
½ Teel. Senfkörner in eine Schüssel schichten

für die Essig-Zuckerlösung

500 ml (½ l) Wasser mit
75 g Zucker zum Kochen bringen
250 ml (¼ l) Weinessig (5%ig) hinzugießen, die Flüssigkeit über die Roten Beten geben, einige Tage gut durchziehen lassen

Kochzeit: 1 – 1½ Stunden.

Bunter Kartoffelsalat

(6 Portionen)

750 g Pellkartoffeln noch warm pellen, in Scheiben schneiden, noch warm mit

250 ml (¼ l) heißer Instant-Fleischbrühe übergießen, durchziehen lassen

250 g Tomaten waschen, abtrocknen, die Stengelansätze entfernen, die Tomaten in Scheiben schneiden

1 mittelgroße Salatgurke waschen, abtrocknen
4 hartgekochte Eier pellen
beide Zutaten in Scheiben schneiden

für die Salatsoße

2 mittelgroße Zwiebeln abziehen, in feine Würfel schneiden, mit

3 – 4 Eßl. Salatöl
1 Eßl. Essig-Essenz (25%) verrühren, mit
Salz
Pfeffer
Zucker abschmecken, mit den Salatzutaten vermengen, gut durchziehen lassen, den Salat evtl. mit Salz, Pfeffer, Zucker abschmecken.

Avocadosalat

2 reife Avocado (etwa 500 g) waschen, abtrocknen, längs halbieren, entkernen, das Fruchtfleisch vorsichtig auslösen (dabei die Schalen nicht verletzen), das Fruchtfleisch in dünne Scheiben schneiden
die Avocadoschalen aufbewahren

100 g Lachsschinken (in dünnen Scheiben) in kleine Quadrate schneiden (2 Scheiben Lachsschinken halbieren, zum Garnieren zurücklassen)

für die Mayonnaise

1 Eigelb
1 Eßl. Zitronensaft oder Essig
1 Teel. Senf
Salz
1 Teel. Zucker
4 Eßl. Salatöl
4 Eßl. Sahne in einer Rührschüssel mit einem Schneebesen oder einem elektrischen Handrührgerät mit Rührbesen kurz verschlagen

1 Päckchen Sahnesteif unter ständigem Schlagen einstreuen, die Masse steif schlagen, mit

2 Eßl. Joghurt
2 Teel. Johannisbeergelee verrühren
die Salatzutaten vorsichtig mit der Mayonnaise vermengen, den Avocadosalat mit Salz,

Zitronensaft abschmecken, in die ausgehöhlten Avocadohälften füllen, mit den zurückgelassenen, halbierten Lachsschinkenscheiben garnieren.

Mayonnaise

1 Eigelb mit
1 Eßl. Essig
1 – 2 Teel. Senf
Salz
1 Teel. Zucker in einer Rührschüssel mit einem Schneebesen oder mit einem elektrischen Handrührgerät mit Rührbesen zu einer dicklichen Masse schlagen, darunter

125 ml (⅛ l) Salatöl schlagen (bei dieser Zubereitung ist es nicht notwendig, das Öl tropfenweise zuzusetzen, es wird in Mengen von 1 – 2 Eßl. untergeschlagen, die an das Eigelb gegebenen Gewürze verhindern eine Gerinnung).

Veränderung: Unter die Mayonnaise Joghurt nach Geschmack rühren.

Gemischte Salate

Ländlicher Wurstsalat

(Abb. nebenstehend)

100 g Emmentaler Käse (in Scheiben)	in kleine Quadrate schneiden
400 g Fleischwurst (im Stück)	enthäuten, längs halbieren, in Scheiben schneiden
1 Bund Radieschen	putzen, waschen
2 – 3 Möhren	putzen, schrappen, waschen beide Zutaten in hauchdünne Scheiben schneiden
3 – 4 Gewürzgurken	in Streifen schneiden
3 Tomaten	waschen, abtrocknen, die Stengelansätze entfernen, die Tomaten achteln
2 große Zwiebeln	abziehen, in Ringe schneiden
	für die Salatsoße
4 Eßl. Salatöl	mit
1 Eßl. Essig-Essenz (25%) 4 Eßl. Wasser ½ abgezogenen, zerdrückten Knoblauchzehe	
1 Eßl. Senf	verschlagen, mit
Salz, Pfeffer Streuwürze	abschmecken, mit den Salatzutaten vermengen, gut durchziehen lassen, den Salat evtl. mit Streuwürze abschmecken, mit
Eivierteln	garnieren, mit
feingeschnittenem Schnittlauch	bestreuen.

Feiner Geflügelsalat

375 g gebratenes Geflügelfleisch	in Streifen schneiden
225 g Mandarinenspalten (aus der Dose)	abtropfen lassen
175 g gedünstete Champignons	in Scheiben schneiden
175 g gekochten Spargel	in etwa 3 cm lange Stücke schneiden die drei Zutaten abtropfen lassen, die Spargelstücke in 3 cm lange Stücke schneiden
	für die Mayonnaise
1 Eigelb	mit
1 Eßl. Essig 1 schwach gehäuften Teel. Senf Salz Zucker Pfeffer	in einer Rührschüssel mit einem

	Schneebesen oder mit einem elektrischen Handrührgerät mit Rührbesen zu einer dicklichen Masse schlagen, darunter
125 ml (⅛ l) Salatöl	schlagen (bei dieser Zubereitung ist es nicht notwendig, das Öl tropfenweise zuzusetzen, es wird in Mengen von 1 – 2 Eßl. untergeschlagen, die an das Eigelb gegebenen Gewürze verhindern eine Gerinnung)
	die Salatzutaten mit der Mayonnaise vorsichtig vermengen
	den Salat gut durchziehen lassen.

Italienischer Salat

125 g Pellkartoffeln	pellen
125 g Äpfel	schälen, vierteln, entkernen
125 g Fleischreste oder gekochter Schinken	
125 g Essiggurke	
	die Zutaten in feine Streifen schneiden
2 gewässerte Sardellen	hacken
1 Zwiebel	abziehen, würfeln
100 g gekochte Karotten	
1 Teel. gehackte Kräuter	
	für die Mayonnaise
1 Eigelb	mit
1 Eßl. Essig	
1 Teel. Senf	
Salz	
Zucker	in einer Rührschüssel mit einem Schneebesen oder mit einem elektrischen Handrührgerät mit Rührbesen zu einer dicklichen Masse schlagen, darunter
125 ml (⅛ l) Salatöl	schlagen (bei dieser Zubereitung ist es nicht notwendig, das Öl tropfenweise zuzusetzen, es wird in Mengen von 1 – 2 Eßl. untergeschlagen, die an das Eigelb gegebenen Gewürze verhindern eine Gerinnung)
2 schwach gehäufte Eßl. Joghurt	unterrühren
	die Mayonnaise mit den Salatzutaten vermengen
	den Salat mit Salz,
Essig	abschmecken, nach Belieben mit
Ei-, Gurken-, Tomatenscheiben	garnieren.

Spargelsalat mit Krebsschwänzen

750 g Spargel	schälen, waschen, in etwa 3 cm lange Stücke schneiden
500 ml (½ l) Wasser	mit
1 Stückchen Butter	
2 gestrichenen Teel. Salz	
Zucker	zum Kochen bringen, den Spargel hineingeben, zum Kochen bringen, gar kochen, abtropfen und erkalten lassen
100 g Krebsschwänze (aus der Dose)	
	für die Mayonnaise
1 Eigelb	mit
1 Teel. Senf	
Salz	
Pfeffer	
1 Teel. Zucker	
1 Teel. Essig-Essenz (25%)	
4 Teel. Wasser	zu einer dicklichen Masse schlagen, nach und nach
125 ml (⅛ l) Salatöl	unterschlagen, mit den Salatzutaten vermengen.

Pikanter Kartoffelsalat

750 g Pellkartoffeln	noch warm pellen, erkalten lassen, in kleine Würfel schneiden
350 – 400 g Fleischwurst (im Stück)	enthäuten
3 hartgekochte Eier	pellen
2 mittelgroße Zwiebeln	abziehen
1 – 2 Äpfel	schälen, vierteln, entkernen
2 – 3 Tomaten	waschen, abtrocknen, die Stengelansätze entfernen
3 – 4 Gewürzgurken	
	die 6 Zutaten in kleine Würfel schneiden, zu den Kartoffelwürfeln geben
	für die Salatsoße
5 – 6 Eßl. Salatöl	mit
1 Eßl. Essig-Essenz (25%)	
2 Eßl. Wasser	
Salz	
Pfeffer	
Zucker	verschlagen, mit den Salatzutaten vermengen
1 Bund gehackte Petersilie	unterrühren den Kartoffelsalat 4 – 5 Stunden durchziehen lassen.

Bunter Schweizer Salat

(6 Portionen)

1 Kopf Salat	von den welken Blättern befreien, die anderen vom Strunk lösen, in mundgerechte Stücke zerpflücken, waschen, abtropfen lassen oder trockenschleudern
1 Salatgurke	waschen, abtrocknen, in dünne Scheiben schneiden
3 – 4 Tomaten	kurze Zeit in kochendes Wasser legen (nicht kochen lassen), in kaltem Wasser abschrecken, enthäuten, die Stengelansätze entfernen, die Tomaten achteln
10 gefüllte spanische Oliven	in Scheiben schneiden
2 hartgekochte Eier	pellen, in Scheiben oder Achtel schneiden
100 g gekochten Schinken	in Streifen schneiden
250 g Emmentaler Käse	in Würfel schneiden
	für die Salatsoße
1 Becher (150 g) Créme fraîche	mit
1 – 2 Teel. Essig-Essenz (25%)	verrühren, mit
Salz	
Zucker	
Pfeffer	abschmecken, mit den Salatzutaten vermengen
2 – 3 Eßl. gehackte Kräuter	unterheben, den Salat sofort servieren.

Spanischer Thunfischsalat

Etwa 300 g Thunfisch (aus der Dose)	abtropfen lassen, zerpflücken
2 Zwiebeln	abziehen, in Ringe schneiden
1 Salatgurke	
500 g Tomaten	
	beide Zutaten waschen, abtrocknen, in Scheiben schneiden (die Stengelansätze der Tomaten entfernen) den Thunfisch in der Mitte einer Platte anrichten, die Zwiebelringe darüber verteilen, abwechselnd mit Gurken- und Tomatenscheiben umlegen
	für die Salatsoße
5 Eßl. Salatöl	mit
1 Eßl. Essig-Essenz (25%)	
4 Eßl. Wasser	verschlagen
1 Bund feingeschnittenen Schnittlauch	unterrühren, mit
Salz	
Pfeffer	
Paprika edelsüß	abschmecken, die Soße über die Salatzutaten verteilen.

Eiersalat (2 Portionen)

2 hartgekochte Eier	pellen, in Scheiben schneiden
½ rote Paprikaschote	entkernen, die weißen Scheidewände entfernen, die Schote waschen, in feine Streifen schneiden, mit
kochendheißem Wasser	übergießen, abtropfen, abkühlen lassen
75 g gekochten Schinken (in Scheiben)	in Streifen schneiden
	für die Salatsoße
150 g (1 Becher) Crème fraîche	mit
Salz	
Pfeffer	
Zitronensaft	
Worcestersoße	verrühren
	die Salatzutaten mit der Salatsoße vorsichtig vermengen, den Eiersalat gut durchziehen lassen, auf Portionstellern anrichten, mit
feingeschnittenem Schnittlauch	bestreuen, mit
Tomatenröschen	garniert servieren.
Beigabe:	Toast, Butter.

Texassalat

(4 – 6 Portionen)

2 Paprikaschoten (rot und grün)	halbieren, entstielen, entkernen, die weißen Scheidewände entfernen, die Schoten waschen, in Streifen schneiden
3 Zwiebeln	abziehen, in Ringe schneiden, mit den Paprikastreifen in
500 ml (½ l) kochendes Salzwasser	geben, zum Kochen bringen
1 Teel. Essig-Essenz (25%)	
Zucker	hinzufügen, das Gemüse etwa 5 Minuten kochen, abtropfen lassen
375 g gebratenes oder gekochtes Rindfleisch	in Streifen schneiden
etwa 300 g Maiskörner (aus der Dose)	
etwa 115 g Champignons (aus der Dose)	
	beide Zutaten abtropfen lassen, die Champignons vierteln
	für die Salatsoße
3 Eßl. Salatöl	mit
knapp 2 Teel. Essig-Essenz (25%)	
4 – 6 Teel. Wasser	
2 – 3 Eßl. Tomaten-Ketchup	
1 Eßl. Chili-Soße	
Salz	
Pfeffer	
Zucker	verschlagen, mit
Paprika edelsüß	
Tabasco	abschmecken, mit den Salatzutaten vermengen, durchziehen lassen, den Salat evtl. mit Salz, Pfeffer abschmecken.

Pikanter Heringssalat

5 Matjesfilets	evtl. 1 Stunde wässern, trockentupfen
3 Scheiben Ananas (aus der Dose)	abtropfen lassen, in kleine Stücke schneiden
1 säuerlichen Apfel	schälen, vierteln, entkernen, in Würfel schneiden
2 Gewürzgurken	in kleine Würfel schneiden
2 mittelgroße Zwiebeln	abziehen, fein würfeln
	für die Salatsoße
2 Eßl. Mayonnaise	mit
2 Eßl. Joghurt	verrühren
2 Lorbeerblätter	
5 Wacholderbeeren	unterrühren, die Soße mit
Salz	
Pfeffer	
Zucker	
Paprika edelsüß	würzen
	die Salatsoße mit den Salatzutaten vermengen
3 hartgekochte Eier	pellen, in Scheiben schneiden, vorsichtig unter die Salatzutaten heben den Heringssalat gut durchziehen lassen, nach Belieben mit
Ananasscheiben (aus der Dose)	
halbierten blauen Weintrauben	
roten Paprikaschotenstreifen	
Eischeiben	garnieren.
Beigabe:	Bauernbrot, Butter.

Salat Schöne Gärtnerin

(6 Portionen)

1 l Salzwasser	zum Kochen bringen
100 g Langkornreis	hineingeben, zum Kochen bringen, in etwa 20 Minuten ausquellen lassen, auf ein Sieb geben, mit kaltem Wasser übergießen, gut abtropfen lassen
3 Tomaten	kurze Zeit in kochendes Wasser legen (nicht kochen lassen), in kaltem Wasser abschrecken, enthäuten, die Stengelansätze entfernen, die Tomaten vierteln, entkernen, in Streifen schneiden
2 Avocado	halbieren, entkernen, schälen, in Würfel schneiden
2 hartgekochte Eier	pellen, in Würfel schneiden
100 g Champignons	putzen, waschen, in dünne Scheiben schneiden
150 g gekochten Schinken	in Streifen schneiden
	eine große Salatschale mit
1 abgezogenen Knoblauchzehe	ausreiben
	für die Salatsoße
3 Eßl. Salatöl	mit
1 Eßl. Kräuter-Essig-Essenz (25%)	
4 Eßl. Weißwein	
3 Eßl. Sahne	
Salz	
geschrotetem weißem Pfeffer	verschlagen, mit
Currypulver	abschmecken, mit den Salatzutaten vermengen, etwa 30 Minuten durchziehen lassen, in die Salatschale füllen, den Salat mit
Tomatenröschen	
Basilikum	garnieren.

Italienischer Nudelsalat

125 g Nudeln	in
1 l kochendes Salzwasser	geben, zum Kochen bringen, kurz umrühren, gar kochen lassen die garen Nudeln auf ein Sieb geben, mit kaltem Wasser übergießen, abtropfen lassen
2 mittelgroße Äpfel	schälen, vierteln, entkernen
3 Essiggurken *200 g garer Schweinebraten (als Aufschnitt)*	
	die drei Zutaten in Streifen schneiden, mit den Nudeln vermengen
	für die Salatsoße
1 Becher (150 g) Crème fraîche	mit
1 schwach gehäuften Eßl. Tomaten-Ketchup *1 Eßl. Milch*	
2 Eßl. Gurkenwasser	verschlagen
2 Eßl. gehackte Kräuter	unterrühren die Salatzutaten mit der Soße vermengen den Salat gut durchziehen lassen, evtl. mit
Salz	abschmecken
Kochzeit:	Etwa 20 Minuten.

Waldorfsalat

500 g Äpfel	schälen, vierteln, entkernen
200 g Sellerie	waschen, schälen beide Zutaten in feine Streifen schneiden von
100 g frischen Walnußkernen	die Häutchen abziehen, die Kerne grob mahlen oder sehr fein hacken
	für die Mayonnaise
1 Eigelb	mit
Salz *Zucker*	
Pfeffer	in einer Rührschüssel mit einem Schneebesen oder mit einem elektrischen Handrührgerät mit Rührbesen zu einer dicklichen Masse schlagen
125 ml (⅛ l) Salatöl	hinzufügen, zunächst nur die Hälfte der vorgeschriebenen Ölmenge nehmen, ist die Masse steif, erst
1 Teel. Zitronensaft	hinzufügen, dann den Rest des Öls hinzugeben die Salatzutaten mit der Mayonnaise vermengen den Salat gut durchziehen lassen.

Fische, Krusten- und Schalentiere

Fische, Krusten- und Schalentiere

Um zu verhindern, daß Hände und Küchengeräte Fischgeruch annehmen, diese vor der Fischzubereitung mit kaltem Wasser abspülen.
Alle Fische werden nach der Drei-S-Methode vorbereitet: Säubern – Säuern – Salzen.

1. Säubern:
Seefische schuppen. Den Schwanz anfassen, den Fisch mit flach gehaltenem Messer oder mit einem Fischschupper vom Schwanz zum Kopf hin schuppen. Zarthäutige Fische und solche, die blau gekocht werden sollen, nicht schuppen. Die blaue Farbe entsteht durch den Farbstoff und Schleimgehalt der Haut, die deshalb nicht verletzt werden darf. Diese Fische unter fließendem kaltem Wasser abspülen (nicht trockentupfen) ohne sie viel anzufassen.
Flossen und Schwanz der Fische, besonders größerer, mit einer Schere beschneiden.
Bei Seezungen die äußere Haut abziehen. Die Haut am Schwanz lockern, mit einem kräftigen Ruck zum Kopf hin abziehen. Bei Rotzungen die rote Haut abziehen, aber vom Kopf zum Schwanz hin, die weiße Haut nur schuppen.
Um Fische auszunehmen, unterhalb des Kopfes den Bauch bis zum Ende der Bauchhöhle mit einem scharfen Messer aufschneiden. Das Eingeweide entfernen, aber darauf achten, daß die Galle nicht verletzt wird.
Sowohl die innere schwarze Haut als auch die bei einigen Fischen vorhandene weiße, lederartige Haut längs des Rückgrats sowie das geronnene Blut restlos entfernen.
Bei Seefischen die Kiemen (unter den Kiemendeckeln) herausnehmen.
Fische unter fließendem kaltem Wasser gründlich innen und außen abspülen, evtl. trockentupfen.

2. Säuern:
Fische mit Zitronensaft oder Essig beträufeln, 30 Minuten stehenlassen (Fleisch wird fester, Fischgeruch verschwindet).

3. Salzen:
Fische innen und außen mit Salz einreiben.

4. Fisch folgendermaßen filetieren:
Mit einem scharfen, großen Messer am Kopfende im Rücken einen Einschnitt machen, darauf achten, daß das Messer direkt über den Gräten liegt. Die linke Hand auf den Fisch legen, das Messer immer vom Kopf zum Schwanz hinziehen; dabei wird das Fleisch von den Gräten gelöst.
Danach die Fischhaut entfernen. Die entgrätete Fischhälfte auf ein Brett legen (Haut nach unten). Am Schwanzende ein Stück Haut ablösen, das Messer leicht schräg halten, weiterschieben und dabei die Haut vom Fisch trennen.

5. Zum Braten den Fisch vor dem Panieren sorgfältig trockentupfen (wird knuspriger), das Semmelmehl gut andrücken.

6. Fische sind gar, wenn sich die Rückenflosse leicht herausziehen läßt.

Gedünsteter und gekochter Fisch

Fischrouladen in Tomatensoße

750 g Fischfilet	unter fließendem kaltem Wasser abspülen, trockentupfen, mit
2 Eßl. Zitronensaft	beträufeln, etwa 30 Minuten stehenlassen, trockentupfen, mit
Salz	
Selleriesalz	
Paprika edelsüß	bestreuen, in nicht zu kleine Stücke schneiden, mit
1 Eßl. Senf	bestreichen, aufrollen, mit Holzstäbchen feststecken
	für die Tomatensoße
1 kleine Zwiebel	abziehen, fein würfeln
375 g Tomaten	waschen, in Stücke schneiden
30 g Butter	zerlassen, Zwiebel und Tomaten darin andünsten, mit
30 g Weizenmehl	bestreuen, kurz miterhitzen
250 ml (¼ l) Wasser	hinzufügen, mit einem Schneebesen durchschlagen, darauf achten, daß keine Klumpen entstehen, die Soße zum Kochen bringen, durch ein Sieb streichen, mit Selleriesalz, Salz, Paprika,
2 gehäuften Eßl. Tomatenmark	
Zitronensaft	
Tabasco	abschmecken, zum Kochen bringen, den Fisch hineingeben, gar ziehen lassen
Garzeit:	15 – 20 Minuten.

Schellfisch, gedünstet

1½ kg küchenfertigen Schellfisch	unter fließendem kaltem Wasser abspülen, trockentupfen, mit
Zitronensaft oder Essig	beträufeln, mit
Salz	würzen
Butter	in Flöckchen darauf setzen den Fisch mit der Öffnung nach unten auf eine umgedrehte Tasse gestützt auf eine Porzellanplatte setzen, im Backofen gar dünsten lassen den garen Schellfisch mit
Zitronenscheiben	
Petersilie	garnieren
Strom:	175 – 200
Gas:	2 – 3
Dünstzeit:	Etwa 40 Minuten.
Beilage:	Salzkartoffeln, gemischter Salat.

Fischrollen auf Porreegemüse (Im Schnellkochtopf)

4 Rotbarschfilets (etwa 750 g)	unter fließendem kaltem Wasser abspülen, trockentupfen, mit
Zitronensaft	beträufeln, etwa 15 Minuten stehenlassen je 1 Fischfilet zwischen 2 von
8 Scheiben durchwachsenen Speck	legen, jeweils die obere Speckscheibe mit
Senf	bestreichen, mit
Pfeffer	bestreuen, aufrollen
750 g Porree (Lauch, vorbereitet gewogen)	gründlich waschen, längs halbieren, in etwa 2 cm große Stücke schneiden
2 Eßl. Butter	im offenen Schnellkochtopf zerlassen, den Porree darin andünsten
125 ml (⅛ l) Wasser	hinzugießen, mit Pfeffer würzen, die Fischrollen darauf geben, den Schnellkochtopf schließen, Fisch und Gemüse garen lassen nach Belieben
1 – 2 Eßl. Weizenmehl	mit
125 ml (⅛ l) Sahne	anrühren, das Porreegemüse damit binden, mit Pfeffer,
Salz	abschmecken
Garzeit:	Etwa 8 Minuten.
Beilage:	Petersilienkartoffeln, Tomatensalat.

Gedünsteter Fisch

(Im Kochtopf)

Etwa 1 kg küchenfertigen Fisch (Schellfisch, Kabeljau, Rotbarsch, Seelachs, Forelle, Schleie, Hecht, Zander)	unter fließendem kaltem Wasser abspülen, trockentupfen, mit
Zitronensaft oder Essig	beträufeln, etwa ½ Stunde stehenlassen, trockentupfen, innen und außen mit
Salz	bestreuen, ganz oder in Stücke geteilt in einen mit
Butter oder Margarine	gefetteten Kochtopf geben, gar dünsten lassen
Dünstzeit:	25 – 35 Minuten.
Beilage:	Salzkartoffeln, zerlassene Butter, Senf-, Tomaten- oder Meerrettichsoße (den beim Dünsten des Fisches sich bildenden Saft verwenden).

Forelle blau, gekocht

4 größere oder 8 kleinere Forellen (etwa 1 kg)	mit einem scharfen Küchenmesser an der Bauchseite aufschlitzen, ausnehmen, unter fließendem kaltem Wasser gründlich waschen, mit dem Daumennagel den schwarzen Streifen am Rückgrat herausschälen, die Forellen innen mit
Salz	bestreuen, nach Belieben rund binden (einen starken Faden mit einer Nadel durch Kopf und Schwanz ziehen und die Fadenenden verknoten)
oder 2 Pakete tiefgekühlte Regenbogenforellen	
	die Forellen mit dem Kopf zuerst in so viel
kochende Flüssigkeit (auf 1 l Wasser: 4 Eßl. Weißwein, 5 Eßl. Essig, 3 gehäufte Teel. Salz)	geben, daß sie bedeckt sind, zum Kochen bringen, den Topf von der Kochstelle nehmen, die Forellen gar ziehen lassen (der Fisch ist gar, wenn sich Kiemen und Flossen leicht herausziehen lassen)
Garzeit:	Etwa 20 Minuten.
Beilage:	Petersilienkartoffeln, zerlassene Butter, Grüner Salat.

Karpfen blau, gedünstet

(Im Backofen)

1¼ kg küchenfertigen Karpfen	unter fließendem kaltem Wasser abspülen, innen mit
Salz	einreiben (nicht von außen salzen, da dann der Schleim, der die Blaufärbung hervorruft, verletzt würde)
1 große Kartoffel	schälen, waschen, in die Bauchhöhle des Fisches stecken, den Fisch vorsichtig auf eine Rostbratpfanne stellen, mit
500 ml (½ l) kochendheißem Essigwasser	übergießen, der Zugluft aussetzen den Karpfen in eine mit
Margarine	gefettete feuerfeste Form (Platte) setzen (mit der Kartoffel), auf dem Rost in den Backofen schieben (der Karpfen ist gar, wenn sich die Rückenflosse leicht herausziehen läßt) 5 Minuten vor Beendigung der Dünstzeit den Karpfen mit
50 g zerlassener Butter	übergießen, damit die Farbe erhalten bleibt blau gedünstete Fische nicht der Nachhitze aussetzen, da sie sonst ihre Farbe verlieren würden den Karpfen sofort servieren
Strom:	175 – 200
Gas:	2 – 3
Dünstzeit:	45 – 50 Minuten.
Veränderung:	Anstelle von Karpfen folgende Fische verwenden: 1. 4 Forellen, je 300 g (rund gebunden, ohne Kartoffel) Dünstzeit: 25 – 30 Minuten. 2. 4 Schleien, je 300 g (rund gebunden, ohne Kartoffel) Dünstzeit: 30 – 35 Minuten
Beilage:	Zerlassene Butter, Petersilienkartoffeln, Grüner Salat.

Fisch, gedünstet

(Im Backofen)

1¼ kg küchenfertigen Kabeljau (im Stück oder geteilt)	unter fließendem kaltem Wasser abspülen, trockentupfen, mit dem
Saft von 1 Zitrone	beträufeln, trockentupfen, innen und außen mit
Salz, Pfeffer	bestreuen den Fisch in eine mit
Butter oder Margarine	gefettete feuerfeste Form (Platte) legen, mit
50 g Speckscheiben	bedecken, auf dem Rost in den Backofen schieben
Strom:	175 – 200
Gas:	3 – 4
Dünstzeit:	40 – 45 Minuten.
Veränderung:	Anstelle von Kabeljau folgende Fische verwenden: 1. Schellfisch Dünstzeit: 40 – 45 Minuten 2. Seelachs Dünstzeit: 40 – 45 Minuten 3. Rotbarsch Dünstzeit: 40 – 45 Minuten 4. Blauleng Dünstzeit: 45 – 50 Minuten 5. Zander (geschuppt, ausgenommen, ohne Flossen, mit Kopf) Dünstzeit: 45 – 50 Minuten 6. Hecht (geschuppt, ausgenommen, ohne Flossen, mit Kopf) Dünstzeit: 45 – 50 Minuten 7. Aal (ausgenommen, enthäutet, ohne Kopf, in 5 cm große Stücke geschnitten) Dünstzeit: 25 – 30 Minuten.
Beilage:	Kräuterkartoffeln, Grüner Salat.

Rotbarschfilet mit Weißweinsoße (2 – 3 Portionen)

Etwa 400 g Rotbarschfilet	unter fließendem kaltem Wasser abspülen, trockentupfen, mit
Zitronensaft	beträufeln, etwa 15 Minuten stehenlassen, trockentupfen, mit
Salz	bestreuen
1 Zwiebel	abziehen, würfeln
2 Eßl. Butter	zerlassen, die Zwiebelwürfel darin glasig dünsten lassen das Rotbarschfilet mit
100 ml Weißwein	hinzufügen, den Fisch gar dünsten lassen, herausnehmen, auf einer vorgewärmten Platte anrichten, warm stellen

	für die Soße
1 Becher (150 g) Crème fraîche	
3 – 4 Eßl. Tomaten-Ketchup	unter die Dünstflüssigkeit rühren, kurz aufkochen lassen, die Soße mit
Salz	
Pfeffer	
Zucker	abschmecken, über den Fisch geben, mit
1 Eßl. gehackter Petersilie	bestreuen.
Dünstzeit:	Etwa 10 Minuten.
Beilage:	Butterkartoffeln oder Reis.

Gebratener Fisch

Fischstäbchen mit pikanter Soße

	Für die Soße
3 Eßl. Mayonnaise (aus dem Glas)	mit
2 Eßl. Tomaten-Ketchup	
4 Eßl. Sahne	
1 Teel. Johannisbeergelee	verrühren
1 hartgekochtes Ei	pellen, fein hacken
1 Zwiebel	abziehen
1 Gewürzgurke	beide Zutaten würfeln
1 Teel. Kapern	fein hacken die Zutaten mit
1 Eßl. feingehackter Petersilie	unter die Soße rühren, mit
Zitronensaft	
frisch gemahlenem Pfeffer	abschmecken
2 Eßl. Butter	zerlassen
20 tiefgekühlte (2 Pakete) Fischstäbchen	hineingeben, von beiden Seiten knusprig braun braten lassen die Soße zu den Fischstäbchen reichen
Bratzeit:	8 – 10 Minuten.

Barsch, gebraten

2 – 3 Barsche (etwa 1½ kg)	schuppen, ausnehmen, Flossen und Schwanz entfernen, unter fließendem kaltem Wasser abspülen, trockentupfen
	für die Marinade
Saft von 1 Zitrone	mit
1 gestrichenen Teel. Salz	
1 Teel. geschrotetem Pfeffer	
2 – 3 Eßl. gemischten, feingehackten Kräutern	verrühren, die Fische damit einreiben, 2 – 3 Stunden ziehen lassen, aus der Marinade nehmen, trockentupfen die Marinade durch ein Sieb gießen die Kräuter mit
etwa 2 Eßl. weicher Butter	
2 Eigelb	verrühren, die Fische damit bestreichen, in
Semmelmehl	wenden
50 g Butter	zerlassen, die Barsche von beiden Seiten darin goldbraun braten, auf einer vorgewärmten Platte anrichten
Bratzeit:	25 – 30 Minuten.
Beilage:	Petersilienkartoffeln, Endiviensalat, gebräunte Butter.

Heilbutt-Spieße

Etwa 600 g Heilbuttfilet	unter fließendem kaltem Wasser abspülen, trockentupfen, in etwa 3 cm große Würfel schneiden, mit
Zitronensaft	beträufeln, etwa 15 Min. stehenlassen, trockentupfen, mit
Salz	
Pfeffer	würzen
2 Zucchini (etwa 250 g)	waschen, evtl. schälen, halbieren, entkernen, in etwa 3 cm große Stücke schneiden
200 g Gouda-Käse	in etwa 3 cm große Würfel schneiden die 3 Zutaten abwechselnd auf Spieße stecken
2 – 3 Eßl. Weizenmehl	mit Salz, Pfeffer vermengen
2 – 3 Eier	verschlagen die Fischspieße zuerst in dem Mehl, dann in den verschlagenen Eiern wenden
2 Eßl. Butter	in einer großen Pfanne erhitzen, die Spieße von allen Seiten darin braten, auf einer vorgewärmten Platte anrichten, mit
Zitronenachteln	
Petersilie	garnieren
Bratzeit:	Etwa 10 Minuten.

Forellen Müllerin Art

(Abb. S. 52/53)

4 küchenfertige Forellen (je 150 – 200 g)	unter fließendem kaltem Wasser abspülen, trockentupfen, innen und außen mit
Zitronensaft	beträufeln, trockentupfen, mit
Salz	würzen, in
Weizenmehl	wenden
4 Eßl. Speiseöl	erhitzen, die Fische von beiden Seiten darin braten das Öl abgießen
50 g Butter	zu den Fischen geben, zerlassen, die Fische in dem Butterschaum wenden, auf einer vorgewärmten Platte anrichten, warm stellen, die Butter mit
2 Eßl. Zitronensaft	
1 Eßl. Worcestersoße	verrühren, über die Forellen verteilen, nach Belieben mit
gehackter Petersilie	bestreuen, mit
Zitronenscheiben	garnieren
Bratzeit:	Etwa 10 Minuten.
Beilage:	Butterkartoffeln, verschiedene Salate.

Speckschollen

4 küchenfertige Schollen (je 300 g) unter fließendem kaltem Wasser abspülen, trockentupfen, mit
Zitronensaft beträufeln, etwa 30 Minuten stehenlassen, trockentupfen, mit
Salz
Pfeffer bestreuen, in
Weizenmehl wenden
2 Eßl. Speiseöl in einer großen Pfanne erhitzen
etwa 20 g mageren, durchwachsenen Speck in Würfel schneiden, darin ausbraten, die Speckwürfel herausnehmen, warm stellen, die Schollen in dem Speckfett von beiden Seiten braun braten, auf einer vorgewärmten Platte anrichten, die Speckwürfel darüber geben die Schollen mit
Zitronenachteln
Dillzweigen garnieren
Bratzeit: 15 – 20 Minuten.
Beilage: Salzkartoffeln, Feldsalat.

Gebratenes Fischfilet

750 g Fischfilet (Kabeljau, Seelachs, Rotbarsch, Seezunge)	unter fließendem kaltem Wasser abspülen, trockentupfen, in Portionsstücke schneiden, mit
2 Eßl. Zitronensaft	beträufeln, etwa 30 Minuten stehenlassen, trockentupfen, mit
Salz	
Pfeffer	bestreuen
1 Ei	mit
2 Eßl. kaltem Wasser	verschlagen
	das Filet zunächst in
Weizenmehl	dann in dem verschlagenen Ei, zuletzt in
75 g Semmelmehl	wenden
80 g Margarine	erhitzen, die Filetstücke von beiden Seiten darin goldbraun braten
Bratzeit:	10 – 12 Minuten.

China-Soße, süß-scharf

2 Eßl. Speiseöl	erhitzen
2 abgezogene, gewürfelte Zwiebeln	
1 abgezogene, gewürfelte Knoblauchzehe	darin etwa 3 Minuten dünsten lassen
125 ml (⅛ l) Sherry medium	
3 Eßl. Tomaten-Ketchup	hinzufügen, aufkochen lassen, mit
Chili- oder Tabascosoße	
Salz	abschmecken, die Soße zugedeckt abkühlen lassen.

Sauce béarnaise

100 g Butter	zerlassen, etwas abkühlen lassen
1 kleine Zwiebel	abziehen, fein würfeln, mit
gehacktem Estragon	
gehacktem Basilikum	
geschrotetem schwarzem Pfeffer	
1 Teel. Weinessig	
2 Eßl. Weißwein	zum Kochen bringen, etwa 5 Minuten kochen, etwas abkühlen lassen, mit
2 Eigelb	im Wasserbad oder auf der Automatikplatte so lange schlagen, bis die Masse dicklich ist, die Butter unterschlagen, die Soße mit
Salz	
Pfeffer	
Zucker	abschmecken, bis zum Verzehr im Wasserbad warm halten, damit sie nicht gerinnt
Kochzeit:	Etwa 12 Minuten.

Gebackener Fisch

Seezungenschleifen

8 Seezungenfilets (etwa 600 g)	unter fließendem kaltem Wasser abspülen, trockentupfen, mit
Zitronensaft	beträufeln, etwa 30 Minuten stehenlassen, trockentupfen
30 g zerlassene Butter	mit
Salz	verrühren, die Hautseite der Filets mit etwa der Hälfte der Butter bestreichen
16 Stangen gekochten Spargel	abtropfen lassen
	je 1 Fischfilet vorsichtig mit der Hautseite nach innen zu einer Schleife um jeweils 2 Spargelstangen legen, die Seezungenschleifen auf ein mit
Speiseöl	bestrichenes Backblech legen, die restliche Butter mit
Paprika edelsüß	verrühren, die Seezungenfilets damit von außen bestreichen, in den vorgeheizten Backofen schieben
Strom:	175 – 200
Gas:	3 – 4
Backzeit:	10 – 15 Minuten.
Beigabe:	Toast.

Fischröllchen in Senfsahnesoße

750 g Fischfilet	mit
Zitronensaft	beträufeln
	das Filet mit
Salz	bestreuen, mit
Senf	bestreichen, in nicht zu kleine Streifen schneiden, aufrollen, mit
Holzstäbchen	durchstechen, in eine mit
Butter	gefettete Auflaufform legen
	für die Senfsahnesoße
35 g Speisestärke	mit 3 Eßl. von
375 ml (⅜ l) kalter Milch	anrühren, die übrige Milch zum Kochen bringen, von der Kochstelle nehmen, die Speisestärke unter Rühren hineingeben, kurz aufkochen lassen
125 ml (⅛ l) Sahne	hinzufügen, die Soße mit Salz, Zitronensaft, Senf abschmecken, über die Fischröllchen gießen
	den Auflauf mit
25 g geriebenem Käse	bestreuen
1 – 2 Eßl. Butter	in Flöckchen darauf setzen
	die Auflaufform auf dem Rost in den vorgeheizten Backofen schieben
Strom:	175 – 200
Gas:	2 – 3
Garzeit:	25 – 35 Minuten.

Überkrusteter Curry-Fisch *(2 – 3 Portionen)*

Etwa 400 g Fischfilet	unter fließendem kaltem Wasser abspülen, trockentupfen, mit
Zitronensaft	beträufeln, etwa 15 Minuten stehenlassen, trockentupfen, mit
Salz	
Pfeffer	bestreuen, in eine mit
Butter	
oder Margarine	gefettete Auflaufform geben
1 Apfel	schälen, vierteln, entkernen, in kleine Würfel schneiden
1 Becher (150 g)	
Crème fraîche	mit
1 Eßl. Weißwein	
¼ Teel. Salz	
1 Teel. Zucker	
1 Teel. Currypulver	
1 Eßl. feingehacktem	
Mango-Chutney	verrühren, die Apfelwürfel unterrühren die Crème-fraîche-Masse über dem Fisch verteilen die Form auf dem Rost in den vorgeheizten Backofen schieben
Strom:	175 – 200
Gas:	3 – 4
Backzeit:	Etwa 30 Minuten.
Beilage:	Reis.

Kapernsoße

30 g Margarine	zerlassen
35 g Weizenmehl	unter Rühren so lange darin erhitzen, bis es hellgelb ist
500 ml (½ l)	
Instant-Fleischbrühe	hinzugießen, mit einem Schneebesen durchschlagen, darauf achten, daß keine Klumpen entstehen
1 Eßl. Kapern	unterrühren, die Soße zum Kochen bringen, etwa 10 Minuten kochen lassen
1 Eigelb	mit
2 Eßl. kaltem Wasser	verschlagen, die Soße damit abziehen, mit
Salz	
Zitronensaft	abschmecken.

Tomatensoße

250 g reife Tomaten	waschen, in kleine Stücke schneiden, durch ein Sieb streichen, mit
2 Eßl. Salatöl	
1 Teel. fein-	
geriebener Zwiebel	verrühren, mit
Salz	
Zucker	abschmecken.

Speck-Äschen mit Gemüse
(Abb. nebenstehend)

2 Äschen (etwa 1 kg)	schuppen, ausnehmen, Flossen und Schwanz entfernen die Äschen unter fließendem kaltem Wasser abspülen, trockentupfen nach Belieben mit
Zitronensaft	beträufeln, etwa 15 Minuten stehenlassen, trockentupfen, mit
Salz	würzen
125 g durchwachsenen Speck	in Streifen schneiden, die Fische damit spicken, mit dem restlichen Speck eine feuerfeste, gefettete Form auslegen
6 enthäutete Tomaten	in Scheiben schneiden
2 Auberginen (etwa 250 g)	waschen, in Scheiben schneiden
1 Stange Porree (Lauch)	gründlich waschen, in Ringe schneiden (evtl. nochmals waschen)
2 Zwiebeln	abziehen, in Scheiben schneiden die 4 Zutaten gleichmäßig auf dem Speck verteilen, den Fisch darauf legen
50 g Butter oder Margarine	in Flöckchen darauf setzen die Form in den vorgeheizten Backofen stellen die garen Äschen mit dem Gemüse auf einer vorgewärmten Platte anrichten
	für die Soße
1 Eßl. Weizenmehl	mit
250 ml (¼ l) saurer Sahne	anrühren, in den Bratensatz rühren, zum Kochen bringen, etwa 5 Minuten kochen lassen die Soße mit Salz,
Paprika edelsüß	abschmecken
Einstellung für den Backofen	
Strom:	200 – 225
Gas:	4 – 5
Dünstzeit:	35 – 40 Minuten
Kochzeit für die Soße:	Etwa 5 Minuten.
Beilage:	Dampfkartoffeln, Salat.

Fisch-Hackbraten

2 Brötchen (Semmeln)	in kaltem Wasser einweichen, gut ausdrücken
750 g Fischfilet	unter fließendem kaltem Wasser abspülen, trockentupfen beide Zutaten durch den Fleischwolf drehen
1 Zwiebel	abziehen, würfeln, in
2 – 3 Eßl. Margarine	andünsten

	den Fisch mit den Zwiebelwürfeln,
1 Ei	vermengen, mit
1 Eßl. gehackter Petersilie gehacktem Dill Salz Cayennepfeffer	abschmecken
	die Masse zu einem länglichen Kloß formen, in
2 Eßl. Semmelmehl	wenden, mit
60 g Speckstreifen	belegen, in eine mit Wasser ausgespülte Rostbratpfanne legen
3 Eßl. Butter	zerlassen, über den Hackbraten gießen, in den Backofen schieben
4 Eßl. saure Sahne	verschlagen, 10 Minuten vor Beendigung der Bratzeit über den Hackbraten gießen
	den garen Braten auf einer vorgewärmten Platte anrichten
Strom:	200 – 225
Gas:	4 – 5 (Rostbratpfanne auf die mittlere Schiene schieben)
Bratzeit:	Etwa 40 Minuten.
Beigabe:	Senf-, Tomaten-, Kräuter- oder Meerrettichsoße.

Ausgebackener Fisch

750 g Fischfilet (Schellfisch, Kabeljau, Seelachs)	unter fließendem kaltem Wasser abspülen, trockentupfen, mit
Zitronensaft oder Essig	beträufeln, etwa 30 Minuten stehenlassen, trockentupfen, mit
Salz	bestreuen, in Portionsstücke schneiden
	für den Teig
100 g Weizenmehl	in eine Schüssel sieben, in die Mitte eine Vertiefung eindrücken
1 Ei	mit Salz,
125 ml (⅛ l) Milch	verschlagen, etwas davon in die Vertiefung geben
	von der Mitte aus Eiermilch und Mehl verrühren, nach und nach die restliche Eiermilch,
1 Eßl. Speiseöl oder zerlassene Butter oder Margarine	hinzugeben, darauf achten, daß keine Klumpen entstehen
	die Filetstücke mit einer Gabel in den Teig tauchen, schwimmend in siedendem
Ausbackfett (Speiseöl, Schweineschmalz oder Kokosfett)	braun und knusprig backen, auf Haushaltspapier abtropfen lassen
Backzeit:	Etwa 10 Minuten.
Beigabe:	Kartoffelsalat.

Marinierter Fisch

Rollmöpse

6 Salzheringe	ausnehmen (Köpfe abschneiden), 12 – 24 Stunden wässern, entgräten, waschen, abtrocknen, die Hälften mit
1 schwach gehäuften Eßl. Senf	bestreichen
2 kleine Gewürzgurken	in kleine Stücke schneiden
2 Zwiebeln	abziehen, fein würfeln, mit
1 Eßl. Kapern	auf die Heringshälften geben, vorsichtig aufrollen, mit Holzstäbchen feststecken, die Rollmöpse mit
8 Pfefferkörnern 2 kleinen Lorbeerblättern	in einen Steintopf legen
gut 125 ml (gut ⅛ l) Wasser gut 125 ml (gut ⅛ l) Essig	mischen, darüber geben die Rollmöpse können nach 4 – 6 Tagen gegessen werden.

Matjescocktail

200 g gedünstete Prinzeßbohnen	abtropfen lassen, in kleine Stücke schneiden
	für die Salatsoße
2 Teel. Salatöl	mit
2 Teel. Essig 1 Teel. gehacktem Dill	verrühren, mit
Salz, Pfeffer	abschmecken, mit den Bohnen vermengen 4 Cocktailgläser mit
gewaschenen Salatblättern	auslegen, die Bohnen darauf anrichten
4 Matjesfilets	evtl. wässern, trockentupfen, in Streifen schneiden, auf die Bohnen verteilen
	für die Cocktailsoße
2 Eßl. Salat-mayonnaise	mit
2 Eßl. Weißwein 1 Eßl. Sahne oder Dosenmilch 1 Teel. geriebenem Merrettich (aus dem Glas) 2 Eßl. Tomaten-Ketchup	verrühren, über die Cocktailzutaten gießen den Cocktail mit
Tomaten-Ketchup Dillzweigen	garnieren.
Beigabe:	Toast, Butter.

Salzheringe in Sahnesoße „Harzer Art" *(Abb. nebenstehend)*

4 Salzheringe	etwa 24 Stunden wässern, das Wasser ab und zu erneuern die Heringe ausnehmen, unter fließendem kaltem Wasser abspülen, nach Belieben enthäuten, entgräten
	für die Sahnesoße
4 – 5 Zwiebeln	abziehen
2 mittelgroße Gewürzgurken	beide Zutaten in Scheiben schneiden
375 ml (⅜ l) Sahne	mit
1 – 2 Eßl. Essig-Essenz (25%) einigen Senfkörnern einigen Pfefferkörnern	verrühren, Gurken- und Zwiebelscheiben hinzufügen die Heringe in die Sahnesoße legen, etwa 24 Stunden darin ziehen lassen
750 g Kartoffeln	waschen, in
2 l Salzwasser	geben, zum Kochen bringen, gar kochen lassen, die Kartoffeln abgießen, noch heiß pellen, in einer vorgewärmten Schüssel anrichten, warm stellen
3 mittelgroße Zwiebeln	abziehen, in Scheiben schneiden
75 g fetten Speck	in kleine Würfel schneiden, auslassen, die Zwiebelscheiben mit dem Speck bräunen lassen die Sahneheringe mit
Tomatenachteln Petersilie	garnieren Pellkartoffeln und Speck-Zwiebeln dazureichen
Kochzeit:	25 – 30 Minuten.

Eingelegte Bratheringe

1 kg Grüne Heringe	ausnehmen (Köpfe abschneiden), unter fließendem kaltem Wasser abspülen, schuppen, trockentupfen
2 Eßl. Weizenmehl	mit
Salz	mischen, die Heringe darin wenden
6 Eßl. Speiseöl	erhitzen, die Heringe von beiden Seiten darin goldbraun braten
2 mittelgroße Zwiebeln	abziehen, in Scheiben schneiden, mit
1 Eßl. Senfkörnern 8 Pfefferkörnern	und den Heringen in einen Topf legen
250 ml (¼ l) Essig 125 ml (⅛ l) Wasser	mischen, darüber gießen die Heringe können nach 4 – 6 Tagen gegessen werden
Bratzeit:	6 – 8 Minuten.
Veränderung:	1 Teel. Zucker mit dem Essig verrühren.

Eingelegte Heringe

6 Salzheringe	ausnehmen, 12 – 24 Stunden wässern, danach mehrere Male unter fließendem kaltem Wasser gründlich abspülen, damit sich die Schuppen lösen Kiemen und Kiemendeckel entfernen, die Köpfe abschneiden, die innere schwarze Haut abziehen, die Heringe noch einmal waschen, danach an der Rückenseite der Länge nach aufschneiden, entgräten, enthäuten
3 mittelgroße Zwiebeln	abziehen, in Scheiben schneiden, mit
2 kleinen Lorbeerblättern	
8 Pfefferkörnern	und den Heringen in einen Steintopf legen die
Heringsmilch	durch ein Haarsieb streichen, mit
250 ml (¼ l) Essig	
125 ml (⅛ l) Wasser	zu einer Soße verrühren, über die Heringe verteilen die Heringe können nach 2 – 3 Tagen gegessen werden.

Fisch in Gelee

Rollmöpse in Gelee

1 Päckchen Gelatine gemahlen, weiß	mit
250 ml (¼ l) kaltem Wasser	anrühren, 10 Minuten zum Quellen stehenlassen
6 Eßl. Essig (mit Wasser auf 250 ml = ¼ l ergänzt)	mit
4 Pfefferkörnern	
2 Pimentkörnern (Nelkenpfeffer)	
1 Gewürznelke	
1 kleinen Lorbeerblatt	zum Kochen bringen, einmal aufkochen lassen, die Gelatine hinzufügen, rühren, bis sie gelöst ist die Brühe durch ein Sieb gießen, kalt stellen etwas von der Brühe in 4 mit kaltem Wasser ausgespülte Tassen geben, so daß der Boden bedeckt ist, im Kühlschrank erstarren lassen
6 Rollmöpse	in Scheiben schneiden (kleine Rollmöpse halbieren) auf die erstarrte Brühe legen, den Rest der schon etwas dicklichen Brühe darüber gießen, im Kühlschrank erstarren lassen vor dem Servieren die Tassen kurz in heißes Wasser halten, das Gelee mit einem Messer vorsichtig vom Rand der Tassen lösen, auf eine Platte stürzen.

Fisch in Gelee

500 ml (½ l) Wasser	mit
1 Teel. Salz	
3 Pimentkörnern	
1 Lorbeerblatt	
1 Päckchen (75 g) tiefgekühltem Suppengrün	
1 mittelgroßen, abgezogenen Zwiebel	zum Kochen bringen, etwa 15 Minuten kochen lassen
500 g Fisch (Schellfisch, Kabeljau, Grüne Heringe)	unter fließendem kaltem Wasser abspülen, in die Brühe geben, zum Kochen bringen, in 10 – 15 Minuten gar ziehen lassen, den Fisch aus der Brühe nehmen, enthäuten, entgräten, kalt stellen die Brühe durch ein Sieb gießen, 375 ml (⅜ l) davon abmessen (evtl. mit Wasser ergänzen)
125 ml (⅛ l) Essig	hinzugießen, mit Salz abschmecken sollte die Brühe stark trübe sein, sie folgendermaßen klären: die erkaltete Brühe entfetten
1 Eierschale	zerdrücken, mit
1 Eiweiß	
3 Eßl. kaltem Wasser	verschlagen, zur Brühe geben, unter ständigem Schlagen bis kurz vor dem Kochen erhitzen, dabei gerinnt das Eiweiß und bindet die in der Brühe enthaltenen trüben Bestandteile die Brühe kalt stellen, so lange ruhig stehenlassen, bis sie klar ist, abschäumen, durch ein sauberes Tuch gießen
1 Päckchen Gelatine gemahlen, weiß	mit
5 Eßl. kaltem Wasser	anrühren, 10 Minuten zum Quellen stehenlassen, die Gelatine in die kochende Brühe geben, rühren, bis sie gelöst ist eine Form mit
Speiseöl	ausstreichen, etwas von der Brühe hineingeben, im Kühlschrank erstarren lassen
1 mittelgroße Tomate	waschen, den Stengelansatz herausschneiden
1 hartgekochtes Ei	pellen
1 Gewürzgurke	die Zutaten in Scheiben schneiden, die erstarrte Schicht damit garnieren, einige Eßl. Brühe darüber gießen, wieder im Kühlschrank erstarren lassen den erkalteten Fisch in Würfel schneiden, auf die erstarrte Brühe geben, den Rest der schon etwas dicklichen Brühe darüber gießen, im Kühlschrank erstarren lassen vor dem Servieren die Form kurz in heißes Wasser halten, die Sülze mit einem Messer vorsichtig vom Rand der Form lösen, auf eine Platte stürzen.

Apfel-Soße mit Senf

2 säuerliche Äpfel	schälen, bis zum Kerngehäuse abreiben, mit
3 Eßl. scharfem Senf	
125 ml (⅛ l) Sahne	verrühren
1 kleine, abgezogene, geriebene Zwiebel	unterrühren, die Soße mit
Salz	
Zucker	abschmecken.

Hummer

Der Hummer ist ein Seekrebs, lebend sieht er graubraun bis grünschwarz und gekocht rot aus
lebender Hummer ist sehr empfindlich und muß vor Kälte und Hitze geschützt werden

1 Hummer (etwa 2 kg)	am Rücken festhalten, gründlich in kaltem Wasser bürsten
1 – 2 Bund Suppengrün	putzen, waschen, kleinschneiden
2 mittelgroße Zwiebeln	abziehen, vierteln
4 – 5 l Wasser	mit dem Suppengrün, den Zwiebelvierteln,
3 schwach gehäuften Eßl. Salz	zum Kochen bringen damit der Hummer möglichst schnell getötet wird, ihn mit dem Kopf zuerst in das kochende Wasser werfen, zum Kochen bringen, gar kochen lassen den Hummer im Kochwasser abkühlen lassen, herausnehmen, aufschneiden, das Fleisch herauslösen, auf einer Platte anrichten, lauwarm oder kalt reichen
Kochzeit:	Etwa 20 Minuten.
Beigabe:	Toast, Mayonnaise, Butter, Zitronenachtel.

Krebse

Beim Einkauf der Krebse darauf achten, daß die Tiere noch leben
der gute Tafelkrebs muß beim Kochen gleichmäßig rot werden, minderwertige Sorten färben sich ungleichmäßig, meist nur undeutlich an der Oberfläche
der Schwanz des frischen Krebses rollt sich beim Kochen nach innen ein, ein gestreckter Schwanz deutet auf ein gestorbenes Tier hin
lebende Krebse an einem kühlen, trockenen Ort aufbewahren

24 Krebse	gründlich in kaltem Wasser bürsten
5 l Wasser	mit
Salz, Pfeffer	
½ Teel. Kümmel	zum Kochen bringen damit die Krebse möglichst schnell getötet werden, sie mit dem Kopf zuerst einen nach dem anderen in das stark kochende Wasser werfen, wieder zum Kochen bringen, die Krebse noch etwa 5 Minuten ziehen lassen die Krebse mit
Kochbrühe, Butter	
gehackter Petersile	in eine Terrine geben
Kochzeit:	Etwa 5 Minuten.
Beigabe:	Toast, Butter oder Mayonnaise.

Languste

Die Languste ist ein Seekrebs und wird auch Stachelhummer genannt, da sie am ganzen Rücken mit langen Dornen versehen ist
sie hat keine Scheren, aber einen größeren Schwanz als der Hummer und zwei lange, starke Fühler, die nach Möglichkeit nicht abgebrochen werden dürfen
die Languste ist von rötlich-violetter Farbe, wird bis zu ½ m lang und bis 6 kg schwer
Languste zubereiten wie Hummer

Langusten-Cocktail

Etwa 300 g Langustenschwänze (aus der Dose)	abtropfen lassen
2 Eßl. Butter	zerlassen
1 Knoblauchzehe	abziehen, zerdrücken, mit
½ Bund gehacktem Dill	in der Butter kurz andünsten, das Langustenfleisch hinzufügen, mit
Salz	würzen, durchdünsten, erkalten lassen
	für die Soße
1 Becher (150 g) Crème fraîche	mit
trockenem Sherry	
1 – 2 Spritzern Worcestersoße	
1 Teel. Zitronensaft	verrühren, mit Salz,
Pfeffer	
Zucker	abschmecken
4 gewaschene Salatblätter	auf 4 Cocktailgläser verteilen, das Langustenfleisch in den Gläsern anrichten, die Soße darüber gießen, mit
gehacktem Dill	bestreuen.
Beigabe:	Toast, Butter.

Krabben, friesisch

100 g gekochte Spargelstücke	abtropfen lassen, 5 – 6 Eßlöffel von dem Spargelwasser abmessen
1 Zwiebel	abziehen, würfeln
2 Eßl. Butter	zerlassen, die Zwiebelwürfel darin glasig dünsten lassen, mit
½ Teel. Weizenmehl	bestäuben, das abgemessene Spargelwasser hinzugießen, unter Rühren zum Kochen bringen, 1 – 2 Minuten kochen lassen, die kleingeschnittenen Spargelstücke,
100 g gepulte Nordsee-Krabben	
2 – 3 Eßl. Crème fraîche	hinzufügen, unter Rühren etwas einkochen lassen, mit
Salz	
Pfeffer	
Streuwürze	abschmecken die Krabben auf einer vorgewärmten Platte anrichten, mit
gehackter Petersilie	bestreuen
Kochzeit:	Etwa 5 Minuten.
Beigabe:	Toast oder Stangenweißbrot, Rührei mit Schnittlauch.

Krabben-Spargel-Salat

Etwa 250 g Krabbenfleisch (frisch oder aus der Dose)	mit
Zitronensaft	beträufeln
etwa 300 g gekochten Spargel	abtropfen lassen, in etwa 3 cm lange Stücke schneiden
	für die Salatsoße
2 – 4 Eßl. Tomaten-Ketchup	mit
2 Messerspitzen Paprika edelsüß	
gehackter Petersilie	
gehacktem Dill	verrühren, mit
Salz	
Worcestersoße	abschmecken, mit den Salatzutaten vermengen
1 – 2 Eßl. Weinbrand	unterrühren
3 Salatherzen	waschen, in Streifen schneiden, unter den Salat heben.
Beigabe:	Toast.

Pikantes Muschelgericht

1 Zwiebel	abziehen, in feine Würfel schneiden
50 g Butter	zerlassen, die Zwiebelwürfel darin andünsten
100 g tiefgekühlte Shrimps	hinzufügen, etwa 3 Minuten durchdünsten lassen
1 hartgekochtes Ei	pellen, in Würfel schneiden
200 g spanische Muscheln (aus der Dose)	abtropfen lassen, mit den Eiwürfeln,
1 Bund gehackter Petersilie	zu den Shrimps geben, miterhitzen, mit
Salz, Pfeffer	
Tabascosoße	abschmecken, nach Belieben mit
Eischeiben	
gehackter Petersilie	garnieren.
Beigabe:	Stangenweißbrot.

Gedünstete Muscheln

1½ kg Muscheln (36 – 48 Stück)	in reichlich kaltes Wasser geben, einige Stunden darin liegen lassen, das Wasser ab und zu erneuern, die Muscheln anschließend gründlich bürsten, Bartbüschel entfernen, so lange abspülen, bis das Wasser vollkommen klar bleibt. Muscheln, die sich beim Wässern und anschließendem Bürsten öffnen, sind ungenießbar, nur Muscheln, die geschlossen bleiben, sind verwendbar
1 Zwiebel	abziehen, in Scheiben schneiden
40 g Butter	zerlassen, die Zwiebelscheiben darin andünsten, die Muscheln hinzugeben
Salz, Pfeffer gehackte Petersilie	hinzufügen, etwa 1 cm hoch
Weißwein	darüber gießen
	die Muscheln unter häufigem Umrühren so lange erhitzen, bis sie sich öffnen (nach etwa 5 Minuten – Muscheln, die sich nach dem Garen nicht öffnen, sind ungenießbar)
	die Muscheln in einer vorgewärmten Schüssel anrichten
	die Brühe mit Salz, Pfeffer

	abschmecken, zu den Muscheln reichen
Zubereitungszeit:	Etwa 10 Minuten.
Beigabe:	Weißbrot.

Muschelsalat

Etwa 2 kg Muscheln	säubern, garen wie gedünstete Muscheln (Rezept nebenstehend)
	für die Salatsoße
2 Eßl. Salatöl	mit
1 Eßl. Essig-Essenz	
Salz	
Pfeffer	verschlagen
1 abgezogene, feingehackte Zwiebel	
1 Teel. gehackte Petersilie	unterrühren die Muscheln aus der Schale nehmen, mit der Salatsoße vermengen.
Beigabe:	Brot, Gemüse oder Kartoffelsalat.

Muscheln in heller Soße

1½ kg Muscheln (36 – 48 Stück)	in reichlich kaltes Wasser geben, einige Stunden darin liegen lassen, das Wasser ab und zu erneuern, die Muscheln anschließend gründlich bürsten, Bartbüschel entfernen, so lange abspülen, bis das Wasser vollkommen klar bleibt Muscheln, die sich beim Wässern und anschließendem Bürsten öffnen, sind ungenießbar, nur Muscheln, die geschlossen bleiben, sind verwendbar
1 Zwiebel	abziehen, würfeln
40 g Butter oder Margarine	zerlassen, die Zwiebelwürfel darin andünsten, die Muscheln hinzugeben
Salz	
Pfeffer	
gehackte Petersilie	hinzufügen, etwa 1 cm hoch
Weißwein	darüber gießen die Muscheln unter häufigem Umrühren so lange erhitzen, bis sie sich öffnen (nach etwa 5 Minuten – Muscheln, die sich nach dem Garen nicht öffnen, sind ungenießbar) die Muscheln in einer vorgewärmten Schüssel anrichten, von der Brühe 500 ml (½ l) abmessen
	für die helle Soße
30 g Margarine	zerlassen
35 g Weizenmehl	unter Rühren so lange darin erhitzen, bis es hellgelb ist
500 ml (½ l) Muschelbrühe	hinzugießen, mit einem Schneebesen durchschlagen, darauf achten, daß keine Klumpen entstehen, die Soße zum Kochen bringen, etwa 5 Minuten kochen lassen, mit
Salz	
Weißwein	abschmecken
gehackte Petersilie	und nach Belieben
2 Eßl. Sahne	unterrühren.
Beilage:	Salzkartoffeln, grüner Salat.

Kaviar

Kaviar ist der gesalzene Rogen (Fischeier) von Störarten, vor allem vom Sterlet und Hausen
die Oberfläche des Kaviars muß trocken sein, Geruch und Geschmack müssen mild, fischartig (austernartig) sein
seine Farbe ist grau, er wird im genußfertigen Zustand gekauft
da Kaviar leicht verdirbt, ihn kühl aufbewahren, am besten auf Eis legen

Kaviar (1 Eßl. Kaviar pro Person)	in einem Schälchen oder in der Kaviardose auf
Wassereis	geben, mit
Zitronenscheiben	garnieren, mit Toast, Butter servieren.

Austern

	Austern müssen beim Einkauf geschlossen sein, offene Austern sind zu entfernen, da sie meist tot und gesundheitsschädlich sind Austern kühl lagern und möglichst frisch verzehren
5 – 6 Austern pro Person	
	Austern gründlich waschen, mit dem sogenannten Austernbrecher öffnen, die Austern dazu in die linke Hand nehmen (stark gewölbte Schale nach unten), den Austernbrecher zwischen die Schalen stecken, leicht auf und ab bewegen die geöffnete, noch nicht gelöste Auster in leicht
gesalzenem Wasser	abspülen, damit die beim Öffnen unvermeidlichen Austernsplitter entfernt werden die Austern anschließend auf eine mit kleinen
Eisstücken	belegte Platte oder in eine flache, mit Eis belegte Porzellanschüssel setzen, mit
Zitronenscheiben	garnieren beim Genuß den Bart der Austern entfernen, die Austern aus der Schale lösen, mit
Zitronensaft	beträufeln, im ganzen schlürfen.
Beigabe:	Weißbrot oder kleine mit Butter bestrichene Schwarzbrotscheiben.

Weinbergschnecken

(Abb. nebenstehend)

	Die Schneckenhäuser von
24 Schnecken (aus der Dose)	in heißem Wasser waschen, abtropfen lassen je ½ Teel. von der Schneckenflüssigkeit in die Schneckenhäuser füllen, die Schnecken hineingeben
60 – 80 g weiche Butter	geschmeidig rühren
½ Zwiebel 1 Knoblauchzehe 2 Schalotten	
	die drei Zutaten abziehen, fein hacken, mit
1 Eßl. gehackter Petersilie	zu der Butter geben, gut verrühren, mit
Salz, Pfeffer	abschmecken die gefüllten Schneckenhäuser mit der Kräuterbutter bestreichen, in flache, feuerfeste Schalen (mit Salz gefüllt) oder in Schneckenpfannen setzen, auf dem Rost in den vorgeheizten Backofen schieben
Strom:	225 – 250
Gas:	5 – 6
Dünstzeit:	10 – 15 Minuten.

Scampi Americane

(Etwa 2 Portionen)

1 Zwiebel	abziehen, in feine Würfel schneiden
1 Knoblauchzehe	abziehen, zerdrücken
4 Tomaten	kurze Zeit in kochendes Wasser legen (nicht kochen lassen), in kaltem Wasser abschrecken, enthäuten, halbieren, entkernen, die Stengelansätze entfernen, das Tomatenfleisch in Würfel schneiden
1 Eßl. Butter	zerlassen, Zwiebelwürfel, Knoblauch, Tomatenwürfel darin andünsten, mit
1 Teel. Weizenmehl	bestäuben
100 ml Weißwein	hinzugießen, unter Rühren zum Kochen bringen, etwa 10 Minuten kochen lassen
1 Becher (150 g) Crème fraîche 200 g möglichst große Scampi	unterrühren, aufkochen lassen, mit
Salz Pfeffer Cayennepfeffer Speisewürze	abschmecken die Scampi Americane in eine Schüssel geben, nach Belieben mit
Dill	garnieren
Garzeit:	25 – 30 Minuten.
Beigabe:	Stangenweißbrot.

Überbackene Austern

24 Austern	gründlich waschen, dann mit dem Austernbrecher öffnen, dazu wird die Auster in die Hand genommen (stark gewölbte Schale nach unten), den Austernbrecher zwischen die Schalen stecken, leicht auf und ab bewegen, abspülen, Bart entfernen, die Austern aus der Schale lösen, die gewölbten Austernschalen gründlich waschen
50 – 75 g Butter	geschmeidig rühren
1 Eßl. gehackte Petersilie	
1 Messerspitze getrocknete Dillspitzen	
1 Messerspitze Senf	unterrühren, mit
Salz	
Pfeffer	
Knoblauchpulver	abschmecken, die gewölbten Austernschalen mit ⅔ der Kräuterbutter füllen, darauf die Austern legen
etwas Semmelmehl	mit
30 g geriebenem Gouda-Käse	vermengen, gleichmäßig über die Austern verteilen, die restliche Kräuterbutter in Flöckchen darauf setzen, auf dem Backblech in den vorgeheizten Backofen schieben
Strom:	225 – 250
Gas:	6 – 7
Backzeit:	8 – 10 Minuten.
Beigabe:	Französisches Weißbrot, Zitronenspalten.

Hummertoast

140 g Hummerfleisch (aus der Dose)	abtropfen lassen, in Stücke schneiden
150 g blaue Weintrauben	waschen, halbieren, entkernen
	für die Soße
4 Eßl. Sahne	steif schlagen, mit
2 gehäuften Eßl. Mayonnaise	verrühren, mit
Salz	
Pfeffer	
Zucker	
Zitronensaft	abschmecken
4 Scheiben Weißbrot (am besten Toastbrot)	toasten, mit
Butter	bestreichen
gewaschene Salatblätter	darauf legen, die Hummerstücke darüber geben, die Weintrauben darauf verteilen, mit der Soße übergießen.

Fleisch

Rind

Rindfleisch ist die allgemeine Bezeichnung für Ochsen-, Färsen-, Kuh- und Bullenfleisch. Das Fleisch soll eine kräftig rote Farbe haben und beim Anfassen und Einschneiden eine gewisse Festigkeit und glänzende Schnittflächen zeigen.

Rindfleisch muß, bevor es verkauft wird, gut abgehangen sein, denn schlachtfrisches Rindfleisch bleibt zäh. Zum Kochen muß es 3 – 5 Tage abhängen, zum Braten 8 – 14 Tage. Die Nachfrage nach Braten- und Kurzbratstücken ist größer als die nach Kochfleischstücken.

Zum BRATEN eignen sich: Roastbeef, Lende (Filet), Hohe Rippe, Oberschale, Schwanzstück, Kugel, Hüfte, Hüftdeckel;

zum SCHMOREN: Oberschale, Schwanzstück (mit Schwanzrolle), Querrippe, Kugel, Falsches Filet, Dicker Bug, Bugschaufelstück, Gulasch, Rouladen, Leber, Nieren;

zum KURZBRATEN und GRILLEN: Scheiben vom Roastbeef (Entrecôte), von der Hüfte, der Lende (Filet, Châteaubriand), vom Beefsteak (Oberschale, Kluft, Kugel), Leberscheiben;

zum KOCHEN: Zungenstück, Nacken (Hals), Brust, Hohe Rippe, Flach- oder Querrippe, Bugschaufelstück, Mittelbugstück, Lappen, Beinscheibe und Schwanz, Lunge, Herz, Zunge, Nieren.

Kalb

Das zarte, saftige Kalbfleisch gilt allgemein als Delikatesse, aber es erfreut sich auch bei den Herstellern von Babykost großer Beliebtheit und wird gern bei der Krankenkost verwendet. Kalbfleisch soll eine hellrosa Farbe haben und auf der Schnittfläche leicht feucht sein.

Zum BRATEN eignen sich: Ober- und Unterschale (Frikandeau), Kugel, Hüfte, Rükken, Lende (Filet), Brust, Haxe;

zum SCHMOREN: Hals, Brust, Nacken, Schulter (Bug), Haxe;

zum KURZBRATEN und GRILLEN: Scheiben von Ober-und Unterschale (Frikandeau), Kugel, Hüfte, Haxe (Ossobucco), Rücken (Kotelett), Lende (Filet), Scheiben von Leber, Hirn, Bries, Niere;

zum KOCHEN: Nacken, Brust, Haxen, Lappen, Leber, Herz, Bries, Hirn.

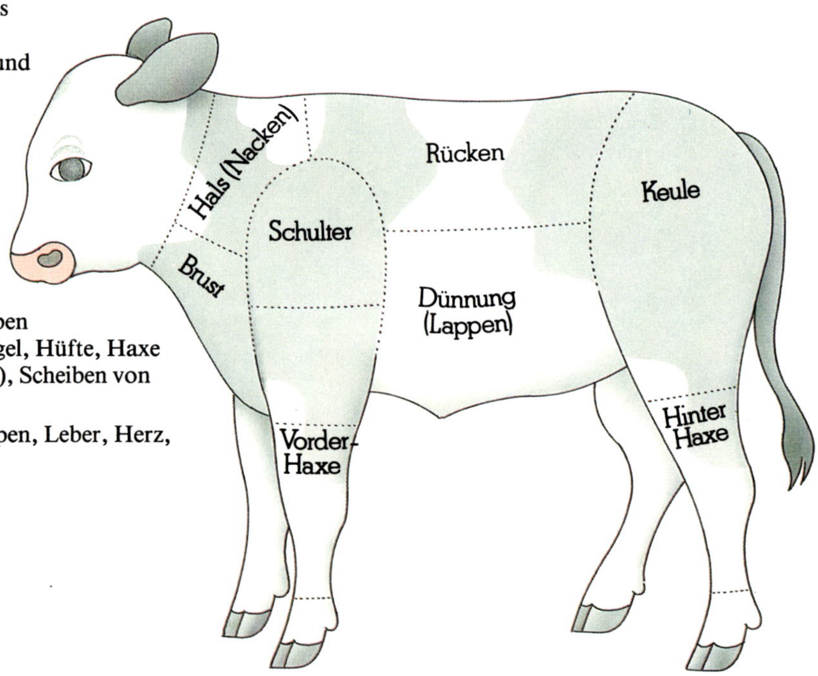

Schwein

Von allen Fleischsorten wird Schweinefleisch in der Bundesrepublik am meisten verzehrt. Es ist beliebt wegen seines kräftigen, saftigen Geschmacks, ob nun gebraten, geschmort oder gekocht, als Schinken oder als leckere Wurstspezialität.
Schweinefleisch soll im Gegensatz zu Rindfleisch so frisch wie möglich zubereitet und verzehrt werden. Die wichtigsten Stücke beim Schweinefleisch sind: Schinken, Schulter, Kotelettstrang, Bauch, Eisbein.

Zum BRATEN eignen sich: Ober- und Unterschale, Hüfte, Kugel, Lende (Filet), Rükken, Nacken (Kamm);

zum SCHMOREN: Schulter (Bug), Brust (Dicke Rippe), Bauch, Haxe, Leber, Nieren, Herz;

zum KURZBRATEN und GRILLEN: Schnitzel (Ober- und Unterschale, Hüfte, Kugel), Lende (Filet), Rücken (Kotelett), Nacken (Kamm), Bauch (Falsches Kotelett), Scheiben von Leber, Niere, Herz;

zum KOCHEN: Nacken (Kamm), Bauch, Brust (Dicke Rippe), Eisbein, Leber, Zunge, Herz, Nieren, Hirn.

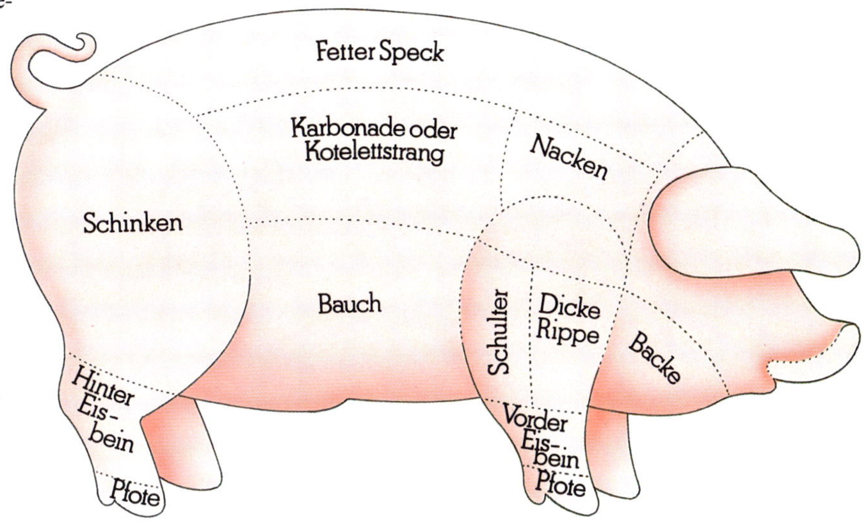

Lamm

Das würzige, aromatische Lammfleisch ist in der Bundesrepublik nicht so gefragt, wie beispielsweise in Frankreich, England, Italien und in anderen Nachbarländern. Dabei läßt sich gerade das zarte, helle Lammfleisch außerordentlich vielseitig zubereiten und ist ein köstlicher Braten zu besonderen Anlässen.

Zum BRATEN eigenen sich: Keule, Rücken;

zum SCHMOREN: Hals, Brust, Bug (Blatt), Haxe;

zum KURZBRATEN und GRILLEN: Rücken (Kotelett), Keule, Scheiben von Leber und Niere;

zum KOCHEN: Hals, Brust, Bug (Blatt), Lappen, Haxe, Leber, Herz, Nieren.

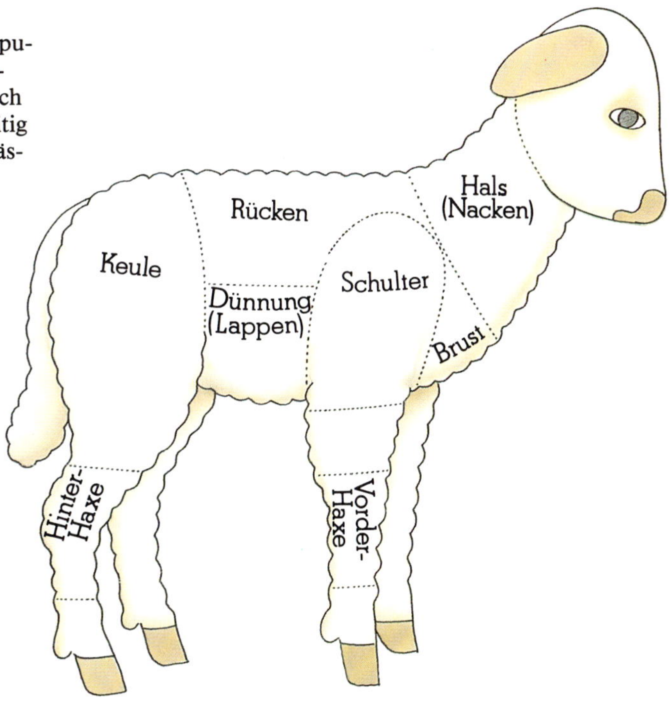

Große Fleischstücke gekocht

1. Größere Fleischstücke rollen und binden, damit sie dem Wasser wenig Oberfläche bieten.
2. Fleisch in kochendes Wasser geben, damit das Eiweiß der äußeren Schicht gerinnt. Poren schließen sich, und der Fleischsaft kann nicht heraustreten.
3. Während der Kochzeit darf das Wasser nur leise sieden.
4. Große Fleischstücke evtl. nach dem Kochen 10 Minuten in der Brühe liegen lassen, damit sie saftiger bleiben.
5. Die Fleischbrühe zur Zubereitung von Soßen verwenden.
6. Gare große Fleischstücke quer zur Faser hin aufschneiden.

Bayerisches Kräuterfleisch

(Im Schnellkochtopf)

1 – 1¼ kg Rindfleisch (Hohe Rippe, Bruststück oder Tafelspitz) waschen

750 ml (¾ l) Wasser im Schnellkochtopf zum Kochen bringen, das Fleisch hineingeben, zum Kochen bringen, abschäumen

2 Bund Suppengrün putzen, waschen, mit

1 Lorbeerblatt

einigen Pfefferkörnern zu dem Fleisch geben mit

Salz würzen, den Topf schließen, garen lassen

das gare Fleisch aus der Brühe nehmen, in Scheiben schneiden, auf einer vorgewärmten Platte anrichten, warm stellen

für die Soße

1 gehäuften Eßl. Mayonnaise mit

1 gehäuften Eßl. Magerquark

125 ml (⅛ l) Schlagsahne

1 Teel. mittelscharfem Senf

1 Teel. geriebenem Meerrettich (aus dem Glas) verrühren

2 hartgekochte Eier pellen, fein hacken, mit

3 Eßl. gehackten Kräutern unterrühren, die Soße mit Salz,

Pfeffer abschmecken, zu dem Fleisch reichen

das Fleisch mit

Gewürzgurken garnieren

Garzeit: Etwa 40 Minuten.

Beilage: Röstkartoffeln, Rote Bete oder Bohnensalat.

Kalbfleisch

750 g Kalbfleisch (Kamm, Brust oder Blatt) waschen, in

1½ l kochendes Salzwasser geben, zum Kochen bringen, kochen lassen

1 Bund Suppengrün putzen, waschen, hinzufügen, kochen lassen

wenn das Fleisch gar ist, es noch 10 Minuten in der heißen Brühe liegen lassen, dann herausnehmen, in Scheiben schneiden, auf einer vorgewärmten Platte anrichten, mit dem geschnittenen Suppengrün garnieren

Kochzeit: 1 – 1½ Stunden.

Schweinefleisch

750 g Schweinefleisch (Nacken, Rippe, Blatt oder Bauch) waschen

1 Bund Suppengrün putzen, waschen

die Zutaten in

1½ l kochendes Salzwasser geben, zum Kochen bringen, kochen lassen

das gare Fleisch noch 10 Minuten in der heißen Brühe liegen lassen, herausnehmen, in Scheiben schneiden, auf einer vorgewärmten Platte anrichten, mit etwas heißer Brühe übergießen

Kochzeit: Etwa 1½ Stunden.

Hammelfleisch

750 g Hammelfleisch (z. B. Brust, Blatt oder Rippe) waschen

1 Zwiebel abziehen, rösten

das Fleisch mit der Zwiebel,

1 Teel. Kümmel in

1½ l Salzwasser geben, zum Kochen bringen, gar kochen lassen

das gare Fleisch noch 10 Minuten in der heißen Brühe liegen lassen, herausnehmen, in Scheiben schneiden, auf einer vorgewärmten Platte anrichten, mit etwas heißer Brühe übergießen

Kochzeit: 1½ – 2 Stunden.

Beilage: Kartoffelbrei mit sauren Gurken oder Grünen Bohnen, Kräuter- oder Tomatensoße.

Rindfleisch

500 g Fleisch-knochen	waschen, in
1½ l kaltes Salzwasser	geben, zum Kochen bringen, abschäumen, etwa 1 Stunde kochen lassen
600 g Rinderbrust (ohne Knochen)	waschen
1 mittelgroße Zwiebel	abziehen
1 Bund Suppengrün	putzen, waschen
	die Zutaten mit dem Fleisch in die Brühe geben, gar kochen lassen, aus der Brühe nehmen
	das Fleisch in Scheiben schneiden, auf einer vorgewärmten Platte anrichten, mit etwas heißer Brühe übergießen, mit dem geschnittenen Suppengrün garnieren
Kochzeit:	Etwa 2½ Stunden.
Veränderung:	Anstelle von Rinderbrust 600 g Hohe Rippe verwenden.
Beilage:	Gedünstetes Gemüse oder Meerrettich, Tomaten-, Kräuter- oder Senfsoße, Salzkartoffeln, saure Gurken.

Toulouser Fleischtopf

(6 – 8 Portionen – Abb. nebenstehend)

500 g getrocknete, weiße Bohnen	in
1 l Wasser	geben, 12 – 24 Stunden darin einweichen die Bohnen mit Einweichwasser in einer großen Auflaufform oder einem Kochtopf mit backofenfesten Griffen zum Kochen bringen, kochen lassen
1 Zwiebel	abziehen, mit
2 Nelken	spicken
1 Möhre	putzen, schrappen, waschen, in Scheiben schneiden
500 g Eisbein	waschen Zwiebel, Möhrenscheiben, Eisbein mit
100 g durchwachsenem Speck etwas Schweineschwarte 2 Lorbeerblättern	zu den Bohnen geben, mit
Salz Pfeffer Paprika edelsüß gerebeltem Thymian	würzen, das Gericht zum Kochen bringen, 45 Minuten kochen lassen
375 g Schweinefleisch	waschen, abtrocknen, in 5 – 6 cm große Stücke schneiden
50 g durchwachsenen Speck	in Scheiben schneiden, auslassen, die Fleischstücke gut darin anbraten
2 Zwiebeln	abziehen, vierteln
5 Knoblauchzehen	abziehen, mit den Zwiebelvierteln zu dem Fleisch geben, dünsten lassen
3 Eßl. Tomatenmark	mit
250 ml (¼ l) Wasser	verrühren, zu dem Fleisch geben, 15 Minuten schmoren lassen das geschmorte Fleisch zu den Bohnen geben, den Fleischtopf zum Kochen bringen, etwa 1½ Stunden kochen lassen Speck, Eisbein, Schwarte herausnehmen
100 g Fleischwurst mit Knoblauch	mit dem Speck, dem Eisbein in große Scheiben schneiden, in den Fleischtopf geben, mit Salz, Pfeffer abschmecken, mit
2 Eßl. Semmelmehl	bestreuen, auf dem Rost in den vorgeheizten Backofen schieben, überbacken lassen
Garzeit:	Etwa 2½ Stunden
Einstellung für den Backofen	
Strom:	225 – 250
Gas:	5 Minuten vorheizen: 6 – 7, überbacken 6 – 7
Backzeit:	Etwa 10 Minuten.

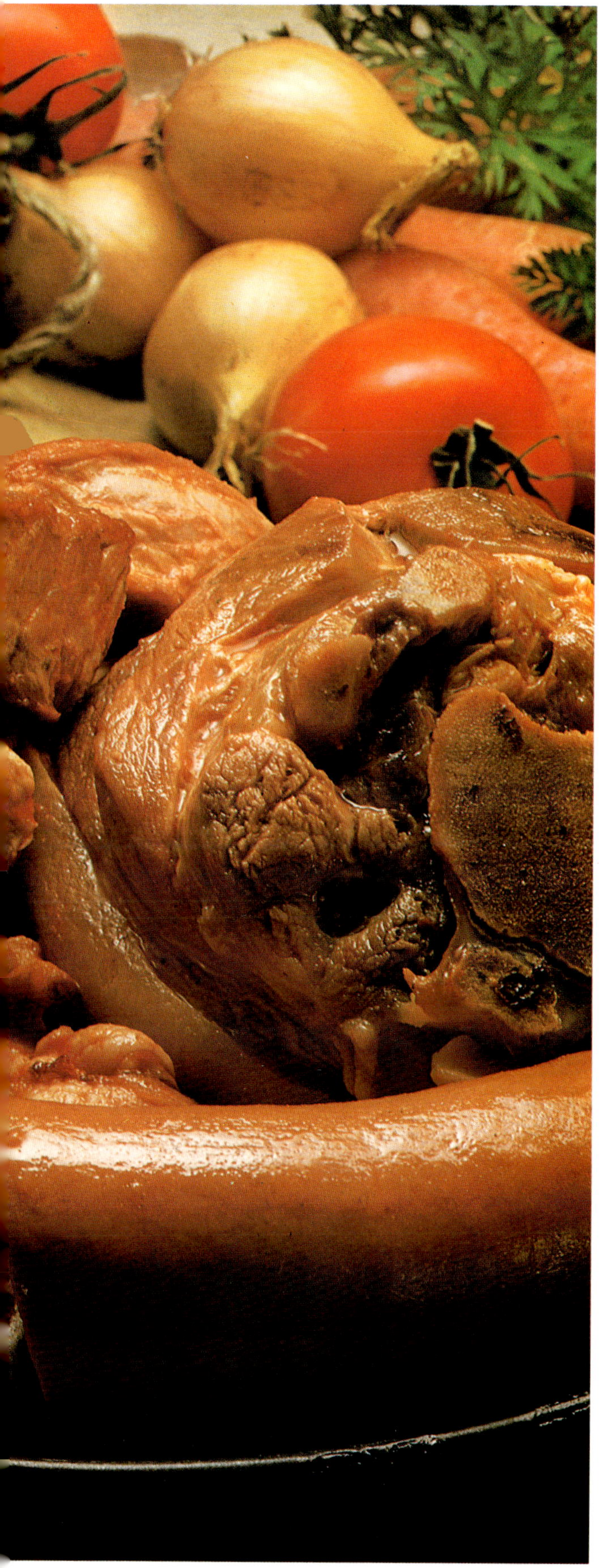

Kasseler auf Grünkohl

750 g Grünkohl (vorbereitet gewogen)	in
kochendes Salzwasser	geben, zum Kochen bringen, aufkochen lassen, den Grünkohl abtropfen lassen, fein schneiden
2 mittelgroße Zwiebeln	abziehen, fein würfeln
100 g Schweineschmalz	zerlassen, die Zwiebeln darin hellgelb rösten, den Grünkohl,
2 Eßl. Haferflocken	hinzufügen, kurze Zeit miterhitzen
500 – 750 g Kasseler Rippenspeer	waschen, mit den vorher ausgelösten Knochen,
375 ml (⅜ l) Wasser	
Salz	hinzufügen, zum Kochen bringen, gar kochen lassen den Grünkohl mit Salz,
Pfeffer	
geriebener Muskatnuß	
Zucker	abschmecken, mit dem in Scheiben geschnittenen Fleisch anrichten
Garzeit:	1 – 1½ Stunden.
Beilage:	Röstkartoffeln.

Friesisches Pökelfleisch

1 kg gepökelte Ochsenbrust	waschen, in
1¾ l kochendes Salzwasser	geben, zum Kochen bringen, abschäumen
1 große Zwiebel	abziehen, mit
1 Lorbeerblatt	spicken
1 Petersilienwurzel	putzen, schrappen, waschen
2 Wacholderbeeren	
einige weiße Pfefferkörner	
	die 5 Zutaten zu dem Fleisch geben, das Fleisch zum Kochen bringen
1 Möhre	putzen, schrappen, waschen
1 Stange Porree	putzen, waschen
1 Stück Sellerieknolle	schälen, waschen das Gemüse kleinschneiden, nach etwa 1 Stunde Kochzeit hinzufügen das Fleisch gar kochen lassen das Fleisch aus der Brühe nehmen, etwa 10 Minuten stehenlassen, in etwa 1½ cm dicke Scheiben schneiden, auf einer vorgewärmten Platte anrichten, mit etwas von der Brühe übergießen
Kochzeit:	Etwa 2 Stunden.
Beilage:	Meerrettichsahne, Preiselbeeren, Salzkartoffeln.
Tip:	Die restliche Fleischbrühe nach Belieben als Vorsuppe reichen.

Wendelsteiner Kochfleischplatte (6 – 8 Portionen)

Etwa 500 g Rindfleisch (ohne Knochen)	
1 küchenfertiges Suppenhuhn	
8 Rindermarkknochen	
	die Zutaten abspülen
2½ – 3 l Wasser	mit
500 ml (½ l) Weißwein	
2 Teel. Salz	zum Kochen bringen, Rindfleisch, Huhn und Markknochen hineingeben, zum Kochen bringen, abschäumen

1 große Zwiebel	abziehen, halbieren
1 Eßl. Margarine	zerlassen, die Zwiebelhälften darin andünsten
2 Lorbeerblätter	mit
1 Teel. zerdrückten Wacholderbeeren	
1 Teel. zerdrückten weißen Pfefferkörnern	in einen Mullbeutel geben, mit den Zwiebelhälften in die Brühe geben, alles etwa 1 Stunde kochen lassen, zwischendurch abschäumen
1 küchenfertige Schweinezunge	waschen, in die Brühe geben, zum

Kochen bringen, weitere 1½ Stunden kochen lassen
verdampfte Flüssigkeit durch Wasser ersetzen
8 Möhren putzen, schrappen, waschen, längs halbieren
8 Stangen Porree putzen, längs halbieren, gründlich waschen
das Gemüse 15 Minuten vor Beendigung der Kochzeit in die Brühe geben, zum Kochen bringen, gar kochen lassen
Rindfleisch, Huhn und Schweinezunge aus der Brühe nehmen
das Rindfleisch in Scheiben schneiden, das Huhn von den Knochen befreien, in Portionsstücke schneiden, die Zunge kalt abspülen, die Haut abziehen, das Fleisch in Scheiben schneiden
Markknochen, Zwiebeln und den Mullbeutel aus der Brühe entfernen
4 Weißwürste
4 Regensburger Würste
beide Zutaten waschen, mit dem Fleisch in die Brühe geben, kurz erhitzen, das Fleisch und die Hälfte des Gemüses auf einer vorgewärmten Platte anrichten, mit
3 Eßl. gehackter Petersilie
3 Eßl. feingeschnittenem Schnittlauch bestreuen
die Brühe mit dem restlichen Gemüse in Suppentassen füllen, mit
gehackter Petersilie
feingeschnittenem Schnittlauch bestreuen, nach Belieben zu dem Fleisch reichen
Garzeit: Etwa 2¾ Stunden.
Beigabe: Bauernbrot, Rote Bete-Salat, Meerrettich (aus dem Glas), verschiedene Senfsorten, Remouladensoße.

Eisbein mit Sauerkraut

1¼ kg Eisbein waschen, in
500 ml (½ l) Wasser zum Kochen bringen, etwa 1½ Stunden kochen lassen
750 g Sauerkraut lockerzupfen, mit
2 Lorbeerblättern in die Kochbrühe unter das Eisbein geben, zum Kochen bringen, noch etwa 1 Stunde kochen lassen
1 Kartoffel schälen, waschen, reiben, zu dem Sauerkraut geben, kurz aufkochen lassen, damit es sämig wird
das Sauerkraut mit
Salz, Pfeffer
Zucker abschmecken
Kochzeit: Etwa 2½ Stunden.
Beilage: Erbsenbrei und Kartoffelbrei.

Berner Platte

(6 – 8 Portionen)

Etwa 750 g Hohe Rippe
1 küchenfertige Schweinezunge
beide Zutaten waschen, in
1 l Salzwasser geben, zum Kochen bringen, gar kochen lassen, herausnehmen, warm stellen
1 Schweinehaxe (etwa 500 g – in Scheiben geschnitten) waschen, abtrocknen, mit
Salz, Pfeffer einreiben
2 Zwiebeln abziehen, würfeln
2 säuerliche Äpfel schälen, vierteln, entkernen, in Scheiben schneiden
1½ kg Sauerkraut lockerzupfen
300 g durchwachsener Speck
375 g geräucherte Rippchen
beide Zutaten waschen
2 – 3 Eßl. Schweineschmalz in einem großen Kochtopf zerlassen
Sauerkraut, Schweinehaxenscheiben, Zwiebelwürfel, Äpfelscheiben, Speck, Rippchen mit
1 Teel. Wacholderbeeren
1 – 2 Teel. Pfefferkörnern abwechselnd einschichten (die oberste Schicht soll aus Sauerkraut bestehen)
jede Schicht mit Salz bestreuen
500 ml (½ l) Wasser
250 ml (¼ l) Weißwein hinzugießen, zum Kochen bringen, gar schmoren lassen
2 Paar Wiener Würstchen
250 g Zungen- oder Rotwurst
beide Zutaten auf das Sauerkraut legen, etwa 15 Minuten miterhitzen
Haxenscheiben, Speck, Rippchen und Wurst herausnehmen, in Stücke oder Scheiben schneiden
die gekochte Hohe Rippe in Portionsstücke schneiden
die Schweinezunge kalt abspülen, die Haut abziehen, die Zunge in Scheiben schneiden
das Sauerkraut mit Salz abschmecken, auf eine vorgewärmte Platte geben
Fleisch und Wurst darauf anrichten
Kochzeit für Hohe Rippe und Schweinezunge: Etwa 2 Stunden
Schmorzeit für das Sauerkraut: Etwa 1½ Stunden.

Zunge im Gemüsebett

1 Rinderzunge (etwa 1¼ kg)	gründlich waschen, den Schlund abschneiden, die Zunge so lange waschen und bürsten, bis der Schleim entfernt ist die Zunge in
1 – 1½ l kochendes Salzwasser	geben
1 Bund Suppengrün	putzen, waschen, in Stücke schneiden, hinzufügen, zum Kochen bringen, die Zunge gar kochen lassen (die Zunge ist gar, wenn sich die Spitze weich ansticht) die gare Zunge kalt abspülen, die Haut abziehen, das Fleisch erkalten lassen, schräg in Scheiben schneiden, schuppenförmig auf einer Platte anrichten
300 g gekochten Spargel etwa 250 g gekochte Erbsen etwa 250 g gekochte Grüne Bohnen etwa 250 g gekochte Karotten	das Gemüse jeweils in eine Schüssel füllen
1 Eßl. gehackte Petersilie	über die Erbsen streuen
1 kleine Zwiebel	abziehen, in feine Würfel schneiden, mit
1 Messerspitze gerebeltem Bohnenkraut	zu den Bohnen geben
1 kleine Zwiebel	abziehen, in feine Würfel schneiden, mit
1 Eßl. feingeschnittenem Schnittlauch	zu den Karotten geben
	für die Marinade
125 ml (⅛ l) Salatöl	mit
125 ml (⅛ l) Gemüseflüssigkeit 125 ml (⅛ l) Kräuteressig	verrühren, mit
Salz Pfeffer Zucker	abschmecken über jedes Gemüse etwa ¼ der Marinade geben, verrühren, gut durchziehen lassen das abgetropfte Gemüse zu beiden Seiten der Zunge anrichten
	für die Kräuter-Sahnesoße
125 ml (⅛ l) Sahne	steif schlagen, mit
3 Eßl. Salatmayonnaise	verrühren
1 Eßl. gehackte Petersilie	

1 Eßl. feingeschnittenen Schnittlauch
1 Messerspitze gehackten Dill hinzufügen, mit Salz, Pfeffer, Zucker,
Zitronensaft abschmecken
die Zunge mit der Kräuter-Sahnesoße servieren

Kochzeit für die Zunge: Etwa 2 Stunden.
Beigabe: Toast, Butter.

Kalbszunge

600 g küchenfertige Kalbszunge waschen, in
1½ l kochendes Salzwasser geben, zum Kochen bringen, abschäumen
1 Päckchen (75 g) tiefgekühltes Suppengrün hinzufügen, die Zunge gar kochen lassen (die Zunge ist gar, wenn sich die Spitze weich ansticht)
die gare Zunge mit kaltem Wasser abspülen, die Haut abziehen, solange die Zunge heiß ist
das obere knorpelige Ende ablösen
die Zunge bis zum Anrichten wieder in die heiße Brühe geben, herausnehmen, in fingerdicke Scheiben schneiden, auf einer vorgewärmten Platte anrichten

Kochzeit: 1¾ Stunden.
Beilage: Champignon- oder Tomatensoße, Butterreis, Stangenspargel und junge Erbsen.

Kalbshirn

600 g Kalbshirn so lange wässern, bis das Blut ausgezogen ist
das Hirn von Haut und Adern befreien, mit
1 Eßl. Essig in
500 ml (½ l) kochendes Salzwasser geben, zum Kochen bringen, abschäumen
1 Bund Petersilie waschen, hinzufügen, das Kalbshirn gar ziehen lassen
das gut abgetropfte Kalbshirn auf einer vorgewärmten Platte anrichten, mit
gebräunter Butter übergießen

Kochzeit: 5 – 6 Minuten.
Veränderung: Kalbshirn auch zur Verfeinerung von Ragout fin verwenden; soll das Kalbshirn gebraten werden, es in der Brühe erkalten lassen, herausnehmen, abtropfen lassen, mit Salz, Pfeffer bestreuen, in Weizenmehl, verschlagenem Ei, Semmelmehl wenden, in zerlassener Margarine braten.
Beigabe: Tomatensalat.

Kleine Fleischstücke gekocht

1. Fleisch in kochendes Wasser legen.
2. Während der Kochzeit darf das Wasser nur leise sieden.
3. Die Soße aus der Fleischbrühe zubereiten.
4. Für helles Fleisch helle Soße (Frikassee), für dunkles Fleisch dunkle Soße (Ragout) nehmen.
5. Das gare Fleisch in die kochende Soße geben, 10 Minuten darin ziehen lassen.

Rinderzungenragout

(6 Portionen)

1¼ kg küchenfertige Rinderzunge waschen, in
2½ l kochendes Salzwasser geben, zum Kochen bringen, abschäumen
1 Päckchen tiefgekühltes Suppengrün (75 g) hinzufügen, die Zunge gar kochen lassen (die Zunge ist gar, wenn sich die Spitze weich ansticht)
die gare Zunge mit kaltem Wasser abspülen, die Haut abziehen, solange die Zunge heiß ist
das obere knorpelige Ende ablösen
die Zunge in Scheiben oder Würfel schneiden
die Brühe durch ein Sieb gießen, 1 l davon abmessen, die Zunge in die restliche heiße Brühe geben

für die Fleischklößchen
1 Eßl. Margarine geschmeidig rühren
50 g Gehacktes
1 Eigelb
Salz, Pfeffer
2 Eßl. Semmelmehl hinzufügen, verrühren, aus der Masse mit nassen Händen Klößchen formen
die Klößchen in
kochendes Salzwasser geben, gar ziehen lassen

für die Soße
100 g Margarine zerlassen
100 g Weizenmehl unter Rühren so lange darin erhitzen, bis es braun ist
1 l Zungenbrühe hinzugießen, mit einem Schneebesen durchschlagen, darauf achten, daß keine Klumpen entstehen, die Soße zum Kochen bringen, etwa 5 Minuten kochen lassen, die Zungenscheiben mit den Fleischklößchen in die Soße geben, kurz aufkochen lassen
das Ragout mit
Salz, Pfeffer, Zucker abschmecken
250 ml (¼ l) Rotwein unterrühren
300 g gedünstete Champignons vierteln, in das Ragout geben

Kochzeit: Etwa 2½ Stunden.

Ragout fin in Muscheln

300 g gekochte Kalbszunge
175 g gekochtes Kalbshirn
250 g gekochtes Kalbfleisch (ohne Knochen)
die Zutaten in kleine Würfel schneiden

für die Soße

40 g Butter oder Margarine zerlassen
50 g Weizenmehl unter Rühren so lange darin erhitzen, bis es hellgelb ist

500 ml (½ l) Fleischbrühe hinzugießen, mit einem Schneebesen durchschlagen, darauf achten, daß keine Klumpen entstehen, zum Kochen bringen, etwa 5 Minuten kochen lassen

100 g gedünstete Champignons abtropfen lassen, in kleine Stücke schneiden, mit dem Fleisch in die Soße geben, kurz aufkochen lassen

2 Eigelb mit
2 Eßl. kalter Milch verschlagen, das Ragout fin damit abziehen (nicht mehr kochen lassen), mit
2 Eßl. Zitronensaft

1 Eßl. Weißwein
Salz, Pfeffer
Worcestersoße abschmecken
die Masse in 12 Muschel- oder Ragout-fin-Förmchen füllen, mit
2 Eßl. Semmelmehl
3 Eßl. geriebenem
Gouda-Käse bestreuen
Butter in Flöckchen darauf setzen, die Förmchen auf dem Rost in den vorgeheizten Backofen schieben
Strom: 225 – 250
Gas: 8
Backzeit: 10 – 15 Minuten.

Kalbfleischragout

600 g Kalbfleisch waschen, in etwa 2 cm dicke Scheiben schneiden, in
500 ml (½ l) kochendes Salzwasser geben, zum Kochen bringen, gar kochen lassen
das Fleisch aus der Brühe nehmen, in Würfel schneiden
500 ml (½ l) von der Brühe abmessen (evtl. mit Wasser auffüllen)

für die Soße

30 g Butter
oder Margarine erhitzen
1 Zwiebel abziehen, fein würfeln, in dem Fett andünsten
40 g Weizenmehl unter Rühren so lange darin erhitzen, bis es hellgelb ist
500 ml (½ l)
Fleischbrühe hinzugießen, mit einem Schneebesen durchschlagen, darauf achten, daß keine Klumpen entstehen, die Soße zum Kochen bringen, etwa 5 Minuten kochen lassen
1 Teel. Kapern hinzufügen, die Soße mit
Salz, Pfeffer
Zitronensaft
Weißwein
Zucker abschmecken, das Fleisch hineingeben
Kochzeit: Etwa 30 Minuten.
Beilage: Reis, Endiviensalat.

Königsberger Klopse

1 Brötchen (Semmel) in kaltem Wasser einweichen
1 mittelgroße
Zwiebel abziehen, fein würfeln
500 g Gehacktes (halb Rind-, halb Schweinefleisch) mit dem gut ausgedrückten Brötchen, der Zwiebel,
1 Eiweiß
2 gestrichenen Teel.
Senf vermengen, mit
Salz
Pfeffer abschmecken, aus der Masse mit nassen Händen Klopse formen, in
750 ml (¾ l) kochendes Salzwasser geben, zum Kochen bringen, abschäumen, gar ziehen lassen (Wasser muß sich leicht bewegen), die Brühe durch ein Sieb gießen, 500 ml (½ l) davon abmessen

für die Soße

30 g Butter
oder Margarine zerlassen
35 g Weizenmehl unter Rühren so lange darin erhitzen, bis es hellgelb ist
500 ml (½ l) Brühe hinzugießen, mit einem Schneebesen durchschlagen, darauf achten, daß keine Klumpen entstehen, die Soße zum Kochen bringen, etwa 5 Minuten kochen lassen
1 Eigelb mit
2 Eßl. kalter Milch verschlagen, die Soße damit abziehen (nicht mehr kochen lassen)
1 Eßl. Kapern hinzufügen, mit
Salz
Pfeffer
Speisewürze
Zitronensaft abschmecken, die Klopse in die Soße geben, 5 Minuten darin ziehen lassen
Garzeit: Etwa 15 Minuten.

Leberknödel

400 g (etwa 10) alte
Semmeln (Brötchen) in knapp 2 mm dicke Blättchen schneiden, mit
500 ml (½ l)
kochendheißer Milch übergießen, 1 Stunde quellen lassen
250 g Kalbs-
oder Rinderleber von der Haut befreien
1 mittelgroße
Zwiebel abziehen
beide Zutaten durch den Fleischwolf drehen, mit
1 Eßl. gehackter
Petersilie
2 Eiern
3 g (1 gestrichener
Teel.) Backpulver unter die Semmelmasse rühren
die Masse mit
Salz
Pfeffer
gerebeltem Majoran
abgeriebener
Zitronenschale
(unbehandelt) abschmecken, mit nassen Händen Klöße daraus formen, in
kochendes
Salzwasser geben, zum Kochen bringen, gar ziehen lassen (Wasser muß sich leicht bewegen)
Leberknödel in Kräutersoße anrichten
Garzeit: Etwa 20 Minuten.
Beilage: Salzkartoffeln.

Kalbfleischfrikassee

600 g Kalbfleisch (ohne Knochen)	waschen, in Würfel schneiden, in
750 ml (¾ l) kochendes Salzwasser	geben, zum Kochen bringen, abschäumen
1 mittelgroße Zwiebel	abziehen, mit
1 Lorbeerblatt	
3 Gewürznelken	spicken, hinzufügen das Fleisch gar kochen lassen die Brühe durch ein Sieb gießen, 500 ml (½ l) davon abmessen
	für die Soße
30 g Butter oder Margarine	zerlassen
35 g Weizenmehl	unter Rühren so lange darin erhitzen, bis es hellgelb ist
500 ml (½ l) Kalbfleischbrühe	hinzugießen, mit einem Schneebesen durchschlagen, darauf achten, daß keine Klumpen entstehen, die Soße zum Kochen bringen, etwa 5 Minuten kochen lassen das Fleisch in die Soße geben, kurz aufkochen lassen
1 Eigelb	mit
2 Eßl. kalter Milch	verschlagen, das Frikassee damit abziehen (nicht mehr kochen lassen), mit
Zitronensaft	
Salz	
Pfeffer	
Zucker	abschmecken
Kochzeit:	45 – 60 Minuten.
Veränderung:	Das Frikassee nach Belieben durch Fleischklößchen, Blumenkohlröschen, Spargelstücke, Champignons, gehackte Sardellen verfeinern.
Beilage:	Reis (Reisrand).

Kräutersahnesoße

Frühlingssoße

250 ml (¼ l) saure Sahne	mit
1 Eßl. Zitronensaft	verschlagen
2 hartgekochte Eier	pellen, hacken
3 Eßl. gehackte Kräuter	
	die Zutaten unterrühren die Soße mit
Zucker	
Salz	abschmecken. Die Soße schmeckt besonders gut zu gekochtem Rindfleisch.

Geschmortes Fleisch

1. Das Fleisch in heißem Fett bis zur Bräunung anbraten, dann unter Zusatz von etwas Wasser im geschlossenen Topf gar schmoren lassen. Für diese Zubereitungsweise eignen sich besonders kleinere Fleischstücke (unter 1 kg) und solche mit derber Fleischfaser.

2. Werden Zwiebeln, Tomaten oder kleingeschnittenes Suppengrün verwendet, sie in das Fett geben, wenn das Fleisch fast fertig gebräunt ist.

3. Sobald das Fleisch gut gebräunt ist, etwas von 500 ml (½ l) heißem Wasser hinzugießen, im geschlossenen Topf gar schmoren lassen, verdampfte Flüssigkeit nach und nach ersetzen.

4. Um die Soße zuzubereiten, das gare Fleisch aus dem Topf nehmen, den Bratensatz durch ein Sieb gießen, so viel Waser hinzugießen, wie im Rezept angegeben ist. Die Flüssigkeit zum Kochen bringen, mit angerührter Speisestärke oder angerührtem Weizenmehl binden.
Die Soße durch Zugabe von saurer Sahne oder Crème fraîche verfeinern.

5. Das gare Fleisch vor dem Schneiden etwa 10 Minuten „ruhen" lassen, damit sich der Fleischsaft setzt und beim Aufschneiden nicht herauslaufen kann.

6. Das gare Fleisch quer zur Faser hin aufschneiden.

Rindfleisch auf bürgerliche Art

(Abb. nebenstehend)

1 kg Rindfleisch, mit Speck umwickelt	mit
Salz	
Pfeffer	einreiben
1 Kalbsfuß	
250 g Kalbsknochen	
	beide Zutaten waschen, abtrocknen
2 Möhren	putzen, schrappen, waschen, in Stücke schneiden
2 Tomaten	kurze Zeit in kochendes Wasser legen (nicht kochen lassen), in kaltem Wasser abschrecken, enthäuten, die Stengelansätze entfernen, die Tomaten in Würfel schneiden
3 mittelgroße Zwiebeln	abziehen, würfeln
50 g Margarine oder Butterschmalz	erhitzen, das Fleisch mit dem Kalbsfuß, den Knochen darin anbraten, die Möhrenstücke, die Tomatenwürfel, die Zwiebelwürfel hinzufügen, durchdünsten lassen
1 Eßl. Weizenmehl	darüber stäuben
125 ml (⅛ l) Weißwein	mit

125 ml (⅛ l) Wasser
1 Lorbeerblatt
gerebeltem Thymian
1 gewaschenen
Petersilienzweig
2 abgezogenen
Knoblauchzehen hinzufügen, mit Salz, Pfeffer würzen, das Fleisch im geschlossenen Topf schmoren lassen
das Fleisch ab und zu wenden, von Zeit zu Zeit mit der Schmorflüssigkeit begießen
das gare Fleisch in Scheiben schneiden, auf einer vorgewärmten Platte anrichten, warm stellen

für die Soße
die Schmorflüssigkeit mit dem Gemüse durch ein Sieb streichen, evtl. mit
Wasser auffüllen, zum Kochen bringen, die Gemüsesoße mit Salz, Pfeffer abschmecken, über das Fleisch geben, mit
1 Eßl. gehackter
Petersilie bestreuen

Schmorzeit: 1¾ – 2 Stunden.
Beilage: Salzkartoffeln, gedünstete Tomaten.

Rinderschmorbraten

1 kg Rindfleisch (Schwanzstück, Blume)	waschen, abtrocknen
1 Bund Suppengrün	putzen, waschen
1 Zwiebel	abziehen
1 Tomate	waschen die 3 Zutaten kleinschneiden
50 g Fett	erhitzen, das Fleisch von allen Seiten gut darin anbraten, mit
Salz	bestreuen, die geschnittenen Zutaten hinzufügen, kurz miterhitzen, etwas von
125 – 375 ml (⅛ – ⅜ l) heißem Wasser	hinzugießen, das Fleisch schmoren lassen, von Zeit zu Zeit wenden, verdampfte Flüssigkeit nach und nach ersetzen das gare Fleisch in Scheiben schneiden, auf einer vorgewärmten Platte anrichten den Bratensatz nach Bedarf mit Wasser auffüllen, durch ein Sieb gießen, entfetten, zum Kochen bringen
2 gestrichene Eßl. Weizenmehl	mit
1 Eßl. kaltem Wasser	anrühren, die Flüssigkeit damit binden
2 Eßl. saure Sahne	unterrühren
Schmorzeit:	Etwa 2½ Stunden.

Hammelschmorbraten

1 kg Hammelfleisch	waschen, abtrocknen, mit
Salz	
Pfeffer	
Paprika edelsüß	bestreuen
bei magerem Fleisch 50 g Fett	(fettes Fleisch im eigenen Fett bräunen, häufig wenden, damit es sich nicht ansetzt) erhitzen, das Fleisch von allen Seiten gut darin anbraten
1 Zwiebel	abziehen, kleinschneiden, kurze Zeit miterhitzen etwas von
125 – 375 ml (⅛ – ⅜ l) heißem Wasser	hinzugießen, das Fleisch schmoren lassen, von Zeit zu Zeit wenden, verdampfte Flüssigkeit nach und nach ersetzen das gare Fleisch in Scheiben schneiden, auf einer vorgewärmten Platte anrichten, warm stellen den Bratensatz nach Bedarf mit Wasser auffüllen, durch ein Sieb gießen, zum Kochen bringen
2 Eßl. Weizenmehl	mit
3 Eßl. kaltem Wasser	anrühren, unter Rühren in die Flüssigkeit geben, die Soße etwa 5 Minuten schwach kochen lassen, mit Salz, Pfeffer abschmecken
Schmorzeit:	Etwa 1½ Stunden.

Schweineschmorbraten

1 kg Schweinefleisch (aus der Keule, ohne Knochen)	waschen, abtrocknen
1 Bund Suppengrün	putzen, waschen
1 mittelgroße Zwiebel	abziehen beide Zutaten kleinschneiden
50 g Pflanzenfett	erhitzen, das Fleisch von allen Seiten gut darin anbraten, mit
Salz, Pfeffer gerebeltem Majoran	würzen, die geschnittenen Zutaten hinzufügen, kurz miterhitzen, etwas von
500 ml (½ l) heißem Wasser	hinzugießen, das Fleisch schmoren lassen, von Zeit zu Zeit wenden, verdampfte Flüssigkeit nach und nach ersetzen, das gare Fleisch in Scheiben schneiden, auf einer vorgewärmten Platte anrichten, warm stellen den Bratensatz mit Wasser auf 500 ml (½ l) auffüllen, zum Kochen bringen
2 Eßl. Weizenmehl	mit
3 Eßl. kaltem Wasser	anrühren, den aufgefüllten Bratensatz damit binden, die Soße mit Salz, Pfeffer abschmecken
Schmorzeit:	1½ – 2 Stunden.
Beigabe:	Tomatensalat.

Saure Nieren

500 g Nieren	aufschneiden, von den Röhren befreien, waschen, mit kochendheißem Wasser übergießen, ½ Stunde darin liegen lassen die Nieren abtrocknen, in Scheiben schneiden
50 g Fett (evtl. in kleine Würfel geschnittener Speck)	erhitzen (Speck auslassen), die Nieren von allen Seiten gut darin anbraten
1 Zwiebel	abziehen, würfeln, mitbräunen lassen etwas von
250 – 375 ml (¼ – ⅜ l) heißem Wasser	hinzugießen, mit
Salz, Pfeffer	würzen, die Nieren schmoren lassen, verdampfte Flüssigkeit nach und nach ersetzen die Soße nach Bedarf mit Wasser auffüllen, zum Kochen bringen
2 gestrichene Eßl. Weizenmehl	mit
3 Eßl. kaltem Wasser	anrühren, unter Rühren in die Flüssigkeit geben, die Soße etwa 5 Minuten schwach kochen lassen, mit Salz,
1 – 2 Eßl. Essig	
Zucker	abschmecken
Schmorzeit:	10 – 15 Minuten.
Beilage:	Makkaroni oder Semmelklöße.

Kalbsschmorbraten

1 kg Kalbfleisch (aus der Schulter, ohne Knochen) waschen, abtrocknen
1 Bund Suppengrün putzen, waschen, kleinschneiden
50 g Pflanzenfett erhitzen, das Fleisch von allen Seiten gut darin anbraten, mit
Salz, Pfeffer gemahlenem Rosmarin bestreuen, Suppengrün,
1 Lorbeerblatt
5 Pfefferkörner hinzufügen, kurz miterhitzen
etwas von
500 ml (½ l) heißem Wasser hinzugießen, das Fleisch schmoren lassen, von Zeit zu Zeit wenden, verdampfte Flüssigkeit nach und nach ersetzen
das gare Fleisch in Scheiben schneiden, auf einer vorgewärmten Platte anrichten, warm stellen
den Bratensatz durch ein Sieb gießen, entfetten, nach Belieben mit Flüssigkeit auffüllen, zum Kochen bringen
etwas Weizenmehl mit
kaltem Wasser anrühren, den aufgefüllten Bratensatz damit binden
3 schwach gehäufte Eßl. Crème fraîche unterrühren, die Soße mit Salz, Pfeffer abschmecken

Schmorzeit: Etwa 2 Stunden.
Beilage: Kartoffelkroketten, gemischte Salatplatte.
Veränderung: Anstelle von Kalbfleisch aus der Schulter Fleisch aus der Keule oder Kalbsnierenbraten verwenden.

Rinderrouladen

4 Scheiben Rindfleisch (je 150 g, aus der Keule geschnitten) leicht klopfen, mit
Senf bestreichen, mit
Salz
1 Messerspitze Pfeffer
Gulaschgewürz bestreuen
60 g fetten Speck in Streifen oder Scheiben schneiden
etwa 100 g Zwiebeln abziehen, würfeln
1 Gewürzgurke in Streifen schneiden
die Zutaten auf die Fleischscheiben geben, von der schmalen Seite her aufrollen, mit einer Bratennadel oder Küchengarn zusammenhalten
50 g Fett erhitzen, die Rouladen von allen Seiten gut darin anbraten
etwas von
250 – 375 ml (¼ – ⅜ l) heißem Wasser hinzugießen, die Rouladen schmoren lassen, von Zeit zu Zeit wenden, verdampfte Flüssigkeit nach und nach ersetzen
wenn die Rouladen gar sind, die Bratennadeln (Fäden) entfernen
den Bratensatz nach Bedarf mit Wasser auffüllen, zum Kochen bringen
2 gestrichene Eßl. Weizenmehl mit
3 Eßl. kaltem Wasser anrühren, unter Rühren in die Flüssigkeit geben, die Soße etwa 5 Minuten schwach kochen lassen, mit
Salz abschmecken

Schmorzeit: 2 – 2½ Stunden.
Veränderung: Die Soße mit Paprika, Tomatenmark, Zitronensaft, saurer Sahne oder Rotwein verfeinern.

Sauerbraten

(Abb. nebenstehend)

1 kg Rindfleisch (aus der Keule)	waschen, abtrocknen, in eine Schüssel legen
	für die Marinade
1 mittelgroße Zwiebel	abziehen, in Scheiben schneiden
1 Bund Suppengrün	putzen, waschen, kleinschneiden, die Zutaten mit
15 Pfefferkörnern	
5 Pimentkörnern (Nelkenpfeffer)	
3 Nelken	
1 Lorbeerblatt	zu dem Fleisch geben
250 ml (¼ l) Essig	mit
375 ml (⅜ l) Wasser	verdünnen, über das Fleisch gießen (Fleisch muß bedeckt sein), zugedeckt etwa 4 Tage an einem kühlen Ort stehenlassen, das Fleisch ab und zu wenden das genügend gesäuerte Fleisch abtrocknen
50 g Pflanzenfett	erhitzen, das Fleisch von allen Seiten gut darin anbraten, mit
Salz	
Pfeffer	bestreuen, das abgetropfte Suppengrün hinzufügen, mitbraten lassen die Hälfte der Marinade mit
500 ml (½ l) heißem Wasser	mischen, etwas davon zu dem Fleisch gießen, das Fleisch schmoren lassen, von Zeit zu Zeit wenden, verdampfte Flüssigkeit nach und nach ersetzen das gare Fleisch in Scheiben schneiden, auf einer vorgewärmten Platte anrichten, warm stellen, den Bratensatz durch ein Sieb gießen, nach Belieben mit Flüssigkeit auffüllen, zum Kochen bringen
etwas Weizenmehl	mit
kaltem Wasser	anrühren, den Bratensatz damit binden, mit Salz, Pfeffer,
Zucker	abschmecken
Schmorzeit:	Etwa 2½ Stunden.
Veränderung:	Die Soße mit eingeweichten Rosinen, abgezogenen, gehobelten, gebräunten Mandeln und Crème fraîche verfeinern.
Beilage:	Kartoffelklöße oder Makkaroni, Backobst.

Helle Grundsoße

30 g Margarine	zerlassen
35 g Weizenmehl	unter Rühren so lange darin erhitzen, bis es hellgelb ist
500 ml (½ l) Instant-Fleischbrühe oder Wasser	hinzugießen, mit einem Schneebesen durchschlagen, darauf achten, daß keine Klumpen entstehen, die Soße zum Kochen bringen, etwa 5 Minuten kochen lassen, abschmecken
Kochzeit:	Etwa 5 Minuten.

Dunkle Grundsoße

40 g Margarine	zerlassen
50 g Weizenmehl	unter Rühren so lange darin erhitzen, bis es hell- bis dunkelbraun ist
500 ml (½ l) Instant-Fleischbrühe	hinzugießen, mit einem Schneebesen durchschlagen, darauf achten, daß keine Klumpen entstehen, die Soße zum Kochen bringen, etwa 5 Minuten kochen lassen, abschmecken
Kochzeit:	Etwa 5 Minuten.
Veränderung:	1 Zwiebel abziehen, fein würfeln, in das leicht gebräunte Mehl geben, da sie sonst zu dunkel wird.

Schweinerollbraten

¾ – 1 kg Schweinerollbraten	waschen, abtrocknen, mit
Salz	
Pfeffer	einreiben
5 Eßl. Olivenöl	erhitzen, das Fleisch von allen Seiten darin anbraten herausnehmen
750 g Porree (vorbereitet gewogen)	gründlich waschen, etwa 10 Minuten in
kochendem Wasser	ziehen lassen, den Porree,
2 abgezogene Knoblauchzehen	in dem Bratfett anbräunen
3 Eßl. Tomatenmark	
6 Eßl. Wasser	hinzufügen, das Fleisch darauf legen, im geschlossenen Topf schmoren lassen, ab und zu wenden den garen Braten in Scheiben schneiden, auf einer vorgewärmten Platte anrichten, die Porreestangen um das Fleisch legen den Bratensatz mit Salz abschmecken, über das Gemüse geben
Schmorzeit:	1¼ – 1½ Stunden.
Beilage:	Salzkartoffeln.

Osso bucco *Kalbshaxe*

1 Kalbshaxe (etwa 2 kg) vom Schlachter quer in 4 – 6 cm dicke Scheiben schneiden lassen
das Fleisch waschen, abtrocknen, mit
Salz, Pfeffer einreiben, in
Weizenmehl wenden
2 Eßl. Olivenöl erhitzen, die Haxenstücke gut darin anbraten, aus dem Bratfett nehmen, warm stellen
das Bratfett mit
125 ml (⅛ l) Weißwein
125 ml (⅛ l) Instant-Fleischbrühe loskochen
3 Möhren putzen, schrappen
2 – 3 Stangen Staudensellerie putzen
beide Zutaten waschen, in kleine Stücke schneiden
4 Zwiebeln abziehen, würfeln
2 Eßl. Butter zerlassen, das Gemüse mit den Zwiebelwürfeln unter häufigem Umrühren darin dünsten lassen, bis es leicht gebräunt ist

etwa 500 g Tomaten (aus der Dose)	abtropfen lassen, die Flüssigkeit auffangen, die Tomaten in Stücke schneiden, mit der Flüssigkeit,
1 Lorbeerblatt gerebeltem Basilikum gerebeltem Thymian gehackter Petersilie	zu dem Gemüse geben, mit Salz, Pfeffer würzen die Haxenstücke auf das Gemüse legen die Bratenflüssigkeit darüber geben, das Gericht zum Kochen bringen, zugedeckt in dem vorgeheizten Backofen schmoren lassen
Strom:	225 – 250
Gas:	4 – 5
Schmorzeit:	Etwa 1¼ Stunden.
Beilage:	Butterreis, oder Stangenweißbrot.

Kalbsrouladen

	Für die Füllung
1 kleine Zwiebel	abziehen
1 Brötchen (Semmel)	in kaltem Wasser einweichen, gut ausdrücken, mit
200 g Gehacktem (halb Rind-, halb Schweinefleisch) 1 Ei 1 Eßl. gehackter Petersilie	vermengen, mit
Salz, Pfeffer gerebeltem Thymian	abschmecken
4 Scheiben Kalbfleisch (je 150 g, aus der Keule geschnitten)	mit Salz bestreuen, gleichmäßig mit
Senf	und der Füllung bestreichen, von der schmalen Seite her aufrollen, mit einer Bratennadel oder Küchengarn zusammenhalten
60 g Margarine	erhitzen, die Rouladen von allen Seiten gut darin anbraten etwas von
250 – 375 ml (¼ – ⅜ l) heißem Wasser	hinzugießen, die Rouladen schmoren lassen, von Zeit zu Zeit wenden, verdampfte Flüssigkeit nach und nach ersetzen wenn die Rouladen gar sind, die Bratennadeln (Fäden) entfernen, den Bratensatz nach Bedarf mit Wasser auffüllen, zum Kochen bringen
2 gestrichene Eßl. Weizenmehl	mit
3 Eßl. kaltem Wasser	anrühren, unter Rühren in die Flüssigkeit geben, die Soße etwa 5 Minuten schwach kochen lassen, mit Salz abschmecken
Schmorzeit:	Etwa 1 Stunde.

Gulasch

500 g schieres Rind-, Kalb-, Schweine- oder Hammelfleisch	waschen, abtrocknen, in etwa 2 cm große Würfel schneiden
50 g Fett	erhitzen, das Fleisch von allen Seiten gut darin anbraten
250 g Zwiebeln	abziehen, würfeln, mitbräunen lassen das Fleisch mit
Salz, Pfeffer Gulasch-Gewürz	würzen
2 Eßl. Tomatenmark	hinzufügen etwas von
500 ml (½ l) heißem Wasser	hinzugießen, das Fleisch gar schmoren lassen, verdampfte Flüssigkeit nach und nach ersetzen
1 Eßl. Weizenmehl	mit
1 Eßl. kaltem Wasser	anrühren, das Gulasch damit binden, mit Salz,
Paprika edelsüß ½ Teel. Tabasco	abschmecken
Schmorzeit für Rindergulasch:	1½ – 2 Stunden
für Kalbs-, Schweine- oder Hammelgulasch:	Etwa 1 Stunde.
Beilage:	Reis oder Nudeln, gemischter Salat.

Dicke Rippe mit Grünen Bohnen *(In der Bratfolie)*

250 g Grüne Bohnen	abfädeln, waschen, in etwa 3 cm lange Stücke brechen, mit
Salz	bestreuen, in einen Bratbeutel füllen
375 g dicke Rippe	waschen, abtrocknen, mit Salz einreiben, in den Bratbeutel vor die Bohnen legen
300 g Kartoffeln	schälen, waschen, in Würfel schneiden, mit Salz bestreuen, in den Bratbeutel geben
125 ml (⅛ l) Wasser	hinzugießen, die offene Beutelseite zusammendrücken, den Beutel etwa 2 cm von der Kante entfernt mit einem Klip verschließen, die obere Seite mit einem spitzen Hölzchen an mehreren Stellen einstechen den Bratbeutel auf einer feuerfesten Platte auf dem Rost oder auf dem Rost mit untergeschobener Fettfangschale in die Mitte des Backofens schieben
Strom:	200
Gas:	3½
Garzeit:	Etwa 70 Minuten den Bratbeutel an einer Seite aufschneiden, Bohnen, Rippe und Kartoffeln auf einer vorgewärmten Platte anrichten.

Gebratenes Fleisch im Backofen

1. Fleischstücke von mindestens 1 kg werden in der Rostbratpfanne oder auf dem Rost auf der Rostbratpfanne gebraten.

2. Fleisch vor dem Braten mit Salz und Gewürzen einreiben.

3. Rostbratpfanne mit Wasser ausspülen. Sobald der Bratensatz anfängt zu bräunen oder das Wasser verdampft ist, heißes Wasser nachgießen.

4. Um eine kräftige Soße zu erzielen, Knochen von Anfang an in die Rostbratpfanne geben. Zwiebeln, Suppengrün, Tomaten 30 Minuten vor Beendigung der Bratzeit in die Pfanne geben.

5. Die Soße aus dem losgekochten Bratensatz zubereiten, siehe Rezept.

6. Das gare Fleisch vor dem Schneiden etwa 10 Minuten „ruhen“ lassen, damit sich der Fleischsaft setzt und beim Aufschneiden des Fleisches nicht herausläuft.

7. Das gare Fleisch quer zur Faser hin aufschneiden.

Kasseler Rippenspeer

1½ kg Rippenspeer	waschen, abtrocknen, die Knochen herauslösen, die Fettschicht mit einem scharfen Messer gitterartig einschneiden das Fleisch mit der Fettschicht nach oben in eine mit Wasser ausgespülte Rostbratpfanne legen, in den vorgeheizten Backofen schieben sobald der Bratensatz bräunt, etwas
heißes Wasser	hinzugießen, das Fleisch ab und zu mit dem Bratensatz begießen, verdampfte Flüssigkeit nach und nach ersetzen
1 Zwiebel	abziehen
1 Tomate	waschen beide Zutaten vierteln, 25 Minuten vor Beendigung der Bratzeit in die Rostbratpfanne geben das gare Fleisch in Scheiben schneiden, auf einer vorgewärmten Platte anrichten, warm stellen den Bratensatz mit Wasser loskochen, durch ein Sieb gießen
4 Eßl. saure Sahne oder Dosenmilch	hinzufügen, nach Belieben
etwas Weizenmehl	mit
kaltem Wasser	anrühren, den Bratensatz damit binden, die Soße mit
Salz, Pfeffer	abschmecken
Strom:	Etwa 225
Gas:	3 – 4
Bratzeit:	50 – 60 Minuten.
Beilage:	Gefüllte Birnen- und Pfirsichhälften, Kroketten oder Sauerkraut und Kartoffelpüree.

Kalbsbraten

(6 Portionen)

1 kg Kalbfleisch (Keule)	waschen, abtrocknen, enthäuten,mit
Salz	einreiben, mit
Butter oder Margarine	bestreichen, mit
6 Speckscheiben	belegen, in eine mit Wasser ausgespülte Rostbratpfanne legen, in den vorgeheizten Backofen schieben sobald der Bratensatz bräunt, etwas von
250 ml (¼ l) heißem Wasser	hinzugießen, das Fleisch ab und zu mit dem Bratensatz begießen, verdampfte Flüssigkeit nach und nach ersetzen das gare Fleisch auf einer vorgewärmten Platte anrichten, warm stellen den Bratensatz mit Wasser loskochen
4 Eßl. saure Sahne	hinzufügen, nach Bedarf mit Wasser auffüllen, auf der Kochstelle zum Kochen bringen
2 gestrichene Eßl. Weizenmehl	mit
3 Eßl. kaltem Wasser	anrühren, unter Rühren in die Flüssigkeit geben, die Soße etwa 5 Minuten schwach kochen lassen, mit Salz abschmecken
Strom:	220 – 230
Gas:	3 – 4
Bratzeit:	1½ – 1¾ Stunden.

Kalbsherz

2 Kalbsherzen (etwa 700 g)	quer in Hälften schneiden, Adern, Haut, Blut entfernen, die Herzen waschen, mit
Salz Pfeffer	einreiben, mit
Senf	bestreichen
30 g Butter oder Margarine	in eine flache Auflaufform geben, die Herzen hineinlegen, mit
50 g Speckscheiben	belegen
1 Zwiebel	abziehen, in Scheiben schneiden, hinzufügen die Form mit Alufolie zudecken, auf dem Rost in den vorgeheizten Backofen schieben 10 Minuten vor Beendigung der Bratzeit die Herzen mit
125 ml (⅛ l) saurer Sahne	übergießen, evtl.
2 Teel. Speisestärke	mit
1 Eßl. kaltem Wasser	anrühren, die Soße damit binden
Strom:	200 – 225
Gas:	4 – 5
Bratzeit:	Etwa 1 Stunde.

Schweinshaxe

4 Schweinshaxen (je 500 g, mit Knoehen)	waschen, abtrocknen, mit
Salz	
Pfeffer	einreiben, in eine mit Wasser ausgespülte Rostbratpfanne legen, in den vorgeheizten Backofen schieben sobald der Bratensatz bräunt, etwas
heißes Wasser	hinzugießen, das Fleisch ab und zu mit dem Bratensatz begießen, verdampfte Flüssigkeit nach und nach ersetzen
1 mittelgroße Zwiebel	abziehen, vierteln, 30 Minuten vor Beendigung der Bratzeit in die Rostbratpfanne geben, mitbraten lassen das gare Fleisch auf einer vorgewärmten Platte anrichten den Bratensatz mit etwas Wasser loskochen, zu dem Fleisch reichen
Strom:	200 – 225
Gas:	3 – 4
Bratzeit:	Etwa 3 Stunden.
Beilage:	Sauerkraut, Kartoffelbrei.

Gefüllte Schweinerippe *(6 Portionen)*

Für die Füllung

250 g entsteinte, getrocknete Pflaumen	etwa 12 Stunden in kaltem Wasser einweichen
4 Äpfel (etwa 300 g)	schälen, vierteln, entkernen, in Scheiben schneiden, mit den abgetropften Pflaumen,
2 Eßl. Semmelmehl	
20 g Zucker	
Salz	vermengen
1 kg Schweinerippe (dickes Stück)	waschen, abtrocknen, eine Tasche einschneiden, innen und außen mit Salz einreiben
	die Füllung in die Tasche geben, zunähen
oder 1 kg dünne Schweinerippe	waschen, abtrocknen, in der Mitte vorsichtig quer durchschlagen, mit Salz einreiben, übereinanderklappen, zunähen
	die Schweinerippe in eine mit Wasser ausgespülte Rostbratpfanne legen, in den Backofen schieben
	sobald der Bratensatz bräunt, etwas
heißes Wasser	hinzugießen, das Fleisch ab und zu mit dem Bratensatz begießen, verdampfte

Flüssigkeit nach und nach ersetzen
das gare Fleisch von den Fäden befreien, mit der Füllung auf einer vorgewärmten Platte anrichten, warm stellen
den Bratensatz mit Wasser loskochen, durch ein Sieb gießen, nach Bedarf mit Wasser auffüllen, auf der Kochstelle zum Kochen bringen

2 gestrichene Eßl. Weizenmehl mit
3 Eßl. kaltem Wasser anrühren, unter Rühren in die Flüssigkeit geben, die Soße etwa 5 Minuten schwach kochen lassen, mit Salz abschmecken

Strom: 220 – 230
Gas: 3 – 4
Bratzeit: 1½ – 1¾ Stunden.
Veränderung: 100 g verlesene Rosinen statt der getrockneten Pflaumen für die Füllung nehmen.

Kalbsnierenbraten

1 kg gerollten Kalbsnierenbraten waschen, abtrocknen, mit
Salz
weißem Pfeffer einreiben
1 Zwiebel abziehen, würfeln
1 Möhre putzen, schrappen, waschen, in Würfel schneiden
2 Tomaten kurze Zeit in kochendes Wasser legen, in kaltem Wasser abschrecken (nicht kochen lassen), enthäuten, in Würfel schneiden
½ abgezogene Knoblauchzehe fein hacken
3 Eßl. Speiseöl in einem Bratentopf erhitzen, das Fleisch darin von allen Seiten anbraten
die zerkleinerten Zutaten hinzufügen, unter Wenden etwa 5 Minuten andünsten
250 ml (¼ l) heißes Wasser hinzugießen
1 Lorbeerblatt
5 getrocknete Pilze
Schale von ½ Zitrone (unbehandelt) hinzugeben
den Braten in den vorgeheizten Backofen schieben, von Zeit zu Zeit mit der Bratenflüssigkeit begießen, das gare Fleisch in Scheiben schneiden, auf einer vorgewärmten Platte anrichten, warm stellen, den Bratensatz mit etwas Wasser loskochen, durch ein Sieb gießen, nach Belieben
etwas Weizenmehl mit
kaltem Wasser anrühren, den aufgefüllten Bratensatz damit binden

Strom: 200 – 225
Gas: 3 – 4
Schmorzeit: 1½ – 1¾ Stunden.
Beilage: Prinzeßbohnen mit gebratenen Speckscheiben, Spargel, Herzogin-Kartoffeln.

Schweinebraten mit Kruste

1 kg Schweinefleisch mit Schwarte (Keule oder Schulter) waschen, abtrocknen, die Schwarte gitterartig einschneiden, das Fleisch auf der Unterseite mit
Salz einreiben, mit der Schwarte nach oben in eine mit Wasser ausgespülte Rostbratpfanne legen, in den vorgeheizten Backofen schieben
sobald der Bratensatz bräunt, etwas von
250 ml (¼ l) heißem Wasser hinzugießen, das Fleisch ab und zu mit dem Bratensatz begießen, verdampfte Flüssigkeit nach und nach ersetzen
1 Zwiebel abziehen
1 Tomate waschen
beide Zutaten vierteln, 25 Minuten vor Beendigung der Bratzeit in die Rostbratpfanne geben
das gare Fleisch auf einer vorgewärmten Platte anrichten
den Bratensatz mit Wasser loskochen, durch ein Sieb gießen, nach Bedarf mit Wasser auffüllen
3 Eßl. saure Sahne hinzufügen, auf der Kochstelle zum Kochen bringen
2 gestrichene Eßl. Weizenmehl mit
3 Eßl. kaltem Wasser anrühren, unter Rühren in die Flüssigkeit geben, die Soße etwa 5 Minuten schwach kochen lassen, mit Salz abschmecken

Strom: 220 – 230
Gas: 3 – 4
Bratzeit: 1¾ – 2 Stunden.
Veränderung: Das Schweinefleisch vor dem Braten mit 1 Teel. Kümmel bestreuen.

Holländische Soße

einfach

30 g Butter oder Margarine zerlassen
35 g Weizenmehl unter Rühren so lange darin erhitzen, bis es hellgelb ist
250 ml (¼ l) Milch
250 ml (¼ l) Instant-Fleischbrühe hinzugießen, mit einem Schneebesen durchschlagen, darauf achten, daß keine Klumpen entstehen, die Soße zum Kochen bringen, etwa 5 Minuten kochen lassen
1 Eigelb mit
2 Eßl. Sahne verschlagen, die Soße damit abziehen, mit
Salz
Zitronensaft abschmecken
1 Eßl. Butter unterrühren

Kochzeit: Etwa 5 Minuten.

Rinderfilet

1 kg Filet	
(gut abgehangen)	waschen, abtrocknen, enthäuten, mit
Salz	
Pfeffer	einreiben, auf den gefetteten Rost auf eine mit Wasser ausgespülte Rostbratpfanne legen, in den vorgeheizten Backofen schieben, braten lassen, ab und zu wenden das gare Fleisch vor dem Schneiden etwa 10 Minuten „ruhen“ lassen, damit sich der Fleischsaft setzt, auf einer vorgewärmten Platte anrichten
Strom:	225 – 250
Gas:	6 – 7
Bratzeit:	Etwa 30 Minuten.
Beilage:	Broccoli, Herzogin-Kartoffeln.

Roastbeef

1 kg Rinderrücken	
(ohne Knochen)	waschen, abtrocknen, die Haut einritzen, das Fleisch mit
Salz	
Pfeffer	einreiben, mit der Fettschicht nach oben auf den gefetteten Rost auf eine mit Wasser ausgespülte Rostbratpfanne legen, in den vorgeheizten Backofen schieben, braten lassen, ab und zu wenden das gare Fleisch vor dem Schneiden etwa 10 Minuten „ruhen“ lassen, damit sich der Fleischsaft setzt, auf einer vorgewärmten Platte anrichten
Strom:	225 – 250
Gas:	6 – 7
Bratzeit:	35 – 45 Minuten.
Beilage:	Gebratene Zwiebelringe, Pommes frites.

Kräutersoße

30 g Butter	
oder Margarine	zerlassen
35 g Weizenmehl	unter Rühren so lange darin erhitzen, bis es hellgelb ist
500 ml (½ l)	
Instant-Fleischbrühe	hinzugießen, mit einem Schneebesen durchschlagen, darauf achten, daß keine Klumpen entstehen, die Soße zum Kochen bringen, etwa 10 Minuten kochen lassen
2 Eßl. gemischte, gehackte Kräuter (Dill, Petersilie, Schnittlauch, Kerbel)	unterrühren die Soße mit
Salz	
Zitronensaft	abschmecken nach Belieben
2 Eßl. Sahne	unterrühren.

Teufelssoße

2 hartgekochte Eier	pellen, das Eigelb durch ein Sieb streichen, nach und nach
Salz	
2 Eßl. Salatöl	
1 Eßl. Senf	
1 Teel. Essig-Essenz	
oder	
1 Eßl. Zitronensaft	
1 Teel. Zwiebelwürfel	
Pfeffer	
Zucker	
1 Teel. gehackten Estragon	
1 Eßl. geriebenen Apfel	
3 Eßl. Rotwein	
¼ Teel. Tabasco	unterrühren die Soße schmeckt gut zu Sülze oder kaltem Roastbeef.
Veränderung:	Die Soße mit geschnittenem Schnittlauch bestreuen.

Bulgarische Soße

500 g enthäutete	
Fleischtomaten	vierteln, entkernen, im offenen Topf bei schwacher Hitze dünsten lassen, bis die Flüssigkeit fast verdampft ist, erkalten lassen, mit
100 g Mayonnaise	verrühren
50 g gekochte	
Sellerieknolle	schälen, in sehr kleine Würfel schneiden, unterrühren, mit
Salz	
Pfeffer	abschmecken.

Remouladensoße

2 hartgekochte Eier	pellen, das Eigelb durch ein Sieb streichen, mit
1 rohen Eigelb	
Salz	verrühren, dann tropfenweise unter Schlagen die Hälfte von
125 ml (⅛ l) Salatöl	hinzufügen, ist die Masse steif genug,
1 Eßl. Essig-Essenz	
1 Teel. Senf	hinzufügen, dann erst den Rest des Öls hinzugeben
1 Eßl. Kapern	fein wiegen
2 kleine	
Gewürzgurken	fein schneiden
1 – 2 Eßl. gehackte Kräuter (Petersilie, Schnittlauch)	
Pfeffer	
Zucker	
	die Zutaten zu der Mayonnaise geben das hartgekochte Eiweiß nach Belieben in kleine Würfel schneiden, mit in die Soße geben.

Schweinefilet

750 g Schweinefilet	waschen, abtrocknen, entfetten, enthäuten, mit
Salz, Pfeffer	
gerebeltem Majoran	einreiben, mit
flüssiger Margarine	bestreichen, mit
50 g fetten Speckstreifen	belegen
	das Fleisch in eine mit Wasser ausgespülte Rostbratpfanne legen, auf der obersten Schiene in den vorgeheizten Backofen schieben
1 mittelgroße Zwiebel	abziehen
1 Tomate	waschen
1 Bund Suppengrün	putzen, waschen
	die Zutaten kleinschneiden
	sobald der Bratensatz bräunt, die geschnittenen Zutaten hinzufügen, mitbräunen lassen
	etwas
heißes Wasser	hinzugießen, das Fleisch ab und zu mit dem Bratensatz begießen, verdampfte Flüssigkeit nach und nach ersetzen, das gare Fleisch in Scheiben schneiden, auf einer vorgewärmten Platte anrichten, warm stellen
	den Bratensatz mit Wasser loskochen, durch ein Sieb gießen, mit Salz, Pfeffer abschmecken
1 Becher (150 g) Crème fraîche	unterrühren
Strom:	225 – 250
Gas:	4 – 5
Bratzeit:	20 – 25 Minuten.
Veränderung:	Die Filetscheiben auf gedünsteten Erbsen mit Ananasstücken (aus der Dose) anrichten. Die Soße mit Zitronensaft, Zucker, Aquavit abschmecken.

Meerrettichsoße

30 g Butter	zerlassen
35 g Weizenmehl	unter Rühren so lange darin erhitzen, bis es hellgelb ist
250 ml (¼ l) Milch	
250 ml (¼ l) Instant-Fleischbrühe	hinzugießen, mit einem Schneebesen durchschlagen, darauf achten, daß keine Klumpen entstehen, die Soße zum Kochen bringen, etwa 5 Minuten kochen lassen
3 gehäufte Eßl. geriebenen Meerrettich (aus dem Glas)	in die Soße geben (nicht mehr kochen lassen), mit
Salz	
Zitronensaft	abschmecken
Kochzeit:	Etwa 5 Minuten.

Hammelrücken

1 kg Hammelrücken	waschen, abtrocknen, mit
Salz	einreiben, in eine mit Wasser ausgespülte Rostbratpfanne legen, in den vorgeheizten Backofen schieben sobald der Bratensatz bräunt, etwas von
250 ml (¼ l) heißem Wasser	hinzugießen, das Fleisch ab und zu mit dem Bratensatz begießen, verdampfte Flüssigkeit nach und nach ersetzen
1 Zwiebel	abziehen
1 Tomate	waschen beide Zutaten vierteln, 25 Minuten vor Beendigung der Bratzeit in die Rostbratpfanne geben das gare Fleisch auf einer vorgewärmten Platte anrichten, warm stellen den Bratensatz mit Wasser loskochen, durch ein Sieb gießen, nach Bedarf mit Wasser auffüllen, auf der Kochstelle zum Kochen bringen
2 gestrichene Eßl. Weizenmehl	mit
3 Eßl. kaltem Wasser	anrühren, unter Rühren in die Flüssigkeit geben, die Soße etwa 5 Minuten kochen lassen, mit Salz abschmecken
Strom:	Etwa 225
Gas:	3 – 4
Bratzeit:	1½ – 1¾ Stunden.

Hackbraten

Falscher Hase

1 Brötchen (Semmel)	in kaltem Wasser einweichen, gut ausdrücken
2 Zwiebeln	abziehen, fein würfeln
2 Eßl. Margarine	zerlassen, die Zwiebelwürfel darin andünsten
750 g Gehacktes (halb Rind-, halb Schweinefleisch)	mit dem Brötchen, den Zwiebeln,
2 Eiern	
1 Eßl. gehackter Petersilie	vermengen, mit
Salz	
Paprika edelsüß	
geriebener Muskatnuß	
gerebeltem Thymian	abschmecken, zu einem länglichen Kloß formen (nach Belieben als Einlage weichgekochte Eier nehmen), in
Semmelmehl	wenden den Kloß in die mit
50 g Margarine	ausgestrichene Rostbratpfanne legen, mit
50 g in feine Streifen geschnittenem Speck	belegen, diese gut mit einem Messer in den Kloß eindrücken, in den vorgeheizten Backofen schieben sobald das Fett stark bräunt, etwas von
250 ml (¼ l) heißem Wasser	hinzugießen, das Fleisch ab und zu mit dem Bratensatz begießen, verdampfte Flüssigkeit nach und nach ersetzen
1 Zwiebel	abziehen
1 Tomate	waschen beide Zutaten vierteln, 25 Minuten vor Beendigung der Bratzeit in die Rostbratpfanne geben das gare Fleisch auf einer vorgewärmten Platte anrichten den Bratensatz mit Wasser loskochen, durch ein Sieb gießen, nach Bedarf mit Wasser auffüllen, auf der Kochstelle zum Kochen bringen
2 gestrichene Eßl. Weizenmehl	mit
3 Eßl. kaltem Wasser	anrühren, unter Rühren in die Flüssigkeit geben, die Soße etwa 5 Minuten schwach kochen lassen, mit Salz abschmecken
Strom:	220 – 230
Gas:	4 – 5
Bratzeit:	Etwa 1 Stunde.

Rosinen-Soße

125 g blaue Rosinen (Weinbeeren) ohne Kerne	fein hacken
125 ml (⅛ l) Rotwein	zum Kochen bringen, die Rosinen etwa 10 Minuten darin ziehen lassen, mit
1 Eßl. Honig	
1 Eßl. Tomaten-Ketchup	
1 Teel. Sojasoße	
1 Spritzer Worcester-soße	
3 Spritzern Tabasco	verrühren, mit
Salz	abschmecken.

Senfsoße

(warm)

30 g Butter	zerlassen
35 g Weizenmehl	unter Rühren so lange darin erhitzen, bis es hellgelb ist
250 ml (¼ l) Milch	
250 ml (¼ l) Instant-Fleischbrühe	hinzugießen, mit einem Schneebesen durchschlagen, darauf achten, daß keine Klumpen entstehen, die Soße zum Kochen bringen, etwa 5 Minuten kochen lassen
2 schwach gehäufte Eßl. mittelscharfen Senf	unterrühren, mit
Salz	
Zitronensaft	
Zucker	abschmecken
Kochzeit:	Etwa 5 Minuten.

Gebratenes Fleisch in der Pfanne

1. Fleischstücke unpaniert oder paniert verwenden.
2. Panierte Fleischstücke:
Durch das Panieren wird eine Schutzschicht geschaffen; der Fleischsaft geht nicht verloren, das Fleisch bleibt saftiger.
3. Panieren:
Das gesalzene Fleisch zunächst in Weizenmehl, dann in verschlagenem Ei und zuletzt in Semmelmehl wenden.
4. Die panierten Fleischstücke sofort braten, damit der Belag nicht aufweicht und das Bräunen nicht erschwert wird.
5. Unpanierte Fleischstücke:
Das Fett in der Pfanne erhitzen, dann erst das Fleisch hineingeben. Die Poren schließen sich und der Fleischsaft kann nicht heraustreten.
6. Alle unpanierten Fleischstücke salzen und würzen, nachdem die untere Seite gebräunt ist.
7. Die fertig gebratenen Fleischstücke sofort servieren, da sie sonst hart und unansehnlich werden.
8. Den losgekochten Bratensatz zu dem Fleisch reichen.

Leber Berliner Art

4 Scheiben Schweineleber (je 80 – 100 g) waschen, trockentupfen, in
Weizenmehl wenden
40 g Margarine erhitzen, die Leberscheiben von beiden Seiten darin braten, mit
Salz bestreuen, warm stellen
2 – 4 mittelgroße Zwiebeln abziehen, würfeln
1 – 2 Eßl. Butter zerlassen, die Zwiebelwürfel darin goldgelb dünsten lassen, auf die Leberscheiben verteilen
2 säuerliche Äpfel schälen, jeweils das Kerngehäuse mit einem Apfelausstecher ausstechen, die Äpfel in gut ½ cm dicke Scheiben schneiden, in dem Bratfett (evtl. noch etwas Butter hinzufügen) von beiden Seiten braten, mit den Leberscheiben auf einer vorgewärmten Platte anrichten
nach Belieben mit
Preiselbeerkompott
Petersilie garnieren
Bratzeit für die Leber: 6 – 10 Minuten.
Beilage: Kartoffelbrei, Grüner Salat.

Quark-Fleisch-Frikadellen

2 Zwiebeln abziehen, fein würfeln
400 g Gehacktes (halb Rind-, halb Schweinefleisch)
200 g Speisequark
2 Eier
die Zutaten vermengen, mit
Salz, Pfeffer abschmecken, aus der Masse mit nassen Händen 4 flache Klopse formen, in
40 g Semmelmehl wenden
40 g Margarine erhitzen, die Klopse von beiden Seiten darin braten
Bratzeit: Etwa 10 Minuten.

Kalbsschnitzel

4 Scheiben	
Kalbfleisch	leicht klopfen, mit
Salz	bestreuen
	die Schnitzel zunächst in
1 gestrichenen Eßl.	
Weizenmehl	dann in
1 verschlagenen Ei	zuletzt in
40 g Semmelmehl	wenden
60 g Fett	erhitzen, das Fleisch von beiden Seiten darin braten, auf einer vorgewärmten Platte anrichten
	den mit
125 ml (⅛ l)	
heißem Wasser	
3 Eßl. saurer Sahne	losgekochten Bratensatz dazureichen.

Rumpsteaks

	Bei
4 Rumpsteaks	
(je 150 g)	die Sehnen an den Rändern etwas einschneiden
50 g Pflanzenfett	erhitzen, das Fleisch hineinlegen
	nachdem die untere Seite gebräunt ist, das Fleisch wenden, mit
Salz	
Pfeffer	bestreuen
	die Fleischscheiben öfter mit Bratfett begießen, damit sie saftig bleiben
	die Steaks auf einer vorgewärmten Platte anrichten
	das Bratfett über die Steaks gießen
Bratzeit:	6 – 8 Minuten.
Veränderung:	Die Rumpsteaks mit gebräunten Zwiebeln garnieren.
Beilage:	Geriebener Meerrettich (aus dem Glas).

Deutsches Beefsteak

600 g Hackfleisch	
(halb Rind-, halb	
Schweinefleisch)	mit
4 Eßl. kaltem Wasser	vermengen, mit
Salz	
Pfeffer	abschmecken
	aus der Masse mit nassen Händen flache Klopse formen, mit einem Messer gitterförmig einkerben
50 g Pflanzenfett	erhitzen, die Klopse von beiden Seiten darin braten, auf einer vorgewärmten Platte anrichten, warm stellen
4 mittelgroße	
Zwiebeln	abziehen, in Scheiben schneiden, in dem Bratfett unter Wenden bräunen, auf die Beefsteaks geben
Bratzeit	
für das Fleisch:	Etwa 15 Minuten
für die Zwiebeln:	5 – 6 Minuten.

Béchamelsoße

2 kleine Zwiebeln	abziehen
40 g Schinken	
	beide Zutaten in kleine Würfel schneiden
30 g Butter	
oder Margarine	zerlassen, die Schinkenwürfel darin andünsten
35 g Weizenmehl	mit den Zwiebeln unter Rühren so lange darin erhitzen, bis das Mehl hellgelb ist
250 ml (¼ l)	
Instant-Fleischbrühe	
oder Wasser	
250 ml (¼ l) Milch	hinzufügen, mit einem Schneebesen durchschlagen, die Soße zum Kochen bringen, etwa 10 Minuten kochen lassen, nach Belieben durch ein Sieb streichen, mit
Salz	
Pfeffer	abschmecken.
Kochzeit:	Etwa 10 Minuten.

Bratwurst

30 g Pflanzenfett	erhitzen
4 vorgebrühte	
Bratwürste	von beiden Seiten bei schwacher Hitze darin braun braten
Bratzeit:	Etwa 10 Minuten.
Veränderung:	Feine Kalbsbratwurst vor dem Braten überbrühen.
Beilage:	Senf oder Tomaten-Ketchup, geröstete Zwiebeln, Pommes frites, Salat.

Gebratene Nieren

400 – 500 g Kalbs-	
oder Schweinenieren	aufschneiden, von den Röhren befreien, gründlich waschen, mit kochendheißem Wasser übergießen, 30 Minuten darin liegen lassen, abtropfen lassen, in Scheiben schneiden (Schweinenieren evtl. ganz braten), mit
Salz	bestreuen
60 g Butter	
oder Margarine	erhitzen, die Nieren unter Wenden darin braun braten
	den Bratensatz mit
125 ml (⅛ l) heißem	
Wasser	loskochen
1 – 2 Teel. Speise-	
stärke	mit
1 Eßl. kaltem Wasser	anrühren, die Flüssigkeit damit binden, mit
Paprika edelsüß	
Zitronensaft	abschmecken
Bratzeit:	5 – 10 Minuten.
Beilage:	Kartoffelbrei, Selleriesalat.

Kotelett, paniert

4 Koteletts (Schweine- oder Kalbfleisch, je etwa 150 g)	leicht klopfen, mit
Salz	
Pfeffer	
Paprika edelsüß	bestreuen
	die Koteletts zunächst in
1 gestrichenen Eßl. Weizenmehl	dann in
1 verschlagenen Ei	zuletzt in
40 g Semmelmehl	wenden
50 g Fett	erhitzen, die Koteletts von beiden Seiten darin braten, auf einer vorgewärmten Platte anrichten
Bratzeit für Schweinekotelett:	10 – 15 Minuten
für Kalbskotelett:	8 – 10 Minuten.
Beilage:	Salzkartoffeln, Zwiebelgemüse.

Jägerschnitzel

1 kleine Zwiebel	abziehen, fein würfeln
1 Eßl. Butter	zerlassen, die Zwiebelwürfel darin andünsten
200 g Pfifferlinge	putzen, waschen, dazugeben, mit
Salz	
Pfeffer	würzen, gar dünsten lassen, mit
1 Eßl. gehackter Petersilie	vermengen
4 Schweineschnitzel	mit Pfeffer bestreuen, mit
Worcestersauce	beträufeln
2 Eßl. Margarine oder Butterschmalz	erhitzen, die Schnitzel darin von beiden Seiten braten, aus der Pfanne nehmen, auf einer vorgewärmten Platte anrichten, die Pfifferlinge auf die Schnitzel verteilen
Dünstzeit für die Pfifferlinge:	15 – 20 Minuten
Bratzeit für die Schnitzel:	Jede Seite etwa 5 Minuten.

Schweinefilet auf Gemüse

(Abb. S. 74/75)

750 g Schweinefilet	waschen, abtrocknen, entfetten, enthäuten
60 g Butter	zerlassen, das Fleisch von allen Seiten gut darin anbraten
2 Zwiebeln	abziehen, vierteln, kurze Zeit miterhitzen das Fleisch mit
Salz	
grob geschrotetem Pfeffer	bestreuen
2 – 3 Eßl. heißes Wasser	hinzugießen, das Fleisch braten lassen, von Zeit zu Zeit wenden, verdampfte Flüssigkeit nach und nach ersetzen das gare Fleisch auf Ratatouille (Rezept S. 145) anrichten den Bratensatz mit Wasser loskochen, durch ein Sieb gießen
4 Eßl. Crème fraîche	unterrühren, mit Salz,
Pfeffer	
Paprika edelsüß	abschmecken, zu dem Fleisch reichen
Bratzeit:	Etwa 35 Minuten.

Paprikasteaks

1 Zwiebel	abziehen, würfeln
1 rote Paprikaschote	halbieren, entstielen, entkernen, die weißen Scheidewände entfernen, die Schote waschen, in Würfel schneiden
1 – 2 Eßl. Margarine	zerlassen, Zwiebel- und Paprikaschotenwürfel darin etwa 10 Minuten dünsten lassen
4 Eßl. Sahne	unterrühren, durchdünsten lassen
4 Scheiben Roastbeef (je etwa 175 g)	etwas flachklopfen, die Sehnen an den Rändern mehrmals einschneiden
2 – 3 Eßl. Speiseöl	erhitzen, die Fleischscheiben darin von beiden Seiten braten, mit
Salz	
geschrotetem schwarzem Pfeffer	
Paprika edelsüß	bestreuen, auf einer vorgewärmten Platte anrichten, das Gemüse darauf geben
Bratzeit:	Jede Seite etwa 3 Minuten.
Beigabe:	Weißbrot, gemischter Salat.

Rinderfiletsteaks

4 Rinderfiletsteaks (je 150 g)	etwas zusammendrücken
50 g Pflanzenfett	erhitzen, die Fleischscheiben hineinlegen nachdem die untere Seite gebräunt ist, das Fleisch wenden, mit
Salz	
Pfeffer	bestreuen die Fleischscheiben öfter mit Bratfett begießen, damit sie saftig bleiben Filetsteaks sollen nicht ganz durchgebraten sein das Fleisch auf einer vorgewärmten Platte anrichten das Bratfett über die Fleischscheiben gießen
Bratzeit:	6 – 8 Minuten.

Cordon bleu

8 Kalbsschnitzel (je etwa 75 g)	leicht klopfen, mit
Salz, Pfeffer	bestreuen
4 Scheiben Käse (in Größe der Fleischscheiben, je etwa 40 g)	
4 Scheiben gekochter Schinken (in Größe der Fleischscheiben, je etwa 50 g)	
	4 Fleischscheiben mit je 1 Käse- und Schinkenscheibe belegen, mit den übrigen Fleischscheiben bedecken
2 Eier	verschlagen, die Fleischportionen zunächst in den Eiern, dann in
etwa 60 g Semmelmehl	wenden
60 g Margarine	erhitzen, das Fleisch von beiden Seiten darin braten
Bratzeit:	Etwa 10 Minuten.
Beilage:	Gebackene Kartoffeln in Alu-Folie mit Sahnesoße, Erbsengemüse.

Geschnetzeltes in Sahnesoße

500 g schieres Kalb- oder Schweinefleisch	waschen, abtrocknen, in hauchdünne, teelöffelgroße Scheiben schneiden, mit
2 Eßl. Weizenmehl	bestäuben
1 Zwiebel	abziehen, würfeln
1 Eßl. Butter	erhitzen, die Hälfte der Zwiebelwürfel, die Hälfte des Fleisches etwa 2 Minuten unter öfterem Umrühren darin braten lassen, aus der Pfanne nehmen
1 Eßl. Butter	erhitzen, das restliche Fleisch und die restlichen Zwiebelwürfel hineingeben, auf die gleiche Weise zubereiten das Fleisch warm stellen
1 Zwiebel	abziehen, würfeln
1 Eßl. Butter	zerlassen, die Zwiebelwürfel darin andünsten
200 g gedünstete Champignons (in Scheiben)	zu den Zwiebelwürfeln geben, durchdünsten lassen, das Fleisch,
125 ml (⅛ l) Weißwein	
250 ml (¼ l) Sahne	hinzufügen, mit
Salz	
Pfeffer	würzen, das Geschnetzelte etwa 6 Minuten erhitzen, sofort servieren
Garzeit:	Etwa 15 Minuten.
Beilage:	Berner Rösti, Salat.

Fleisch in Gelee

1. Zum Gelieren von 500 ml ($\frac{1}{2}$ l) Flüssigkeit 1 Päckchen Gelatine gemahlen, weiß oder 6 Blatt weiße Gelatine verwenden.

2. Gemahlene Gelatine mit kaltem Wasser anrühren, 10 Minuten zum Quellen stehenlassen und – wenn im Rezept nicht anders angegeben – unter Rühren erwärmen, bis sie gelöst ist, evtl. kühl stellen, unter die zu steifende Speise rühren. Blatt-Gelatine in kaltem Wasser einweichen, in heißer Flüssigkeit auflösen.

3. Flüssigkeit mit gelöster Gelatine wird erst dann fest, wenn sie genügend abgekühlt ist und lange genug gestanden hat. Falls die Zimmertemperatur über 23° C beträgt, erstarrt gelöste Gelatine nicht mehr. Daraus ergibt sich folgendes: Gelatine-Speisen einige Stunden vor dem Verzehr – am besten am Abend vorher – zubereiten und kalt stellen.

4. Sollen Gelatine-Speisen gestürzt werden, sie in mit kaltem Wasser ausgespülte Formen füllen. Damit sich die Speisen gut stürzen lassen, sie mit einem Messer vom Rand der Form lösen, die Form einen Augenblick in heißes Wasser halten.

5. Um eine klare Brühe zu erhalten, sie folgendermaßen „klären“:
Die erkaltete Brühe entfetten, 1 Eierschale zerdrücken, mit 1 Eiweiß, 3 Eßl. kaltem Wasser verschlagen, in die Brühe geben, unter ständigem Schlagen bis kurz vor dem Kochen erhitzen, dabei gerinnt das Eiweiß und bindet die in der Brühe enthaltenen Bestandteile. Die Brühe kalt stellen, so lange ruhig stehenlassen, bis sie klar ist, abschäumen, durch ein sauberes Tuch gießen.

Gelee (Aspik)

375 ml ($\frac{3}{8}$ l) Instant-Fleischbrühe	mit
100 ml ($\frac{1}{10}$ l) Essig	abschmecken die Brühe klären (s. oben)
1 Päckchen Gelatine gemahlen, weiß	mit
5 Eßl. kaltem Wasser	anrühren, 10 Minuten zum Quellen stehenlassen, die Brühe wieder zum Kochen bringen, von der Kochstelle nehmen, die Gelatine hineingeben, so lange rühren, bis sie gelöst ist sehr hübsch sieht es aus, wenn man auf dem Boden der mit kaltem Wasser ausgespülten Form einen sogenannten Spiegel herstellt dazu so viel von der Brühe in die Form geben, daß der Boden bedeckt ist, ist diese Schicht erstarrt, sie mit
Gurken-, Tomaten- und Eischeiben	garnieren, einige Eßl. Brühe darüber gießen, wieder erstarren lassen, ist sie erstarrt, die betreffende Einlage und den Rest der schon etwas dicklichen Brühe darüber geben, im Kühlschrank erstarren lassen wenn das Gelee schnittfest ist, dieses mit einem Messer vorsichtig vom Rand der Form lösen (evtl. vorher kurz in heißes Wasser halten), auf eine Platte stürzen, nach Belieben mit
Petersilie Tomaten-, Gurken- und Eischeiben	garnieren.
Veränderung:	Anstelle der Fleischbrühe Gemüsebrühe verwenden. Das Gelee (Aspik) eignet sich gut für Fisch, Geflügel, Eier und Gemüse.

Senfsoße

(kalt)

3 hartgekochte Eier	pellen, fein hacken, mit
4 Eßl. Senf	
1 Teel. Zwiebelwürfeln	
6 Eßl. saurer Sahne	verrühren
2 Äpfel	schälen, vierteln, entkernen, reiben, hinzufügen die Soße mit
Salz	
Zucker	abschmecken.

Sülze aus gebratenem Fleisch

2 Päckchen Gelatine gemahlen, weiß	mit
5 Eßl. kaltem Wasser	anrühren, 10 Minuten zum Quellen stehenlassen
500 g gebratenes Kalb- oder Schweinefleisch	in 4 – 6 Scheiben schneiden
750 ml ($\frac{3}{4}$ l) Instant-Fleischbrühe	zum Kochen bringen, die Gelatine hineingeben, so lange rühren, bis sie gelöst ist, mit
Essig	
Salz	
Worcestersoße	
Zucker	abschmecken die Fleischscheiben einzeln in tiefe Teller legen, mit der entsprechenden Menge Brühe übergießen, im Kühlschrank erstarren lassen wenn das Gelee schnittfest ist, dieses mit einem Messer vorsichtig vom Rand der Teller lösen (evtl. Teller vorher kurz in heißes Wasser halten), auf flache Teller stürzen, nach Belieben mit
Petersilie Tomaten-, Gurken- und Eischeiben	garnieren.

Sülze

1 l Salzwasser	zum Kochen bringen
250 g Kalbfleisch	
250 g Schweinefleisch	
	das Fleisch waschen, hineingeben, zum Kochen bringen, abschäumen
1 mittelgroße Zwiebel	abziehen
1 Päckchen tiefgekühltes Suppengrün (75 g)	
	die Zutaten mit
1 Lorbeerblatt	
3 – 4 Pfefferkörnern	hinzufügen, das Fleisch gar kochen lassen, aus der Brühe nehmen, erkalten lassen, in Würfel schneiden die Brühe durch ein Sieb gießen, 375 ml (3/8 l) davon abmessen
125 ml (1/8 l) Essig	hinzufügen, mit
Salz	
Zucker	abschmecken
1 Päckchen Gelatine gemahlen, weiß	mit
5 Eßl. kaltem Wasser	anrühren, 10 Minuten zum Quellen stehenlassen die Brühe wieder zum Kochen bringen, von der Kochstelle nehmen, die Gelatine hineingeben, so lange rühren, bis sie gelöst ist die Fleischwürfel hinzugeben die Flüssigkeit mit dem Fleisch in mit kaltem Wasser ausgespülte Tassen oder Förmchen füllen, im Kühlschrank erstarren lassen wenn die Sülze schnittfest ist, sie mit einem Messer vorsichtig vom Rand des Gefäßes lösen (evtl. vorher kurz in heißes Wasser halten), auf eine Platte stürzen, mit
Petersilie	garnieren.
Beilage:	Bauernbrot, Butter oder Röstkartoffeln.

Piccalilli-Soße

2 Eßl. Piccalilli (Senf-Pickles)	fein hacken, mit
50 g Mayonnaise	
50 g saurer Sahne	
2 hartgekochten, gehackten Eiern	verrühren.

Quark-Soße mit Schnittlauch

100 g Sahnequark	mit
4 – 5 Eßl. Milch	
3 Eßl. feingeschnittenem Schnittlauch	verrühren, mit
Salz	
Zucker	abschmecken.

Wild und Geflügel

Wild

1. Wild muß gut abgehangen sein.

2. Damit das Fleisch zarter und der Wildgeschmack gemildert wird, das Fleisch evtl. eine Nacht in eine Marinade oder einige Tage in Buttermilch legen.

3. Beim Braten von Wild die dünneren Teile, z. B. Rücken, nicht sofort mit in die Pfanne legen, sondern erst zu einem späteren Zeitpunkt, da diese Fleischstücke am zartesten sind und leicht trocken werden.

Rehrücken

(Abb. nebenstehend)

1½ kg Rehrücken	waschen, abtrocknen, enthäuten, mit
Salz	
Pfeffer	
gemahlenem Koriander	einreiben, die Hälfte von
125 g fetten Speckscheiben	in eine mit Wasser ausgespülte Rostbratpfanne legen, den Rehrücken darauf legen, mit den restlichen Speckscheiben bedecken
2 mittelgroße Zwiebeln	abziehen, vierteln, mit
5 zerdrückten Wacholderbeeren	
10 Pfefferkörnern	hinzufügen, in den vorgeheizten Backofen schieben sobald der Bratensatz bräunt, etwas von
750 ml (¾ l) heißem Wasser	hinzugießen, das Fleisch ab und zu mit dem Bratensatz begießen, verdampfte Flüssigkeit nach und nach ersetzen
1 Becher (150 g) saure Sahne	verrühren 10 Minuten vor Beendigung der Bratzeit den Rehrücken damit begießen das gare Fleisch vom Knochen lösen, in Scheiben schneiden, wieder auf das Knochengerüst legen, auf einer vorgewärmten Platte anrichten, warm stellen den Bratensatz mit Wasser loskochen, durch ein Sieb gießen, mit Wasser auf 500 ml (½ l) auffüllen, auf der Kochstelle zum Kochen bringen
2 schwach gehäufte Eßl. Speisestärke	mit
2 Eßl. kaltem Wasser	anrühren, den aufgefüllten Bratensatz damit binden, mit Salz, Pfeffer abschmecken
Strom:	200 – 225
Gas:	3 – 4
Bratzeit:	35 – 50 Minuten.
Beilage:	Kartoffelklöße, Rosenkohl, Apfelsinenachtel mit Preiselbeeren.

Rehsteak mit Sauerkirschen

50 g Speck	in kleine Würfel schneiden
2 Zwiebeln	abziehen, würfeln den Speck auslassen, die Zwiebelwürfel,
1 gestr. Eßl. Weizenmehl	darin erhitzen
250 ml (¼ l) saure Sahne	hinzugießen, mit einem Schneebesen durchschlagen, die Soße zum Kochen bringen, etwa 10 Minuten kochen lassen, mit
Salz	abschmecken
4 Scheiben Rehfleisch (je etwa 125 g, 2 cm dick, aus der Keule geschnitten)	leicht flachklopfen, etwas zusammendrücken
2 Eßl. Olivenöl	erhitzen, die Steaks von beiden Seiten darin braten, ab und zu mit dem Bratfett begießen, mit Salz bestreuen, warm stellen
4 Scheiben Weißbrot	in
zerlassener Butter	goldgelb rösten (nach Belieben das Brot nur toasten), auf eine vorgewärmte Platte geben, die Steaks darauf legen
6 Wacholderbeeren	zerdrücken, über die Steaks streuen den Bratensatz mit Wasser loskochen, unter die Soße rühren, über das Fleisch verteilen
200 g gedünstete Sauerkirschen (ohne Stein)	mit
1 Eßl. Johannisbeergelee	kurze Zeit erhitzen, nach Belieben auf die Steaks geben
oder	auf
Orangenscheiben	anrichten, dazu reichen.
Bratzeit:	4 – 8 Minuten.

Rehgulasch

500 – 750 g Rehfleisch	waschen, abtrocknen, enthäuten, in Würfel schneiden, etwa 3 Stunden in kaltes Wasser legen, damit das Fleisch hell wird (das Wasser ab und zu erneuern), danach das Fleisch abtropfen lassen, etwas abtrocknen
50 g fetten Speck	in Würfel schneiden
2 Zwiebeln	abziehen, würfeln
2 Eßl. Olivenöl	erhitzen, das Fleisch von allen Seiten gut darin anbraten Speck- und Zwiebelwürfel hinzugeben, mitbräunen lassen
1 Lorbeerblatt	
3 Nelken	
5 zerdrückte Wacholderbeeren	hinzufügen
250 ml (¼ l) heiße Instant-Fleischbrühe	
125 ml (⅛ l) Rotwein	hinzugießen, das Fleisch gar schmoren lassen
50 g Schwarzbrot	zerkrümeln, in
125 ml (⅛ l) Rotwein	einweichen, unter das Gulasch rühren nach Belieben
1 Teel. Speisestärke	mit
1 Eßl. kaltem Wasser	anrühren, das Gulasch damit binden
1 – 2 Eßl. Johannisbeergelee	unterrühren, das Gulasch mit
Salz	
Pfeffer	
Paprika	abschmecken
Schmorzeit:	1 – 1½ Stunden.
Beilage:	Semmelknödel oder Butternudeln.

Rehkeule

(6 Portionen – Abb. S. 110/111)

Etwa 2 kg Rehkeule	waschen, abtrocknen, enthäuten, mit
Salz	
zerdrückten Wacholderbeeren	
gerebeltem Thymian	
gerebeltem Majoran	
gerebeltem Rosmarin	
gerebeltem Salbei	einreiben
1 – 2 Zwiebeln	abziehen, würfeln
1 Eßl. Butterschmalz	erhitzen, das Fleisch von allen Seiten darin anbraten, die Zwiebelwürfel hinzufügen den zugedeckten Bratentopf auf dem Rost in den vorgeheizten Backofen schieben das gare Fleisch aus dem Topf nehmen, warm stellen den Bratensatz mit
100 ml Rotwein	loskochen, durch ein Sieb gießen
2 Eßl. Preiselbeerkompott	
1 Becher (150 g) Crème fraîche	unterrühren, kurz aufkochen lassen, die Soße mit Salz,
Pfeffer	
Fleischextrakt	abschmecken das Fleisch in Scheiben schneiden, mit der Soße anrichten
Strom:	200 – 225
Gas:	3 – 4
Bratzeit:	Etwa 2 Stunden.
Beilage:	Kartoffelkroketten, Broccoli oder Bratkartoffeln, saures Linsengemüse.

Hirschragout

600 g Hirschfleisch (aus der Schulter, ohne Knochen)	waschen, abtrocknen, enthäuten, in Würfel schneiden
150 g durchwachsenen Speck	in kleine Würfel schneiden
2 Eßl. Pflanzenfett	zerlassen, den Speck darin auslassen, das Fleisch von allen Seiten gut darin anbraten
4 mittelgroße Zwiebeln	abziehen, würfeln, mitbräunen lassen das Fleisch mit
Salz	
Pfeffer	
10 Wacholderbeeren	
5 Pimentkörnern (Nelkenpfeffer)	
1 Gewürznelke	
1 Lorbeerblatt	
2 Messerspitzen gerebeltem Thymian	würzen etwas von
750 ml (¾ l) heißem Wasser	hinzugießen, das Fleisch gar schmoren lassen, verdampfte Flüssigkeit nach und nach ersetzen, wenn das Fleisch gar ist, das restliche Wasser hinzugießen
3 gestrichene Eßl. Weizenmehl	mit
4 Eßl. Rotwein	anrühren, das Ragout damit binden, mit Salz, Pfeffer,
Johannisbeergelee	abschmecken
Schmorzeit:	2¼ – 2¾ Stunden.
Beilage:	Kartoffelkroketten oder Salzkartoffeln, Spätzle, Rotkohl, Apfelmus mit Preiselbeerkompott.

Hirschsteak mit Sauce bearnaise

	Für die Sauce bearnaise
100 g Butter	zerlassen, etwas abkühlen lassen
1 kleine Zwiebel	abziehen, fein würfeln, mit
gehacktem Estragon	
gehacktem Basilikum	
geschrotetem, schwarzem Pfeffer	
1 Teel. Weinessig	
2 Eßl. Weißwein	zum Kochen bringen, etwa 5 Minuten kochen, etwas abkühlen lassen, mit
2 Eigelb	im Wasserbad oder auf der Automatikplatte so lange schlagen, bis die Masse dicklich ist, die etwas abgekühlte Butter darunter schlagen, mit
Salz	
Pfeffer	
Zucker	abschmecken, in heißem Wasser warm halten
4 Scheiben Ananas (aus der Dose)	abtropfen lassen
500 g Hirschrücken (ohne Knochen)	waschen, abtrocknen, enthäuten, in etwa 3 cm dicke Scheiben schneiden, leicht flachdrücken, von beiden Seiten mit
Senf	bestreichen
3 Eßl. Speiseöl	erhitzen, die Steaks von beiden Seiten darin braun braten, beide Seiten mit Salz, Pfeffer bestreuen, warm stellen
etwas Butter	zerlassen, die Ananasscheiben darin goldbraun braten, auf eine vorgewärmte Platte legen, die Steaks darauf legen, mit der Sauce bearnaise bedecken, mit
Petersilie	garnieren
Zubereitungszeit für die Soße:	Etwa 10 Minuten
Bratzeit für die Steaks:	Etwa 12 Minuten
für die Ananasscheiben:	Etwa 5 Minuten.

Rehsteaks in gehobelten Mandeln

4 Scheiben Rehfleisch (je 150 g, 2 cm dick, aus der Keule geschnitten) leicht flachklopfen, etwas zusammendrücken, mit
Salz
geriebener Muskatnuß bestreuen
das Fleisch zunächst in
etwa 2 Eßl. Weizenmehl
1 verschlagenen Ei zuletzt in
80 g gehobelten Mandeln wenden (gut festklopfen)
50 g Margarine erhitzen, das Fleisch von beiden Seiten darin braten (darauf achten, daß die Mandeln nicht zu dunkel werden), auf einer Platte anrichten
den Bratensatz mit etwas Wasser loskochen, über die Steaks verteilen

Bratzeit: 6 – 8 Minuten.
Beilage: Kartoffelkroketten, Ananasscheiben mit Preiselbeeren.

Rehblatt

1 kg Rehblatt	waschen, abtrocknen, in
1 – 2 Eßl. Weizenmehl	wenden, mit
30 g Speckscheiben	belegen
50 g Fett	erhitzen, das Fleisch von beiden Seiten gut darin anbraten, mit
Salz	bestreuen
1 Zwiebel	abziehen, würfeln, kurz miterhitzen etwas von
250 – 500 ml (¼ – ½ l) heißem Wasser	hinzugießen, das Fleisch schmoren lassen, ab und zu wenden, verdampfte Flüssigkeit nach und nach ersetzen das gare Fleisch von den Knochen lösen, auf einer vorgewärmten Platte anrichten, warm stellen den Bratensatz durch ein Sieb gießen, nach Bedarf mit Wasser auffüllen, zum Kochen bringen
etwa 1 Teel. Speisestärke	mit
etwa 1 Eßl. kaltem Wasser	anrühren, die Flüssigkeit damit binden, die Soße mit Salz abschmecken
Schmorzeit:	Etwa 2 Stunden.
Veränderung:	Das Fleisch vor dem Schmoren 3 – 4 Tage in Buttermilch legen, damit es zarter wird.

Hirschrücken

Etwa 1½ kg Hirschrücken	waschen, abtrocknen, enthäuten, mit
Salz	einreiben, mit
50 g weicher Butter	bestreichen die Hälfte von
100 g fetten Speckscheiben	in eine mit Wasser ausgespülte Rostbratpfanne legen, den Rücken darauf legen, mit den restlichen Speckscheiben belegen, die Rostbratpfanne in den vorgeheizten Backofen schieben
6 Wacholderbeeren	zerdrücken
2 Zwiebeln	abziehen, vierteln sobald der Bratensatz zu bräunen beginnt, Wacholderbeeren, Zwiebelviertel dazugeben, miterhitzen etwas von
500 ml (½ l) heißem Wasser	hinzugießen, das Fleisch braten lassen, ab und zu wenden, mit dem Bratensatz begießen, verdampfte Flüssigkeit nach und nach ersetzen etwa nach der Hälfte der Bratzeit
250 ml (¼ l) saure Sahne	über das Fleisch gießen, mitbraten lassen den garen Hirschrücken von den Knochen lösen, das Fleisch in Scheiben schneiden, auf einer vorgewärmten Platte anrichten, warm stellen
	für die Soße den Bratensatz mit Wasser loskochen (nach Belieben durch ein Sieb gießen)
2 gestrichene Eßl. Speisestärke	mit
2 Eßl. kaltem Wasser	anrühren, die Bratenflüssigkeit damit binden, die Soße mit Salz,
Zucker	
Zitronensaft	abschmecken
Strom:	200 – 210 (Rostbratpfanne auf die untere Schiene schieben)
Gas:	3½ – 4½ (Rostbratpfanne auf die mittlere Schiene schieben)
Bratzeit:	1¼ – 1½ Stunden.
Beilage:	Kartoffelklöße, Birnenhälften mit Preiselbeeren

Wildschweinkoteletts mit Äpfeln und Zwiebeln

4 Wildschweinkoteletts (je etwa 175 g)	leicht flachklopfen, mit
Salz	bestreuen
80 g Butter oder Margarine	zerlassen, die Koteletts von beiden Seiten darin anbraten
3 große Zwiebeln	abziehen
3 große Äpfel	schälen, vierteln, entkernen beide Zutaten in dünne Scheiben schneiden die Zwiebelscheiben zu dem Fleisch geben, leicht bräunen lassen, mit den Apfelscheiben auf die Koteletts legen, in der zugedeckten Pfanne etwa 10 Minuten dünsten lassen, auf einer vorgewärmten Platte anrichten, nach Belieben mit
Petersilie	garnieren
Garzeit:	15 – 20 Minuten.
Beilage:	Bratkartoffeln oder Butternudeln.

Crème fraîche-Soße

1 Becher (150 g) Crème fraîche	mit
2 Teel. geriebenem Meerrettich (frisch oder aus dem Glas)	verrühren
1 Eßl. Preiselbeerkompott	unterrühren.

Wildschweinbraten *(6 Portionen)*

1½ kg Wildschweinfleisch vom Frischling (Rücken) waschen, abtrocknen, mit
Salz einreiben, die Schwarte gitterartig einschneiden, das Fleisch mit der Schwarte nach oben in die mit
Margarine gefettete, mit Wasser ausgespülte Rostbratpfanne legen, in den vorgeheizten Backofen schieben sobald der Bratensatz bräunt, etwas von
250 ml (¼ l) Wasser
250 ml (¼ l) Rotwein hinzugießen, das Fleisch ab und zu mit dem Bratensatz begießen, verdampfte Flüssigkeit nach und nach ersetzen
1 Zwiebel abziehen, 15 Minuten vor Beendigung der Bratzeit in die Rostbratpfanne geben
das sich sammelnde Fett evtl. abschöpfen
das gare Fleisch von den Knochen lösen, in Scheiben schneiden (evtl. wieder auf das Knochengerüst legen), auf einer vorgewärmten Platte anrichten, warm stellen
den Bratensatz mit Wasser loskochen den restlichen Rotwein,
1 Eßl. Johannisbeergelee
3 Eßl. saure Sahne hinzufügen, nach Bedarf mit Wasser auffüllen, durch ein Sieb gießen, auf der Kochstelle zum Kochen bringen
1 gut gehäuften Eßl. Speisestärke mit
1 Eßl. kaltem Wasser
2 Eßl. saurer Sahne anrühren, den aufgefüllten Bratensatz damit binden, die Soße mit Salz abschmecken

Strom: 200 – 225
Gas: 3 – 4
Bratzeit: 2 – 2¼ Stunden.

Cumberlandsoße

Schale einer Apfelsine (unbehandelt) von der weißen Haut befreien, die Schale in sehr feine Streifen schneiden, in etwa 10 Minuten in
3 Eßl. Rotwein weich kochen lassen, kalt stellen
250 g Johannisbeergelee
1 – 2 Teel. Senf gut verrühren, die erkalteten Apfelsinenstreifen mit dem Rotwein hinzufügen
die Soße mit
Salz
Zitronensaft abschmecken.

Wildschweinkeule in Sahne

1 kg Wildschwein-keule (gut abgehangen)	waschen, abtrocknen, enthäuten, mit
Salz	einreiben
100 g Butter oder Margarine	zerlassen, das Fleisch von allen Seiten gut darin anbraten
2 Zwiebeln	abziehen, vierteln
2 Möhren	putzen, schrappen, waschen
1 Stück Sellerie-knolle	putzen, waschen
	beide Zutaten kleinschneiden, mit den Zwiebelvierteln zu dem Fleisch geben etwas von
250 ml (¼ l) Instant-Fleischbrühe	hinzugießen, das Fleisch schmoren lassen, von Zeit zu Zeit wenden, mit dem Bratensatz begießen, verdampfte Flüssigkeit nach und nach ersetzen
	15 Minuten vor Beendigung der Schmorzeit
1 Eßl. Tomatenmark	mit
125 – 250 ml (⅛ – ¼ l) saurer Sahne	verrühren, über das Fleisch geben, mitschmoren lassen
	das gare Fleisch in Scheiben schneiden, auf einer vorgewärmten Platte anrichten, warm stellen
	den Bratensatz durch ein Sieb gießen, das Gemüse durch ein Sieb streichen, so viel davon zum Bratensatz geben, daß die Soße gebunden ist, mit Salz,
geriebener Muskatnuß Zitronensaft Weißwein	abschmecken
500 g Pfifferlinge	putzen, waschen, abtropfen lassen
2 Zwiebeln	abziehen, würfeln
50 g Butter oder Margarine	zerlassen, die Zwiebelwürfel darin andünsten, die Pfifferlinge hinzufügen, mitdünsten lassen, mit Salz,
Pfeffer	abschmecken
	die Pfifferlinge mit dem Fleisch auf der Platte anrichten
	die Soße dazureichen, nach Belieben mit
Tomatenachteln Zitronenscheiben Petersilie	garnieren
Schmorzeit:	1½ – 2 Stunden
Dünstzeit für die Pfifferlinge:	10 – 15 Minuten.

Burgundersoße

40 g Schalotten (Zwiebeln)	abziehen, mit
kochendem Wasser	überbrühen, abtropfen lassen
2 schwach gehäufte Teel. Zucker 125 ml (⅛ l) Instant-Fleischbrühe Zitronensaft Salz	hinzufügen, die Schalotten darin glasig dünsten lassen
40 g Margarine	zerlassen
50 g Weizenmehl	unter Rühren so lange darin erhitzen, bis es fast dunkelbraun ist
250 ml (¼ l) Instant-Fleischbrühe 125 ml (⅛ l) Rotwein (Burgunder)	hinzugießen, mit einem Schneebesen durchschlagen, darauf achten, daß keine Klumpen entstehen, die Schalotten unterrühren, die Soße zum Kochen bringen, etwa 5 Minuten kochen lassen, mit
Salz Burgunder	abschmecken
Kochzeit:	Etwa 5 Minuten.
Veränderung:	Die Soße mit Thymian abschmecken.

Kaninchen-Pastete

(Im Tontopf)

1 küchenfertiges Kaninchen (etwa 1½ kg)	waschen, abtrocknen, das Filet auslösen, das übrige Fleisch von den Knochen lösen, mit
50 g Speck 2 abgezogenen, gewürfelten Zwiebeln 1 abgezogenen Knoblauchzehe	durch den Fleischwolf drehen, mit
3 Eiern gerebeltem Thymian	vermengen, mit
Salz, Pfeffer	abschmecken
	den gewässerten Tontopf mit
4 großen Scheiben fettem Speck	auslegen, die Hälfte der Fleischmasse darauf geben, das Filet auf die Fleischmasse legen, die restliche Kaninchenmasse gleichmäßig darauf verteilen, mit
einigen Scheiben fettem Speck	belegen, den Tontopf mit dem Deckel verschließen, in den vorgeheizten Backofen stellen
Strom:	200 – 225
Gas:	4 – 5
Garzeit:	Etwa 2 Stunden.
Beigabe:	Toast, Butter, Eisbergsalat.

Kaninchen in Senf-Estragonsoße

1 küchenfertiges Kaninchen (etwa 2¼ kg Rücken, Keulen, Läufe) waschen, abtrocknen, enthäuten, vom Fett befreien, Keulen und Läufe vom Rücken trennen
den Rücken in 3 – 4 Stücke schneiden
1 Bund Estragon waschen, fein hacken, mit
100 g Senf verrühren
50 g Butter in der Rostbratpfanne erhitzen
die Fleischstücke mit
Salz
Pfeffer einreiben, mit der Hälfte des Senfs von allen Seiten bestreichen, in die Rostbratpfanne legen, in den vorgeheizten Backofen schieben
nach etwa 30 Minuten Bratzeit
200 ml Weißwein
500 ml (½ l) Instant-Fleischbrühe hinzugießen, das Fleisch garen lassen
500 g Grüne Bohnen (vorbereitet gewogen) waschen, die Stiele abschneiden, evtl. die Fäden abziehen, die Bohnen mit
Bohnenkraut in
125 ml (⅛ l) kochendes Salzwasser geben, zum Kochen bringen, etwa 3 Minuten kochen lassen, mit Salz, Pfeffer würzen
jeweils 7 – 10 Bohnen mit einer von
8 – 10 dünnen Scheiben durchwachsenem Speck umwickeln, etwa 30 Minuten vor Beendigung der Garzeit des Kaninchens mit in die Rostbratpfanne legen
das gare Fleisch mit den Bohnen aus der Pfanne nehmen, auf einer vorgewärmten Platte anrichten, warm stellen
den Bratensatz durch ein Sieb gießen, um etwa die Hälfte einkochen lassen
den restlichen Senf mit
1 Teel. Zucker
1 – 2 Becher (150 – 300 g) Crème fraîche verrühren, unter den Bratensatz rühren
die Soße mit
Worcestersoße abschmecken
einen Teil der Soße über das Fleisch geben, die restliche Soße dazureichen

Strom: 200 – 225
Gas: 2 – 3
Bratzeit: Etwa 1¼ Stunden.
Beilage: Kroketten.

Hasenbraten

1 küchenfertigen Hasen (2 kg, Rücken, Keulen, Läufe)	waschen, abtrocknen, enthäuten, von allem Fett befreien Keulen und Läufe vom Rücken trennen, mit
Salz, Pfeffer gerebeltem Rosmarin	einreiben, mit
50 g weicher Butter oder Margarine	bestreichen, die Hälfte von
125 g fetten Speckscheiben	in eine mit Wasser ausgespülte Rostbratpfanne legen, darauf Keulen und Läufe geben, mit Speckscheiben bedecken (einige für den Rücken zurücklassen)
1 mittelgroße Zwiebel	abziehen
1 mittelgroße Möhre	schrappen, waschen beide Zutaten kleinschneiden, mit
1 Lorbeerblatt 10 zerdrückten Wacholderbeeren 5 Pimentkörnern	hinzufügen, in den vorgeheizten Backofen schieben den Rücken erst nach 15 Minuten Bratzeit dazulegen sobald der Bratensatz bräunt, etwas von
250 ml (¼ l) heißem Wasser	hinzugießen, das Fleisch ab und zu mit dem Bratensatz begießen, verdampfte Flüssigkeit nach und nach ersetzen
1 Becher (150 g) saure Sahne	mit
5 Eßl. Dosenmilch	verrühren 10 Minuten vor Beendigung der Bratzeit den Hasen damit begießen das gare Fleisch auf einer vorgewärmten Platte anrichten, warm stellen den Bratensatz mit Wasser loskochen, durch ein Sieb gießen, mit Wasser auf 500 ml (½ l) auffüllen, auf der Kochstelle zum Kochen bringen
2 schwach gehäufte Eßl. Speisestärke	mit
2 Eßl. kaltem Wasser	anrühren, den aufgefüllten Bratensatz damit binden, die Soße mit Salz, Pfeffer abschmecken
Strom:	200 – 225
Gas:	3 – 4
Bratzeit:	Etwa 1½ Stunden (je nach Alter des Tieres).

Gefüllte Rebhühner

4 küchenfertige Rebhühner (je etwa 250 g)	waschen, abtrocknen
	für die Füllung
300 g Bratwurstmasse	mit
2 Eßl. gehackter Petersilie	
3 Eßl. Sherry	vermengen die Rebhühner innen mit
Salz gemahlenem Salbei	einreiben, die Füllung hineingeben, die Öffnung zunähen die Rebhühner außen mit Salz,
Pfeffer	würzen
750 g Sauerkraut (aus der Dose)	mit einer Gabel lockerzupfen, mit Salz,
1 abgezogenen, gewürfelten Zwiebel 4 Wacholderbeeren 1 Lorbeerblatt Zucker	vermengen eine feuerfeste Form mit
Butter	fetten, das Sauerkraut hineingeben
4 – 6 Eßl. Weißwein	hinzufügen, die Rebhühner darauf legen, mit
75 g fetten Speckscheiben	belegen die Form ohne Deckel in den vorgeheizten Backofen stellen die Rebhühner während des Bratens ab und zu mit
1 Eßl. zerlassenem Butterschmalz	beträufeln
250 g blaue Weintrauben	waschen, abtrocknen, halbieren, entkernen, etwa 10 Minuten vor Beendigung der Garzeit auf das Sauerkraut geben die garen Rebhühner von den Fäden befreien, halbieren, auf einer vorgewärmten Platte auf dem Weinkraut anrichten
Strom:	225 – 250
Gas:	4 – 5
Bratzeit:	Etwa 50 Minuten.

Apfelsinen-Mayonnaise

1 Eigelb	mit
1 Teel. mildem Senf	
1 Eßl. Zitronensaft	verrühren, darunter eßlöffelweise
125 ml (⅛ l) Speiseöl	schlagen
2 Apfelsinen	schälen, die Apfelsinenspalten enthäuten, fein schneiden, unterrühren, mit
Salz, Zucker	abschmecken, evtl.
etwas Apfelsinensaft	unterrühren.

Fasan vom Grillspieß mit Bratäpfeln

2 küchenfertige Fasane (je etwa 1 kg)	waschen, abtrocknen, innen mit
Salz Zwiebelpulver 6 – 8 zerdrückten Wacholderbeeren	einreiben
	die Fasane hintereinander auf den Grillspieß stecken, in den vorgeheizten Grill setzen
Grillzeit:	Etwa 45 Minuten
	für die Bratäpfel
4 Äpfel	waschen, abtrocknen, von jedem Apfel einen Deckel abschneiden, die Äpfel in eine flache, mit
Butter	gefettete Auflaufform setzen, in den Backofen schieben
	die garen Fasane mit den Äpfeln auf einer Platte anrichten
	auf jeden Apfel einen Eßl. von
4 Eßl. Preiselbeerkompott	geben, die Fasane mit
blauen Weintrauben Petersilie	garnieren
Strom:	200 – 225
Gas:	3 – 4
Backzeit:	35 – 45 Minuten.

Geflügel

1. Das Geflügel sauber rupfen, sengen, ausnehmen, waschen.
2. Zum Braten das Geflügel abtrocknen, evtl. binden (Keulen und Flügel fest an den Körper drücken), damit es saftiger bleibt und sich besser zerlegen läßt.
3. Soll das Geflügel gefüllt werden, die Füllung in das Innere geben, die Öffnung anschließend mit einem Holzstäbchen zustecken.
4. Mageres Geflügel mit Fett bestreichen oder mit Speckscheiben belegen.
5. Fettes Geflügel während des Bratens ab und zu unterhalb der Flügel und Keulen einstechen, damit das Fett besser ausbraten kann (evtl. das Fett abschöpfen).
6. Damit die Haut schön kroß wird, das Geflügel 10 Minuten vor Beendigung der Bratzeit mit Salzwasser bestreichen.

Gekochtes Huhn

1 küchenfertiges Suppenhuhn (etwa 1¼ kg)	waschen, zusammen mit Herz, aufgeschnittenem, gesäubertem Magen, Hals in
2½ l kochendes Salzwasser	geben, zum Kochen bringen, abschäumen
1 Bund Suppengrün	putzen, waschen, hinzufügen, das Huhn gar kochen lassen (Huhn muß während des Kochens mit Flüssigkeit bedeckt sein, verkochte Flüssigkeit durch heißes Wasser ersetzen) das gare Huhn aus der Brühe nehmen, das Fleisch von den Knochen lösen, die Haut entfernen, das Fleisch in Stücke schneiden
Kochzeit:	2 – 2½ Stunden.
Veränderung:	Anstelle des Suppenhuhns 1 Poularde verwenden, Kochzeit: 40 – 45 Minuten.

Mandarinen-Soße

Etwa 75 g Mandarinenspalten (aus der Dose)	abtropfen lassen, sehr klein schneiden
1 Eigelb	mit
1 Eßl. Dosenmilch	
1 Teel. Zitronensaft	
Salz	
Zucker	verrühren, darunter eßlöffelweise
125 ml (⅛ l) Speiseöl	schlagen, mit den Mandarinen,
¼ Teel. Currypulver	
25 g abgezogenen, gehackten Mandeln	verrühren.

Hühnercurry

1 küchenfertiges Huhn (etwa 1 kg)	waschen, abtrocknen
1 Bund Suppengrün	putzen, waschen, kleinschneiden das Huhn mit dem Suppengrün in
1½ – 2 l kochendes Salzwasser	geben, zum Kochen bringen, gar kochen lassen das Fleisch von den Knochen lösen, in Streifen schneiden die Brühe durch ein Sieb gießen, 500 ml (½ l) davon abmessen
2 Möhren	putzen, schrappen
1 Stück Sellerie	putzen, schälen beide Zutaten waschen, in kleine Würfel schneiden
1 Stange Porree	putzen, waschen, in feine Streifen schneiden
1 Zwiebel	abziehen, würfeln
40 g Margarine	zerlassen, das Gemüse etwa 10 Minuten darin dünsten lassen
1½ Eßl. Currypulver	dazugeben, kurz durchdünsten das Hühnerfleisch in dem Gemüse erhitzen, die Hühnerbrühe hinzugießen, zum Kochen bringen
3 Scheiben Ananas (aus der Dose)	abtropfen lassen
1 Banane	schälen
1 Apfel	schälen, halbieren, entkernen das Obst in kleine Stücke schneiden, zu dem Curryfleisch geben, 3 – 5 Minuten ziehen lassen, mit
Salz	
Zucker	abschmecken
Garzeit:	Etwa 1½ Stunden.
Beilage:	Butterreis, Grüner Salat.

Schnelles Hähnchen

(Im Tontopf)

1 küchenfertiges Hähnchen (etwa 1 kg)	waschen, abtrocknen, in 4 Portionsstücke schneiden, mit
Salz	einreiben
2 große Zwiebeln	abziehen, würfeln, mit den Fleischstücken in den gewässerten Tontopf geben
200 g Langkornreis	über das Fleisch geben
1 l heiße Instant-Fleischbrühe	mit
1 Eßl. Tomatenmark	
1 Teel. Paprika edelsüß	verrühren, über den Reis gießen den Tontopf mit dem Deckel verschließen, in den Backofen stellen
Strom:	200 – 225
Gas:	4 – 5
Garzeit:	Etwa 50 Minuten.

Hühnerfrikassee

1 küchenfertiges Suppenhuhn (etwa 1,2 kg)	waschen, in
2 l kochendes Salzwasser	geben, zum Kochen bringen, abschäumen
1 Bund Suppengrün	putzen, waschen
1 mittelgroße Zwiebel	abziehen, mit
1 Lorbeerblatt	
1 Gewürznelke	spicken die Zutaten hinzufügen, das Huhn gar kochen lassen (Huhn muß während des Kochens mit Flüssigkeit bedeckt sein, verkochte Flüssigkeit durch heißes Wasser ersetzen) das gare Huhn aus der Brühe nehmen, sie durch ein Sieb gießen, 1 l davon abmessen das Fleisch von den Knochen lösen, die Haut entfernen, das Fleisch evtl. etwas kleinschneiden, in der restlichen Brühe warm halten
	für die Soße
60 g Butter oder Margarine	zerlassen
70 g Weizenmehl	unter Rühren so lange darin erhitzen, bis es hellgelb ist
1 l Hühnerbrühe	hinzugießen, mit einem Schneebesen durchschlagen, darauf achten, daß keine Klumpen entstehen, zum Kochen bringen, etwa 10 Minuten kochen lassen
175 g gekochte Spargelstücke	
150 g gedünstete Champignons	beide Zutaten gut abtropfen lassen, mit dem abgetropften Fleisch in die Soße geben, kurz aufkochen lassen
2 Eigelb	mit
4 Eßl. kalter Milch	verschlagen, das Frikassee damit abziehen (nicht mehr kochen lassen), mit
Salz	
Pfeffer	
Zitronensaft	abschmecken
Kochzeit:	2 – 2½ Stunden (je nach Alter des Tieres).
Beilage:	Reis (Reisring).

Gebratene Poularde

(Im Backofen)

1 küchenfertige Poularde (etwa 1,2 kg)	waschen, abtrocknen
2 Eßl. Speiseöl	mit
½ Teel. Paprika edelsüß	
¼ Teel. Currypulver	
Salz	
Pfeffer	verrühren, die Poularde innen und außen damit einreiben, in eine mit Wasser ausgespülte Rostbratpfanne legen, in den Backofen schieben sobald der Bratensatz bräunt, etwas von
375 ml (⅜ l) heißem Wasser	hinzugießen, die Poularde ab und zu mit dem Bratensatz begießen, verdampfte Flüssigkeit nach und nach ersetzen die gare Poularde in Portionsstücke teilen, auf einer vorgewärmten Platte anrichten, warm stellen den Bratensatz mit Wasser loskochen, durch ein Sieb gießen, mit Wasser auf 375 ml (⅜ l) auffüllen, auf der Kochstelle zum Kochen bringen
1 gestrichenen Eßl. Speisestärke	mit
2 Eßl. kaltem Wasser	anrühren, den aufgefüllten Bratensatz damit binden, die Soße mit Salz, Pfeffer abschmecken
Strom:	200 – 225
Gas:	3 – 4
Bratzeit:	40 – 45 Minuten.
Veränderung:	Anstelle der Poularde 2 Brathähnchen verwenden, Bratzeit: 30 – 35 Minuten.

Backhendl

1 küchenfertiges Hähnchen (etwa 1 kg)	waschen, abtrocknen, in 8 Portionsstücke teilen
1 Ei	mit
Pfeffer	
Paprika edelsüß	
1 gestrichenen Teel. Salz	verschlagen, die Hähnchenstücke darin wenden, rundum fest in
Semmelmehl	drücken
Fritierfett	in der Friteuse auf 180 – 190 Grad erhitzen, die Hähnchenstücke darin goldbraun ausbacken, auf Haushaltspapier abtropfen lassen das Backhendl heiß oder kalt servieren
Fritierzeit:	Etwa 10 Minuten.
Beigabe:	Kartoffelsalat.

Gebratenes Huhn oder Hähnchen

(Im Brattopf – 2 Portionen)

1 küchenfertiges junges Huhn oder Hähnchen	waschen, abtrocknen, innen und außen mit
Salz	einreiben, mit
60 – 80 g Speckscheiben	umwickeln
60 g Margarine	erhitzen, das Huhn (Hähnchen) von allen Seiten gut darin anbraten, nach Bedarf heißes Wasser hinzufügen, das Huhn braten lassen, ab und zu wenden, verdampfte Flüssigkeit nach und nach ersetzen, das gare Huhn auf einer vorgewärmten Platte anrichten, warm stellen den Bratensatz mit
3 Eßl. saurer Sahne	loskochen, nach Bedarf mit Wasser auffüllen, zum Kochen bringen
2 gestrichene Eßl. Weizenmehl	mit
etwa 3 Eßl. kaltem Wasser	anrühren, die Flüssigkeit damit binden, die Soße mit Salz abschmecken
Bratzeit:	45 – 60 Minuten.

Fritierte Hähnchenbrust mit Currysahne

	Für die Currysahne
4 Eßl. Mayonnaise	mit
4 Eßl. saurer Sahne	
1 – 2 Teel. Currypulver	
2 Spritzern Worcestersoße	
8 gefüllten, feingehackten Oliven	
1 Eßl. feingeschnittenem Schnittlauch	verrühren, mit
Salz	
Pfeffer	abschmecken
6 Hähnchenbrustfilets (etwa 600 g)	waschen, abtrocknen, mit Salz, Pfeffer würzen, zuerst in
1½ Eßl. Weizenmehl	wenden, durch
1 verschlagenes Ei	ziehen, dann in
60 g Semmelmehl	wenden, kurze Zeit kalt stellen
Fritierfett	in der Friteuse auf 180 Grad erhitzen, die Hähnchenbrustfilets darin goldbraun ausbacken, auf Haushaltspapier abtropfen lassen, mit
Tomatenachteln	
Brunnenkresse	garnieren, sofort mit der Currysahne servieren
Fritierzeit:	Etwa 4 Minuten.
Beigabe:	Toast, Salat.

Hähnchenbrust in Marsalasoße *(2 – 3 Portionen)*

2 – 3 Hähnchen-brustfilets	waschen, abtrocknen, mit
Pfeffer	
gerebeltem oder gehacktem Salbei	einreiben
	jedes Filet in eine von
2 – 3 dünnen Scheiben rohen Schinken	wickeln, mit Holzstäbchen feststecken
2 Eßl. Butterschmalz	erhitzen, die Hähnchenbrustfilets darin von beiden Seiten braten, herausnehmen, warm stellen
	den Bratensatz mit
3 – 4 Eßl. Marsala	loskochen
1 Becher (150 g) Crème fraîche	unterrühren, kurz aufkochen lassen
	die Soße mit
Salz	abschmecken
	die Hähnchenbrustfilets von den Holzstäbchen befreien, in die Marsalasoße geben, etwa 2 Minuten erhitzen
Bratzeit:	10 – 15 Minuten.
Beilage:	Risotto, Feldsalat.

Curryhähnchen mit Bananen

(In Alufolie)

1 küchenfertiges Hähnchen (etwa 750 g)	waschen, abtrocknen
	für die Füllung
1 Apfel (etwa 125 g)	schälen, das Kerngehäuse mit einem Apfelausstecher ausstechen, den Apfel in dünne Scheiben schneiden
1 Banane	schälen, in dünne Scheiben schneiden das Obst mit
½ gestrichenen Teel. Currypulver Zucker Salz	würzen das Hähnchen innen und außen mit Salz bestreuen, mit dem Obst füllen, zunähen, Keulen und Flügel mit einem Faden am Rumpf festbinden ein Sück Alufolie extrastark dünn mit
Speiseöl	bestreichen, das Hähnchen locker, aber dicht darin einpacken das Paket auf dem Rost in die Mitte des vorgeheizten Backofens schieben, garen lassen die Folie etwa 15 Minuten vor Beendigung der Garzeit öffnen
1½ Eßl. Honig	mit
½ gestrichenem Teel. Currypulver	verrühren, das Hähnchen mehrere Male damit bestreichen, einmal wenden, das gare Hähnchen aus der Folie nehmen, die Fäden lösen, die Füllung herausnehmen das Hähnchen in Portionsstücke schneiden, zusammen mit der Füllung auf einer vorgewärmten Platte anrichten
2 Bananen	schälen, längs halbieren
1 Eßl. Butter	zerlassen, die Bananenhälften darin von beiden Seiten braten den Bratensatz aus der Folie hinzufügen, die Bananen mehrere Male damit begießen, auf der Fleischplatte anrichten
Strom:	Etwa 250
Gas:	6 – 7
Garzeit:	60 – 70 Minuten.
Beilage:	Curryreis, Salat.

Mayonnaise indisch

1 kleinen Apfel (z. B. Cox-Orange)	schälen, bis zum Kerngehäuse abreiben, mit
100 g Mayonnaise 1 Eßl. feingeschnittenem Mango-Chutney (aus dem Glas) 1 Teel. Currypulver	verrühren.

Hähnchen

(Am Spieß)

2 küchenfertige Hähnchen (etwa 1 kg)	waschen, abtrocknen, innen mit
Geflügel-Würze	einreiben, Flügel und Keulen mit Küchengarn am Rumpf festbinden die Hähnchen auf den Drehspieß schieben, mit den Haltegabeln befestigen
2 Eßl. Speiseöl	mit
Salz Paprika edelsüß	verrühren, die Hähnchen damit bestreichen den Drehspieß unter den vorgeheizten Grill hängen, die Hähnchen während des Grillens mit dem herabgetropften Fett aus der Grillpfanne bestreichen
Grillzeit	
Strom:	Etwa 45 Minuten
Gas:	Etwa 55 Minuten.
Beigabe:	Weißbrot, gemischter Salat.

Gemüsehähnchen

1 grüne Paprikaschote	halbieren, entstielen, entkernen, die weißen Scheidewände entfernen, die Schote waschen, in Streifen schneiden
250 g Tomaten	kurze Zeit in kochendes Wasser legen (nicht kochen lassen), in kaltem Wasser abschrecken, enthäuten, die Stengelansätze entfernen, die Tomaten vierteln
2 große Zwiebeln	abziehen, würfeln
50 g Schweineschmalz	zerlassen, die Zwiebelwürfel darin andünsten, das übrige Gemüse hinzufügen, mitdünsten lassen, mit
1 – 2 Eßl. Paprika edelsüß	abschmecken
1 küchenfertiges Hähnchen (etwa 1 kg)	waschen, gut abtrocknen, halbieren, mit
Salz	einreiben, auf das Gemüse legen
250 ml (¼ l) heißes Wasser	hinzugießen, schmoren lassen, etwa 10 Minuten vor Beendigung der Schmorzeit
125 ml (⅛ l) saure Sahne	über das Fleisch gießen, mitschmoren lassen die garen Fleischstücke in eine vorgewärmte Schüssel legen
2 Eßl. Weizenmehl	mit
3 Eßl. kaltem Wasser	anrühren, das Gemüse damit binden, mit Salz,
Zucker	abschmecken, über das Fleisch geben
Schmorzeit:	Etwa 45 Minuten.

Geschmorte Poularde

1 küchenfertige Poularde (etwa 1¼ kg)	waschen, abtrocknen, in Portionsstücke schneiden, mit
Salz	
Paprika edelsüß	einreiben
2–3 Eßl. Speiseöl	erhitzen, die Fleischstücke von allen Seiten gut darin anbraten
1 Zwiebel	
1 Knoblauchzehe	beide Zutaten abziehen, fein würfeln, miterhitzen etwas von
375 ml (⅜ l) heißem Wasser	hinzugießen, das Fleisch schmoren lassen, von Zeit zu Zeit wenden, verdampfte Flüssigkeit nach und nach ersetzen die garen Poulardenstücke herausnehmen, warm stellen den Bratensatz mit dem restlichen Wasser auf 375 ml (⅜ l) auffüllen
70 g Tomatenmark (aus der Dose)	
1 Eßl. Paprika edelsüß	
1 Teel. Rosenpaprika	
½ Teel. gerebelten Majoran	unterrühren, zum Kochen bringen
3 Eßl. saure Sahne	mit
1 Eßl. Speisestärke	anrühren, den aufgefüllten Bratensatz damit binden, mit Salz abschmecken die Poulardenstücke in die Soße geben, kurz erhitzen
Schmorzeit:	35–40 Minuten.
Beilage:	Nudeln oder Reis.

Geflügelschaschlik

500 g Hühnerbrustfilets	waschen, abtrocknen
100 g durchwachsener Speck	beide Zutaten in etwa 2 cm große Würfel schneiden
2–3 Scheiben Ananas (aus der Dose)	abtropfen lassen, in nicht zu kleine Stücke schneiden, das Fleisch mit
Salz, Pfeffer	würzen, abwechselnd mit den Speckwürfeln, den Ananasstücken auf Spieße stecken
3 Eßl. Margarine	in einer Bratpfanne zerlassen, die Fleischspieße von allen Seiten darin goldbraun braten, auf einer vorgewärmten Platte anrichten
Bratzeit:	Etwa 8 Minuten.

Würzige Poulardenkeulen

4 Poulardenkeulen	waschen, abtrocknen, mit
Salz, Pfeffer	
Paprika edelsüß	einreiben, in
Weizenmehl	wenden
2 Eßl. Speiseöl	in einer Pfanne erhitzen, die Poulardenkeulen von beiden Seiten gut darin anbraten, herausnehmen, auf eine mit Wasser ausgespülte Rostbratpfanne legen, in den vorgeheizten Backofen schieben
Strom:	Etwa 225
Gas:	Etwa 4
Bratzeit:	Etwa 25 Minuten
	für die Soße
50 – 75 g durchwachsenen Speck	in Würfel schneiden
1 Zwiebel	abziehen, vierteln
	beide Zutaten im Bratfett glasig dünsten lassen
250 g Steinpilze	putzen, abspülen, abtropfen lassen, in Scheiben schneiden, hinzufügen, mit
Salz, Pfeffer	würzen
½ Teel. gerebelten Thymian	
1 Eßl. Tomatenmark (aus der Tube)	unterrühren, die Pilze etwa 5 Minuten dünsten lassen
125 ml (⅛ l) Instant-Fleischbrühe	hinzugießen, zum Kochen bringen, weitere 5 Minuten dünsten lassen
125 ml (⅛ l) Sahne	unterrühren, die Soße erhitzen, mit Salz, Pfeffer abschmecken, mit den garen Poulardenkeulen in einer vorgewärmten Schüssel anrichten
Garzeit für die Soße:	Etwa 15 Minuten.
Beilage:	Petersilienkartoffeln, Eisbergsalat.

Pikantes Schmorhähnchen

1 küchenfertiges Hähnchen (etwa 1 kg)	waschen, abtrocknen, in Portionsstücke schneiden, mit
Salz	einreiben
4 Eßl. Olivenöl	erhitzen, die Fleischstücke von allen Seiten gut darin anbraten
2 – 3 große Zwiebeln	abziehen, würfeln
4 große Tomaten	kurze Zeit in kochendes Wasser legen, in kaltem Wasser abschrecken, enthäuten, die Stengelansätze entfernen, die Tomaten in Scheiben schneiden
1 großen Apfel	schälen, vierteln, entkernen, raspeln
1 Knoblauchzehe	abziehen, fein würfeln
	die Zutaten zu dem Hähnchen geben, miterhitzen
	nach etwa 10 Minuten

125 ml (⅛ l) Weißwein	hinzugießen, das Hähnchen in etwa 35 Minuten gar schmoren lassen die Fleischstücke auf eine vorgewärmte Platte legen, warm stellen
1 – 2 gestrichene Teel. Speisestärke	mit
1 Eßl. Weißwein	anrühren, die Schmorflüssigkeit damit binden die Soße mit Salz,
Weißwein Zucker gemahlenem Zimt	süß-säuerlich abschmecken, über das Fleisch verteilen oder getrennt dazureichen
4 Äpfel	waschen (nach Belieben schälen), das Kerngehäuse mit einem Apfelausstecher entfernen, in gut 1 cm dicke Ringe schneiden, in
zerlassener Butter	weich dünsten lassen, um das Fleisch legen, mit
Petersilie	garnieren
Schmorzeit:	Etwa 45 Minuten.
Beilage:	Butterkartoffeln, Selleriesalat.

Hähnchen mit Champignons

1 küchenfertiges Hähnchen (etwa 1 kg)	waschen, abtrocknen, in Portionsstücke schneiden, mit
Salz	einreiben
50 g mageren, durchwachsenen Speck	in Würfel schneiden, in einer Auflaufform auslassen
Butter oder Margarine	dazugeben die Fleischstücke von allen Seiten gut darin anbraten
2 große Zwiebeln	abziehen, würfeln
250 g Champignons	putzen, waschen, in Scheiben schneiden, zu dem Fleisch geben, kurze Zeit miterhitzen
500 g rohe Kartoffeln (vorbereitet gewogen)	waschen, in Würfel schneiden, über das Fleisch-Gemüse verteilen, mit Salz bestreuen alle Zutaten etwa 20 Minuten in der geschlossenen Auflaufform schmoren lassen
250 ml (¼ l) Instant-Fleischbrühe 125 ml (⅛ l) saure Sahne	hinzugießen, etwa 10 Minuten schmoren lassen
3 Teel. Speisestärke	mit
1 Eßl. kaltem Wasser	anrühren, die Schmorflüssigkeit damit binden, die Soße mit Salz,
Pfeffer	abschmecken
Schmorzeit:	Etwa 30 Minuten.

Geflügelkeulen mit geschmorten Möhren

750 g Möhren	putzen, schrappen, waschen, in etwa ½ cm breite Stifte schneiden
4 Hühnerkeulen (etwa 800 g)	waschen, abtrocknen, mit
Salz Pfeffer Paprika edelsüß	einreiben
3 Eßl. Margarine	zerlassen, das Fleisch von allen Seiten gut darin anbraten
3 Zwiebeln	abziehen, in Scheiben schneiden, dazugeben, miterhitzen, die Möhren hinzufügen, mit Salz, Pfeffer würzen
125 ml (⅛ l) heißes Wasser	hinzugießen, das Gericht schmoren lassen, ab und zu durchrühren die garen Hühnerkeulen auf eine vorgewärmte Platte legen, warm stellen
125 ml (⅛ l) heißes Wasser	zu dem Gemüse gießen, aufkochen lassen
1 gehäuften Teel. Speisestärke	mit
1 Eßl. kaltem Wasser	anrühren, das Gemüse damit binden, mit Salz, Pfeffer abschmecken, über die Hühnerkeulen geben, mit
1 Eßl. gehackter Petersilie	bestreuen
Schmorzeit:	Etwa 30 Minuten.
Beilage:	Salzkartoffeln.

Geflügelgeschnetzeltes in Sahnesoße

500 g Hühnerbrustfilets	waschen, abtrocknen, in dünne Scheiben schneiden, mit
Salz Pfeffer Paprika edelsüß	bestreuen
30 g Butter oder Margarine	zerlassen, das Fleisch in etwa 7 Minuten darin goldbraun braten
30 g Weizenmehl	darüber stäuben, unter Rühren durchdünsten lassen
150 g Champignons (aus der Dose)	abtropfen lassen, in Scheiben schneiden, die Flüssigkeit auffangen, mit Wasser auf 250 ml (¼ l) ergänzen, zu dem Fleisch geben, unter Rühren aufkochen lassen die Champignonscheiben,
125 ml (⅛ l) Sahne	dazugeben, zum Kochen bringen, 5 Minuten kochen lassen, kräftig mit Salz, Pfeffer, Paprika abschmecken
Garzeit:	15 – 20 Minuten.
Beilage:	Salzkartoffeln, Salate.

Gänsebrust mit Orangensoße

(Abb. nebenstehend)

1 kg Gänsebrust (mit Knochen)	waschen, abtrocknen, mit
Salz	
Pfeffer	einreiben, mit dem Knochen nach unten in einen Bratentopf legen, auf dem Rost in den Backofen schieben nach 30 Minuten Bratzeit das sich angesammelte Fett abgießen
2 Möhren	putzen, schrappen
1 Stück Sellerieknolle	putzen, schälen die Zutaten waschen, in den Bratentopf geben, kurz mitbraten lassen etwas von
500 ml (½ l) heißem Wasser	hinzugießen, das Fleisch schmoren lassen, von Zeit zu Zeit wenden, verdampfte Flüssigkeit nach und nach ersetzen kurz vor Beendigung der Schmorzeit das Fleisch mit dem
Saft von 2 Orangen	übergießen das gare Fleisch vom Knochen lösen, in Scheiben schneiden, auf einer vorgewärmten Platte anrichten, warm stellen den Bratensatz durch ein Sieb gießen, mit Wasser auf 500 ml (½ l) auffüllen, auf der Kochstelle zum Kochen bringen
1 Eßl. Speisestärke	mit
2 Eßl. kaltem Wasser	anrühren, den aufgefüllten Bratensatz damit binden, die Soße mit Salz, Pfeffer abschmecken
Strom:	200 – 225
Gas:	4 – 5
Schmorzeit:	2 – 2½ Stunden (je nach Alter des Tieres).

Gänseschenkel in Schmorkraut

2 Gänseschenkel	waschen, abtrocknen, mit
Salz	einreiben
2 kg Weißkohl	von den schlechten äußeren Blättern befreien, den Kohl vierteln, den Strunk herausschneiden, waschen, abtropfen lassen, in feine Streifen schneiden
2 große Zwiebeln	abziehen, würfeln
30 g Schweineschmalz	zerlassen, die Gänseschenkel von allen Seiten gut darin anbraten, die Zwiebelwürfel hinzufügen, mitbräunen lassen
250 ml (¼ l) heißes Wasser	hinzugießen, den Kohl dazugeben, mit Salz würzen, gar schmoren lassen

	das Fleisch von den Knochen lösen, in eine vorgewärmte Schüssel legen den Kohl mit Salz,
Zucker	
Essig	abschmecken, zu dem Fleisch geben
Schmorzeit:	Etwa 2 Stunden.
Beilage:	Salzkartoffeln.

Gebratene Gans

(8 Portionen)

1 küchenfertige Gans (etwa 3,5 kg)	waschen, abtrocknen, Keulen und Flügel mit einem Bindfaden am Rumpf befestigen, die Gans von innen und außen mit
Salz	einreiben soll die Gans gefüllt werden, die Füllung in das Innere geben, die Öffnung zunähen die Gans mit dem Rücken nach unten in die mit Wasser ausgespülte Rostbratpfanne legen, in den Backofen schieben während des Bratens ab und zu unterhalb der Flügel und Keulen in die Gans stechen, damit das Fett besser ausbraten kann das sich sammelnde Fett hin und wieder abschöpfen sobald der Bratensatz bräunt, zunächst 125 ml (⅛ l) von
500 ml (½ l) heißem Wasser	hinzugießen, die Gans ab und zu mit dem Bratensatz begießen, verdampfte Flüssigkeit nach und nach ersetzen 10 Minuten vor Beendigung der Bratzeit die Gans mit
kaltem Salzwasser	bestreichen, die Hitze auf stark stellen, damit die Haut schön kroß wird die gare Gans auf einer vorgewärmten Platte anrichten (Fäden herausziehen, Füllung herausnehmen, zerteilen), warm stellen, den Bratensatz mit Wasser loskochen, nach Bedarf mit Wasser auffüllen, auf der Kochstelle zum Kochen bringen
2 – 3 gestrichene Eßl. Weizenmehl	mit
3 Eßl. kaltem Wasser	anrühren, den aufgefüllten Bratensatz damit binden, die Soße mit Salz abschmecken
Strom:	200 – 225
Gas:	4 – 5
Bratzeit:	2½ – 3 Stunden.
Beilage:	Rotkohl, Apfelmus, Kartoffelklöße.
Füllungen: 1.	1 kg Äpfel, gewaschen, nicht geschält, aber entkernt.
2.	500 g geschälte, entkernte, in Scheiben geschnittene Äpfel mit 500 g eingeweichten, entsteinten Backpflaumen, etwas Zucker und Semmelmehl gemischt.

Putenrollbraten

Etwa 750 g küchenfertigen Putenrollbraten waschen, abtrocknen, mit
Salz, Pfeffer
Paprika edelsüß einreiben
2 Zwiebeln abziehen, vierteln
100 g durchwachsenen Speck in Streifen schneiden
2 Eßl. Butterschmalz erhitzen, den Putenrollbraten von allen Seiten darin anbraten
die Zwiebelviertel, die Speckstreifen hinzufügen, mitbräunen lassen
etwas von
250 – 500 ml (¼ – ½ l) heißem Wasser hinzugießen, das Fleisch schmoren lassen, ab und zu wenden, mit dem Bratensatz begießen, verdampfte Flüssigkeit nach und nach ersetzen
das gare Fleisch in Scheiben schneiden, auf einer vorgewärmten Platte anrichten, warm stellen
den Bratensatz mit dem restlichen Wasser loskochen, durch ein Sieb gießen, nach Belieben die Speckstreifen zu dem Putenfleisch geben
den aufgefüllten Bratensatz zum Kochen bringen
1 Teel. Speisestärke mit
1 Eßl. kaltem Wasser anrühren, die Flüssigkeit damit binden, die Soße mit Salz, Pfeffer abschmecken, etwas davon über das Fleisch geben, die restliche Soße dazureichen

Schmorzeit: Etwa 1 Stunde.
Beilage: Butternudeln oder Salzkartoffeln.
Veränderung: 3 – 4 Aprikosenhälften (aus der Dose) durch ein Sieb streichen, mit 2 Teel. Aprikosenkonfitüre unter die Soße rühren, die Soße mit abgeriebener Apfelsinenschale (unbehandelt), Ingwerpulver abschmecken. Die restlichen Aprikosenhälften erhitzen, zu dem Putenrollbraten reichen.

Gebratene Pute

(8 Portionen)

1 küchenfertige Pute (etwa 3,2 kg) waschen, abtrocknen, innen mit
Salz einreiben, mit dem Rücken nach unten auf den Rost auf eine mit Wasser ausgespülte Rostbratpfanne legen, auf die untere Schiene in den vorgeheizten Backofen schieben
sobald der Bratensatz bräunt, etwas von
750 ml (¾ l) heißem Wasser hinzugießen, die Pute ab und zu mit dem Bratensatz begießen

	verdampfte Flüssigkeit nach und nach ersetzen
	10 Minuten vor Beendigung der Bratzeit die Pute mit
kaltem Salzwasser	bestreichen, die Hitze auf stark stellen, damit die Haut schön kroß wird
	die gare Pute in Portionsstücke schneiden, auf einer vorgewärmten Platte anrichten, warm stellen
	den Bratensatz mit Wasser loskochen, durch ein Sieb gießen, mit Wasser auf 500 ml (½ l) auffüllen, auf der Kochstelle zum Kochen bringen
1 gestrichenen Eßl. Speisestärke	mit
2 Eßl. kaltem Wasser	anrühren, den aufgefüllten Bratensatz damit binden, die Soße mit Salz,
Pfeffer	abschmecken
Strom:	200 – 225
Gas:	3 – 4
Bratzeit:	Etwa 2½ Stunden.
Beilage:	Rosenkohl, in Butter geschwenkt, Salzkartoffeln.

Ente mit Apfelsinen

1 küchenfertige Ente (1½ – 2 kg)	waschen, abtrocknen, innen und außen mit
Salz	einreiben, innen mit
Majoran	bestreuen
	für die Füllung
500 g Äpfel	schälen, vierteln, entkernen, in feine Scheiben schneiden
50 g Rosinen	verlesen
50 g Zucker	
	die Zutaten vermengen, die Ente damit füllen, zunähen, Keulen und Flügel mit Küchengarn am Rumpf festbinden, die Ente mit dem Rücken nach unten auf den Rost auf eine mit Wasser ausgespülte Rostbratpfanne legen, auf die untere Schiene in den Backofen schieben
	während des Bratens ab und zu unterhalb der Flügel und Keulen in die Ente stechen, damit das Fett besser ausbraten kann (evtl. Fett abschöpfen)
	sobald der Bratensatz bräunt, etwas von
500 ml (½ l) heißem Wasser	hinzugießen, die Ente ab und zu mit dem Bratensatz begießen, verdampfte Flüssigkeit nach und nach ersetzen
	kurz bevor die Ente gar ist, von
50 g Butter	etwas in einer Pfanne zerlassen
50 g abgezogene Mandeln	darin goldgelb rösten, aus der Pfanne nehmen
250 g gekochten Langkornreis	hineingeben, die restliche Butter hinzufügen, den Reis unter häufigem Wenden darin heiß werden lassen
	die gare Ente von den Fäden befreien, die Füllung herausnehmen, die Ente in Portionsstücke schneiden, in die Mitte einer vorgewärmten Platte die Füllung geben, die Fleischstücke darauf legen, den Reis rundherum schichten
	einen Kranz von
Apfelsinenspalten	darum legen, alles mit den Mandeln bestreuen, warm stellen
etwas Apfelsinen-schale (unbehandelt)	in feine Streifen schneiden, mit
1 schwach gehäuften Eßl. Zucker	
2 Eßl. Wasser	zum Kochen bringen, die Apfelsinenstreifen weich kochen lassen, den mit Wasser losgekochten Bratensatz hinzugießen, zum Kochen bringen
1 Eßl. Speisestärke	mit
1 Eßl. kaltem Wasser	anrühren, den Bratensatz damit binden, die Soße mit Salz,
Apfelsinensaft	abschmecken
Strom:	200 – 225
Gas:	3 – 4
Bratzeit:	Etwa 2½ Stunden.

Gebratene Tauben

4 küchenfertige Tauben	waschen, abtrocknen (Bauch quer einschneiden), innen mit
Salz	einreiben, den Hals nach hinten legen, die Flügel so zusammenbiegen, daß der eine den Hals hält
	Magen, Herz und Leber säubern, waschen, mit
1 Eßl. Butter	in den Bauch geben, beide Beine in den Baucheinschnitt stecken
	die Tauben in die mit Wasser ausgespülte Rostbratpfanne legen, in den vorgeheizten Backofen schieben
	sobald der Bratensatz bräunt, etwas von
125 ml (⅛ l) heißem Wasser	hinzugießen, die Tauben ab und zu mit dem Bratensatz begießen, verdampfte Flüssigkeit nach und nach ersetzen
	die garen Tauben auf einer vorgewärmten Platte anrichten, warm stellen
	den Bratensatz mit Wasser loskochen
3 Eßl. saure Sahne	hinzufügen, nach Bedarf mit Wasser auffüllen, auf der Kochstelle zum Kochen bringen
etwa 1 Eßl. Weizenmehl	mit
etwa 2 Eßl. kaltem Wasser	anrühren, den aufgefüllten Bratensatz damit binden, die Soße mit Salz abschmecken
Strom:	200 – 225
Gas:	3 – 4
Bratzeit:	45 – 60 Minuten.

Gemüse und Gemüsegerichte

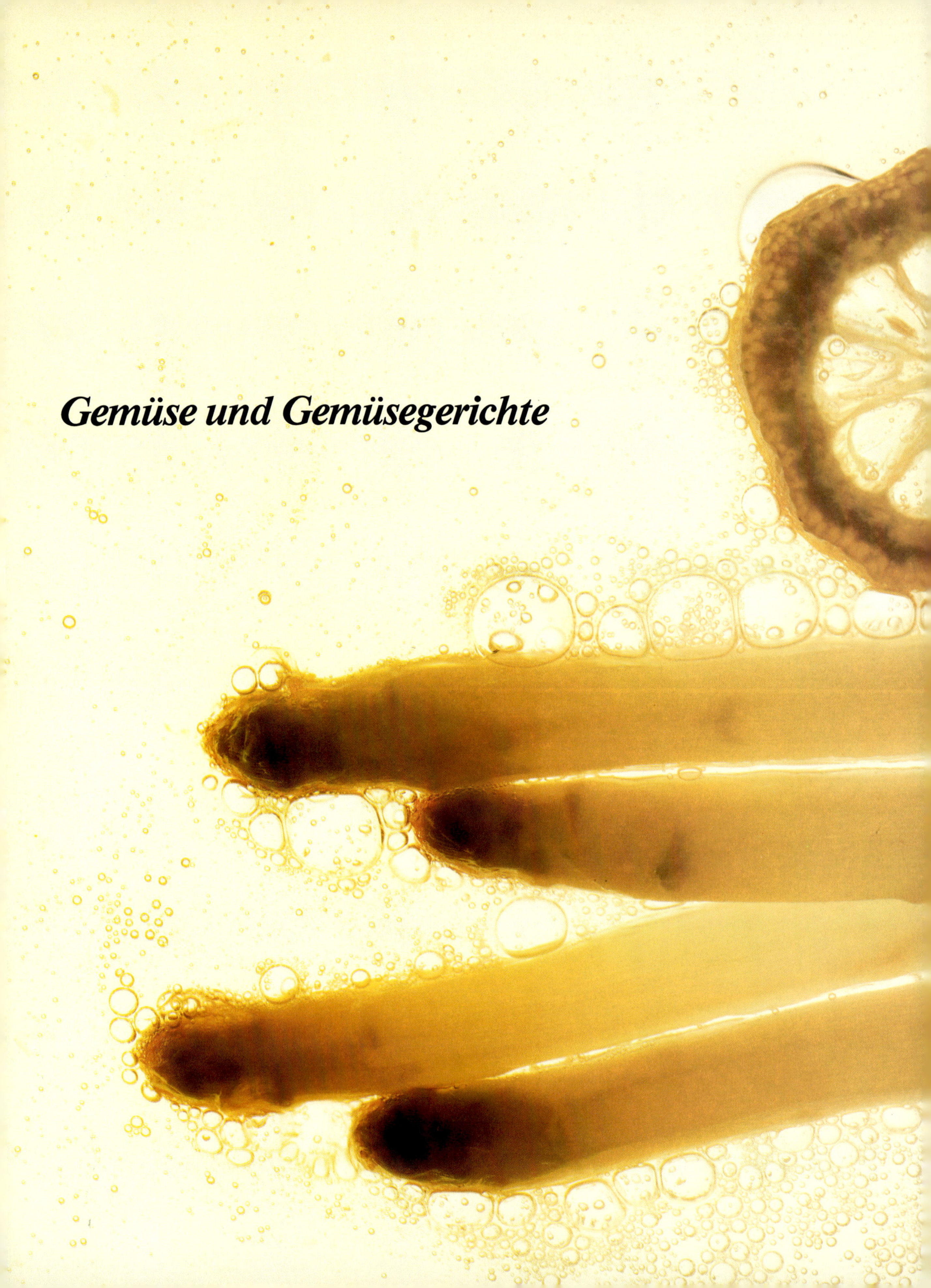

Rohes Gemüse

1. Gemüse unter fließendem kaltem Wasser waschen.
2. Junge Möhren nicht schrappen, Sellerie nach dem Schälen sofort in Zitronen- oder Essigwasser legen, damit er weiß bleibt.
3. Je nach ihrer Beschaffenheit und Verdaulichkeit Gemüse grober oder feiner zerkleinern. Dazu Messer, Gemüsehobel, Rohkostraffel (Bircher-Raffel) oder Küchenmaschine benutzen.
4. Das Gemüse erst kurz vor dem Essen zerkleinern.
5. Das zerkleinerte Gemüse mit einer einfachen Salatsoße, aber auch mit Sahnesoße oder Crème fraîche-Soße mischen.
6. Den Geschmack durch Beigabe von Gewürzkräutern, Zwiebeln, Knoblauch oder aber durch Rosinen, Nüsse und Früchte abwandeln.
7. Beim Zusammenstellen einer Rohkostplatte sowohl Geschmack als auch Farbe der Gemüsearten berücksichtigen.

Paprika

250 g grüne Paprikaschoten halbieren, entstielen, entkernen, die weißen Scheidewände entfernen, die Schoten waschen, in Streifen schneiden

für die Salatsoße
1 Eßl. Salatöl mit
1 – 2 Eßl. Essig
Salz
Pfeffer verschlagen
1 mittelgroße Zwiebel abziehen, fein würfeln, mit
2 Eßl. gehackten Kräutern unterrühren
die Paprikaschoten mit der Salatsoße vermengen.

Möhren

400 g junge Möhren (Wurzeln) putzen, gründlich waschen, evtl. schrappen, raspeln

für die Salatsoße
2 Eßl. Salatöl mit
2 Eßl. Zitronensaft oder Essig
Salz verschlagen
1 kleine Zwiebel abziehen, fein würfeln, mit
2 Eßl. Sahne
1 Eßl. gehackten Kräutern unterrühren
die Möhren mit der Soße vermengen.

Veränderung: 1 – 2 säuerliche geraspelte Äpfel oder 1 geraspelten Rettich oder 1 kleingeschnittene Pfeffergurke hinzugeben.

Kohlrabi

750 g Kohlrabi (vorbereitet gewogen) schälen, waschen, raspeln

für die Salatsoße
2 Eßl. Crème fraîche mit
3 Eßl. Zitronensaft verrühren, mit
Zucker
Salz abschmecken
1 Eßl. gehackte Kräuter unterrühren
die Kohlrabi mit der Soße vermengen.

Blumenkohl

1 kleinen Kopf Blumenkohl putzen, waschen, raspeln

für die Salatsoße
250 ml (¼ l) saure Sahne mit dem
Saft ½ Zitrone verrühren, mit
Zucker
Salz abschmecken
den Blumenkohl mit der Soße vermengen.

Erbsen

300 g junge ausgepalte Erbsen (1 kg mit Hülsen) waschen, abtropfen lassen

für die Salatsoße
2 Eßl. Salatöl mit
2 Eßl. Zitronensaft oder Essig
Salz verschlagen
1 kleine Zwiebel abziehen, fein würfeln, mit
2 Eßl. Sahne
1 Eßl. feingehackten Kräutern unterrühren
die Erbsen mit der Soße vermengen.

Sellerie

300 g Sellerie gründlich unter fließendem Wasser bürsten, schälen, raspeln

für die Salatsoße
2 Eßl. Salatöl mit
2 Eßl. Zitronensaft oder Essig
Salz verschlagen
1 kleine Zwiebel abziehen, fein würfeln, mit
2 Eßl. Sahne
1 Eßl. gehackten Kräutern unterrühren
den Sellerie mit der Soße vermengen.

Gekochtes Gemüse

1. Gemüse möglichst nicht in Wasser kochen, da Nähr- und Geschmacksstoffe ausgelaugt werden. Gemüse dämpfen oder dünsten. Sollte Gemüse doch gekocht werden, es in kochendes Wasser geben.

2. Bei Verwendung von Wasser, dieses salzen, da Salz die auslaugende Wirkung des Wassers einschränkt.

3. Die im Rezept angegebene Wassermenge mit etwas Salz in einen Kochtopf geben, zum Kochen bringen. Das vorbereitete Gemüse hineinlegen, den Topf mit einem Deckel verschließen, bei schwacher Hitze garen.

Artischocken mit „sauce vinaigrette“

4 vorbereitete Artischocken	kurze Zeit in
Salzwasser	legen, abtropfen lassen, in
3 – 4 l kochendes Salzwasser	geben
3 – 4 Eßl. Essig	hinzufügen, zum Kochen bringen, gar kochen lassen (die Artischocken sind gar, wenn sich die Blätter leicht herauszupfen lassen) die Artischocken mit den Blättern nach unten abtropfen lassen
Kochzeit:	30 – 40 Minuten
	für die sauce vinaigrette
8 Eßl. Speiseöl	mit
3 Eßl. Essig	
1 Teel. Senf	verschlagen
1 Eßl. gehackte Petersilie	
1 Eßl. feingeschnittenen Schnittlauch	
1 Messerspitze gerebelten Kerbel	
1 Messerspitze gerebeltes Basilikum	unterrühren, mit
Salz	
Pfeffer	abschmecken jede Artischocke auf einen Dessertteller setzen, von unten beginnend die Blätter abzupfen, jedes Blatt mit dem unteren Ende in die Soße tauchen, das Fleisch mit den Zähnen vom Blatt streifen, die Blattreste weglegen wenn alle Blätter entfernt sind, den ungenießbaren Flaum (Heu) vom Artischockenboden mit einem Messer abtrennen, den Artischockenboden in Würfel schneiden, mit der restlichen Soße verzehren.

Stangenspargel

(Abb. S. 134/135)

	Spargel muß zartweiß aussehen, sich leicht brechen lassen und an den Bruchstellen saftig sein
1 kg Spargel	von oben nach unten schälen, darauf achten, daß die Schale vollständig entfernt, die Köpfe aber nicht verletzt werden die unteren Enden gerade und alle Stangen möglichst gleich lang schneiden (holzige Stellen vollkommen wegschneiden) den Spargel waschen, zu je 8 Stück mit Küchengarn zusammenbinden
375 ml (⅜ l) Wasser (bei Strom 250 ml = ¼ l) 1 Teel. Salz Zucker	zum Kochen bringen, den Spargel hineingeben, zum Kochen bringen, gar kochen lassen den garen Spargel mit einem Schaumlöffel vorsichtig herausnehmen, auf eine vorgewärmte Platte legen, die Fäden entfernen nach Belieben
60 g Butter	zerlassen, bräunen
1 Eßl. Semmelmehl	darin rösten, zu dem Spargel reichen
Kochzeit:	Etwa 30 Minuten.
Veränderung:	Crème-fraîche-Soße oder Sauce hollandaise zu dem Spargel reichen, ihn dann nur mit gehackten Kräutern bestreuen.
Beilage:	Roher Schinken und Rührei, Kalbsschnitzel oder Kotelett.

Blumenkohl

1 mittelgroßer Kopf Blumenkohl (750 g)	von Blättern, schlechten Stellen und dem Strunk befreien, unter fließendem Wasser waschen, einige Zeit in
kaltes Salzwasser	legen, um Raupen und Insekten zu entfernen den Blumenkohl mit dem Strunk nach unten in
500 ml (½ l) kochendes Salzwasser	geben, zum Kochen bringen, gar kochen lassen den Blumenkohl in eine vorgewärmte Schüssel geben, warm stellen von dem Kochwasser 250 ml (¼ l) abmessen (evtl. mit Wasser auffüllen)
	für die Holländische Soße
20 g Butter	zerlassen
20 g Weizenmehl	unter Rühren so lange darin erhitzen, bis es hellgelb ist
250 ml (¼ l) Kochwasser von dem Blumenkohl	hinzugießen, mit einem Schneebesen durchschlagen, darauf achten, daß keine Klumpen entstehen, die Soße zum Kochen bringen, etwa 5 Minuten kochen lassen
1 Eigelb	mit
2 Eßl. kaltem Wasser	verschlagen, die Soße damit abziehen, mit
Salz ½ – 1 Eßl. Zitronensaft	abschmecken die Soße über den Blumenkohl geben
Kochzeit für den Blumenkohl:	25 – 30 Minuten
für die Holländische Soße:	Etwa 5 Minuten.
Veränderung:	Anstelle der Holländischen Soße 60 g Butter zerlassen, nach Belieben bräunen, 1 Eßl. Semmelmehl darin rösten, über den Blumenkohl geben oder 1 hartgekochtes Ei pellen, klein hacken, über den Blumenkohl geben.
Beilage:	Kotelett oder Schnitzel, Petersilienkartoffeln.

Erbsen in Schinkensoße

(2 Portionen)

1 Packung (300 g) tiefgekühlte junge Erbsen	mit
125 ml (⅛ l) heißem Wasser	übergießen, mit
Salz	würzen, zum Kochen bringen, gar kochen lassen die Erbsen abgießen (das Gemüsewasser auffangen)
1 kleine Zwiebel	abziehen
50 g gekochter Schinken	beide Zutaten würfeln
25 g Butter oder Margarine	zerlassen, Zwiebel- und Schinkenwürfel darin anbraten
½ Päckchen Helle Soße	mit
4 Eßl. Sahne	verrühren, dazugeben, das Gemüsewasser hinzugießen, mit einem Schneebesen durchschlagen, aufkochen lassen die Soße mit
Pfeffer geriebener Muskatnuß	abschmecken, über die Erbsen gießen
Kochzeit für die Erbsen:	Etwa 8 Minuten
für die Soße:	Etwa 5 Minuten.

Broccoli mit feiner Eiersoße

600 g Broccoli (vorbereitet gewogen)	waschen, in
500 ml (½ l) kochendes Salzwasser	geben, zum Kochen bringen, mit
Salz	
geriebener Muskatnuß	würzen, gar kochen lassen
	den Broccoli zum Abtropfen auf ein Sieb geben, in einer vorgewärmten Schüssel anrichten, warm stellen
	für die Eiersoße
1 Eßl. feingehackte Schalotten oder Zwiebeln	mit
2 Eßl. feingehacktem Estragon	
½ Lorbeerblatt	
7 Eßl. Weinessig	
7 Eßl. herbem Weißwein	zum Kochen bringen, die Flüssigkeit auf etwa ⅔ der Menge einkochen lassen, durch ein Sieb gießen, die Flüssigkeit in einem Topf ins Wasserbad stellen, nach und nach unter ständigem Schlagen
3 Eigelb	
Salz	
1 Messerspitze Cayennepfeffer	hinzufügen, die Masse cremig schlagen
125 ml (⅛ l) Sahne	steif schlagen, unter die von der Kochstelle genommene Eiersoße heben, die Soße über den Broccoli gießen
Kochzeit für den Broccoli:	15 – 20 Minuten
für die Soße:	Etwa 20 Minuten.
Veränderung:	Anstelle der feinen Eiersoße 50 g Butter zerlassen, über den Broccoli geben.

Butter-Wachsbohnen

500 g Wachsbohnen (vorbereitet gewogen)	waschen, in etwa 4 cm lange Stücke schneiden oder brechen
etwas Bohnenkraut	waschen, mit den Bohnen in
125 ml (⅛ l) kochendes Salzwasser	geben, zum Kochen bringen, gar kochen lassen
	die Bohnen auf ein Sieb zum Abtropfen geben
75 g Butter	zerlassen, die Bohnen darin schwenken, mit
Salz	abschmecken, mit
1 Eßl. gehackter Petersilie	bestreuen
Kochzeit:	Etwa 30 Minuten.

Möhren-Porree-Gemüse

500 g Möhren putzen, schrappen, waschen, in Stifte schneiden, evtl. nochmals waschen, in

250 ml (¼ l) kochendes Salzwasser geben, zum Kochen bringen, gar kochen lassen, die Möhren zum Abtropfen auf ein Sieb geben das Kochwasser auffangen

250 g Porree (vorbereitet gewogen) halbieren, gründlich waschen, in Scheiben schneiden, in

125 – 250 ml (⅛ – ¼ l) kochendes Salzwasser geben, zum Kochen bringen, gar kochen lassen, das Kochwasser auffangen, das Möhrenkochwasser hinzufügen, 250 ml (¼ l) davon abmessen

für die Soße

50 g Margarine zerlassen

2 gestrichene Eßl. Weizenmehl unter Rühren so lange darin erhitzen, bis es hellgelb ist

250 ml (¼ l) Kochwasser von dem Blumenkohl hinzugießen, durchschlagen, darauf

achten, daß keine Klumpen entstehen, die Soße zum Kochen bringen, etwa 10 Minuten schwach kochen lassen, mit
Salz abschmecken, die Soße zu dem Gemüse reichen
Kochzeit
für die Möhren: 15 – 20 Minuten
für den Porree: Etwa 5 Minuten.

Fenchel in weißer Soße

750 g Fenchelknollen (die Stengel vor dem Wiegen bis zur Knolle abschneiden) waschen, braune Stellen abschneiden, die Knollen in Scheiben schneiden, in
500 ml (½ l) kochendes Salzwasser geben, zum Kochen bringen, gar kochen, abtropfen lassen
von dem Kochwasser 250 ml (¼ l) abmessen

für die Soße
das abgemessene Kochwasser,
250 ml (¼ l) Instant-Fleischbrühe zum Kochen bringen
3 gestrichene Eßl. Speisestärke mit
4 Eßl. kalter Milch anrühren, unter Rühren in die von der Kochstelle genommene Brühe geben, kurz aufkochen lassen
2 Eßl. Mayonnaise unterrühren, die Soße mit
Salz abschmecken
die Fenchelscheiben unter die Soße heben, kurz durchziehen lassen
Kochzeit: Etwa 20 Minuten.

Käsesoße

30 g Margarine zerlassen
35 g Weizenmehl unter Rühren so lange darin erhitzen, bis es hellgelb ist
500 ml (½ l) Instant-Fleischbrühe hinzugießen, mit einem Schneebesen durchschlagen, darauf achten, daß keine Klumpen entstehen
150 g Gouda-Käse reiben, unterrühren, die Soße zum Kochen bringen, etwa 10 Minuten kochen lassen, mit
Salz
Zitronensaft abschmecken.
Kochzeit: Etwa 10 Minuten.
Veränderung: Anstelle von 500 ml (½ l) Brühe 500 ml (½ l) Milch nehmen.
Die Soße zu pikantem Spinat mit Pinienkernen und Rosinen oder zu Rosenkohl, gegrilltem Schnitzel reichen.

Gedünstetes Gemüse

1. Das vorbereitete Gemüse in Fett andünsten, mit möglichst wenig Wasser im geschlossenen Topf garen; manche Gemüse ohne Wasser garen (z. B. Spinat).
2. Gemüse so kurz wie möglich dünsten, durch lange Garzeit gehen Nähstoffe, Geschmack und Aussehen verloren.

Große Bohnen

750 g ausgepalte Große Bohnen (2½ – 3 kg mit Hülsen)
1 Stengel Bohnenkraut beide Zutaten waschen
100 g Speck in Würfel schneiden, auslassen
2 – 3 Zwiebeln abziehen, halbieren, in Scheiben schneiden, in dem Speck goldgelb dünsten lassen
die Bohnen hinzufügen, mitdünsten lassen
Bohnenkraut,
gut 125 ml (⅛ l) Wasser
Salz dazugeben, gar dünsten lassen
nach Belieben
1 gut gehäuften Teel. Speisestärke mit
1 Eßl. kaltem Wasser anrühren, die Bohnen damit binden, mit Salz abschmecken, mit
1 Eßl. feingeschnittenem Schnittlauch bestreuen
Dünstzeit: Etwa 40 Minuten.
Beilage: Durchwachsener Speck in Scheiben geschnitten und braun gebraten.

Weißkohl

Von
1 kg Weißkohl die schlechten äußeren Blätter ablösen, den Kopf achteln, den Strunk herausschneiden, den Kohl waschen, sehr fein schneiden oder hobeln
1 mittelgroße Zwiebel abziehen, würfeln
75 g Margarine zerlassen, die Zwiebel darin hellgelb dünsten, den Kohl,
1 Teel. Kümmel dazugeben, andünsten
125 ml (⅛ l) Wasser
Salz hinzufügen, gar dünsten lassen
1 Teel. Speisestärke mit
1 Eßl. kaltem Wasser anrühren, den Weißkohl damit binden, mit Salz abschmecken
Dünstzeit für jungen Weißkohl: 50 – 60 Minuten
für älteren Weißkohl: 60 – 90 Minuten.

Rosenkohl

	Von
1 kg Rosenkohl	die beschädigten und fleckigen äußeren Blättchen entfernen, etwas vom Strunk abschneiden, die Rosenkohlröschen kreuzförmig einschneiden den Rosenkohl waschen
40 g Butter	zerlassen, den Rosenkohl darin andünsten
125 ml (⅛ l) Wasser Salz, geriebene Muskatnuß	hinzufügen, gar dünsten lassen den Rosenkohl mit Salz, Muskatnuß abschmecken
Dünstzeit:	20 – 30 Minuten.
Veränderung:	Den Rosenkohl dämpfen, vor dem Anrichten vorsichtig in zerlassener Butter schwenken.

Paprikagemüse

2 – 3 Zwiebeln	abziehen, halbieren
50 g durchwachsener Speck	beide Zutaten in Scheiben schneiden
2 Eßl. Speiseöl	erhitzen, Zwiebel- und Speckscheiben darin andünsten
3 – 4 Paprikaschoten (rot, grün, gelb – etwa 750 g)	halbieren, entstielen, entkernen, die weißen Scheidewände entfernen, die Schoten waschen, in Stücke schneiden, mitdünsten lassen, mit
Salz Knoblauchpulver	würzen
3 Eßl. Weißwein	hinzufügen, die Paprikaschoten gar dünsten lassen, evtl. mit Salz, Knoblauchpulver abschmecken
Dünstzeit:	10 – 15 Minuten.

Pilze

	Von
1 kg Pilzen (z. B. Champignons, Maronen)	die Stiele abschaben, dunkle und madige Stellen entfernen, die Pilze waschen
2 Zwiebeln	abziehen
40 g durchwachsener Speck	beide Zutaten in Würfel schneiden den Speck auslassen
30 g Margarine	hinzufügen, zerlassen, die Zwiebeln darin hellgelb dünsten, die Pilze dazugeben, mit
Salz, Pfeffer	würzen, gar dünsten lassen die Pilze mit Salz, Pfeffer abschmecken
Dünstzeit:	20 – 30 Minuten.

Junge Erbsen

1 kg ausgepalte Erbsen (2½ kg mit Hülsen)	waschen
40 g Butter	zerlassen, die Erbsen darin andünsten
125 ml (⅛ l) Wasser Salz, Zucker	hinzufügen, gar dünsten lassen die Erbsen mit Salz, Zucker abschmecken, mit
1 Eßl. gehackter Petersilie	bestreuen
Dünstzeit:	15 – 25 Minuten.

Grüne Bohnen

1 kg Grüne Bohnen	abfädeln, waschen, schneiden oder brechen (junge Grüne Bohnen ganz lassen)
1 mittelgroße Zwiebel	abziehen, würfeln
40 g Butter	zerlassen, die Zwiebel darin hellgelb dünsten die Bohnen dazugeben, andünsten
etwa 125 ml (⅛ l) Wasser Salz, Pfeffer	hinzufügen, gar dünsten lassen die Bohnen mit Salz, Pfeffer abschmecken, mit
1 Eßl. gehackter Petersilie	bestreuen
Dünstzeit:	25 – 45 Minuten.

Möhren- oder Karottengemüse

1 kg Möhren oder Karotten	putzen, schrappen, waschen, nach Belieben in Stücke schneiden (junge Möhren oder Karotten ganz lassen)
50 g Butter	zerlassen, die Möhren (Karotten) kurze Zeit darin andünsten
125 ml (⅛ l) Wasser Salz 1 gestrichenen Teel. Zucker	hinzufügen, gar dünsten lassen das Gemüse mit Salz, Zucker abschmecken
Dünstzeit für junge Möhren und Karotten:	Etwa 25 Minuten
für ältere Möhren:	30 – 40 Minuten.

Gemüseplatte
Rezepte siehe diese Seite.
Rezept Stangenspargel S. 138,
Broccoli S. 139, Blumenkohl S. 138

Tomaten

750 g mittelgroße, feste Tomaten	kurze Zeit in kochendes Wasser legen, in kaltem Wasser abschrecken, enthäuten
50 g Butter oder Margarine	zerlassen, die Tomaten nebeneinander hineinstellen, mit
Salz Pfeffer	bestreuen, gar dünsten lassen, mit
1 Eßl. gehackter Petersilie	bestreuen
Dünstzeit:	Etwa 15 Minuten.

Zwiebeln

750 g Gemüsezwiebeln (vorbereitet gewogen)	halbieren, in Scheiben schneiden
50 g Butter oder Margarine	zerlassen, die Zwiebeln darin hellgelb andünsten
125 ml (⅛ l) Instant-Fleischbrühe 125 ml (⅛ l) Weißwein	hinzugießen, gar dünsten lassen die Zwiebeln mit
Salz Zucker	abschmecken
2 Eßl. Crème fraîche	unterrühren, mit
1 Eßl. gehackter Petersilie	bestreuen
Dünstzeit:	30 – 40 Minuten.

Leipziger Allerlei

125 g ausgepalte Erbsen (375 g mit Hülsen)	
125 g Karotten	putzen, schrappen
125 g Spargel	schälen, in Stücke schneiden
1 Kohlrabi	schälen, in Scheiben schneiden
1 kleinen Kopf Blumenkohl	putzen, in Röschen teilen das Gemüse waschen, abtropfen lassen
40 g Butter oder Margarine	zerlassen, das Gemüse darin andünsten
125 ml (⅛ l) Wasser Salz Zucker	hinzufügen, gar dünsten lassen, mit Salz, Zucker abschmecken, mit
1 Eßl. gehackter Petersilie	bestreuen
Dünstzeit:	Etwa 30 Minuten.
Veränderung:	Ansehnlicher bleibt das Gemüse, wenn es einzeln gedämpft und dann zusammen in zerlassener Butter geschwenkt wird.

Porree

Lauch

1½ kg Porree	putzen, waschen, in fingerlange Stücke schneiden
40 g Butter oder Margarine	zerlassen, den Porree darin andünsten
125 ml (⅛ l) Wasser Salz geriebene Muskatnuß	hinzufügen, gar dünsten lassen
2 Teel. Speisestärke	mit
1 Eßl. kaltem Wasser	anrühren, den Porree damit binden, mit Salz, Muskatnuß abschmecken, mit
1 Eßl. gehackter Petersilie	bestreuen
Dünstzeit:	Etwa 30 Minuten.

Kohlrabi

1 kg Kohlrabi	schälen, waschen, in Streifen schneiden
40 g Butter oder Margarine	zerlassen, die Kohlrabi darin andünsten
125 ml (⅛ l) Wasser Salz geriebene Muskatnuß	hinzufügen, gar dünsten lassen die Kohlrabi mit Salz, Muskatnuß abschmecken, mit
1 Eßl. gehackter Petersilie	bestreuen
Dünstzeit:	25 – 40 Minuten.

Wirsing

1 kg Wirsing	Von die schlechten äußeren Blätter entfernen, den Kohl achteln, den Strunk herausschneiden, den Kohl waschen, in Streifen schneiden
1 Zwiebel	abziehen, würfeln
60 g Margarine oder Schweineschmalz	zerlassen, die Zwiebel darin hellgelb dünsten, den Kohl dazugeben, andünsten
etwa 125 ml (⅛ l) Wasser Salz	hinzufügen, gar dünsten lassen
1 – 2 Teel. Speisestärke	mit
1 Eßl. kaltem Wasser	anrühren, den Wirsing damit binden, mit Salz abschmecken, mit
1 Eßl. gehackter Petersilie	bestreuen
Dünstzeit für jungen Wirsing:	Etwa 45 Minuten
für älteren Wirsing:	50 – 90 Minuten.

Ratatouille – französisches Auberginengemüse (Im Schnellkochtopf)

600 g Auberginen	entstielen, vierteln, in etwa ½ cm dicke Scheiben schneiden
1 grüne und 1 rote Paprikaschote	halbieren, entstielen, entkernen, die weißen Scheidewände entfernen, die Schoten waschen, in breite Streifen schneiden
4 enthäutete Tomaten	vierteln
5 Eßl. Olivenöl	im offenen Schnellkochtopf erhitzen
2 Zwiebeln	abziehen, in Scheiben schneiden, darin andünsten, die übrigen Zutaten hinzufügen, kurz mitdünsten lassen, mit
Salz Pfeffer	würzen, den Schnellkochtopf schließen, garen lassen unter das Gemüse
1 abgezogene, zerdrückte Knoblauchzehe 1 Eßl. gehackte Petersilie	rühren
Garzeit:	Etwa 3 Minuten.
Veränderung:	2 – 3 kleine Zucchini putzen, waschen, in Scheiben schneiden, mitgaren lassen.

Gurken

2 mittelgroße Salatgurken (etwa 1 kg)	schälen, halbieren, die Gurken in 2 cm breite Stücke schneiden
2 mittelgroße Tomaten	kurze Zeit in kochendes Wasser legen (nicht kochen lassen), in kaltem Wasser abschrecken, enthäuten, in kleine Stücke schneiden
2 mittelgroße Zwiebeln	abziehen, würfeln
50 g Margarine	zerlassen, die Zwiebeln darin andünsten Gurken,
125 ml (⅛ l) Wasser Salz Pfeffer	hinzufügen, dünsten lassen 10 Minuten vor Beendigung der Dünstzeit die Tomaten hinzufügen, gar dünsten lassen
1 schwach gehäuften Eßl. Crème fraîche	unterrühren das Gemüse mit Salz, Pfeffer abschmecken, mit
1 Eßl. gehacktem Dill	bestreuen
Dünstzeit:	Etwa 30 Minuten.
Beilage:	Frikadellen, Salzkartoffeln oder Reis.

Buntes Kohlgemüse

(Abb. nebenstehend)

	Von
750 g Weißkohl	die schlechten äußeren Blätter entfernen, den Kohlkopf achteln, den Strunk herausschneiden, den Kohl waschen, in kleine Stücke schneiden, mit
kochendem Salzwasser	übergießen, abtropfen lassen
2 große Zwiebeln	abziehen, halbieren, in Scheiben schneiden
3 – 4 Eßl. Butter oder Margarine	zerlassen, die Zwiebelscheiben darin andünsten, den Weißkohl hinzufügen, etwa 10 Minuten dünsten lassen
2 – 3 Stengel Staudensellerie	putzen, evtl. die gröbsten Fasern abziehen, die Stengel waschen, in feine Streifen schneiden
3 Möhren	putzen, schrappen, waschen, kleinschneiden
3 Tomaten	kurze Zeit in kochendes Wasser legen, in kaltem Wasser abschrecken, enthäuten, die Stengelansätze entfernen, die Tomaten vierteln
	das Gemüse zu dem Weißkohl geben, mit
Salz ***Pfeffer***	würzen
knapp 125 ml (⅛ l) heiße Instant-Fleischbrühe	hinzugießen, das Gemüse gar dünsten lassen, evtl. mit Salz, Pfeffer,
Sojasoße	abschmecken
1 – 2 Teel. Kapern	darüber geben, kurz erhitzen
Dünstzeit:	25 – 30 Minuten.
Beilage:	Lammkoteletts oder Frikadellen, Salzkartoffeln.

Spinat

1 kg Spinat	verlesen, 5 – 6mal gründlich waschen, ihn ohne Wasser zum Kochen bringen, dann grob oder fein schneiden oder durch den Fleischwolf drehen
1 kleine Zwiebel	abziehen, fein würfeln
40 g Butter oder Margarine	zerlassen, die Zwiebel darin hellgelb dünsten, den Spinat dazugeben, mit
Salz ***Pfeffer*** ***geriebener Muskatnuß***	würzen, gar dünsten lassen
	nach Belieben
1 Teel. Speisestärke	mit
1 Eßl. kaltem Wasser	anrühren, den Spinat damit binden, mit Salz abschmecken
2 Eßl. Sahne	unterrühren
Dünstzeit:	Etwa 10 Minuten.
Beilage:	Spiegeleier, Salzkartoffeln.

Mangold

1 kg Mangold	verlesen, die Stengel abziehen, die Blätter gründlich waschen, ohne Wasser zum Kochen bringen, dann grob oder fein schneiden oder durch den Fleischwolf drehen
1 kleine Zwiebel	abziehen, würfeln
40 g Butter	zerlassen, die Zwiebel darin hellgelb dünsten, den Mangold dazugeben, mit
Salz	würzen, gar dünsten lassen
	nach Belieben
1 Eßl. Weizenmehl	mit
2 Eßl. kaltem Wasser	anrühren, den Mangold damit binden, mit Salz,
2 Eßl. Dosenmilch	abschmecken
	die Mangoldstengel wie Spargel dämpfen oder in
Salzwasser	weich kochen, abtropfen lassen, sie mit
1 – 2 Eßl. zerlassener Butter	anrichten
Dünstzeit:	Etwa 10 Minuten.
Veränderung:	Die Mangoldstengel in einer Holländischen Soße, die mit 1 Eßl. geriebenem Käse verrührt wurde, anrichten.

Grünkohl

1 kg vorbereiteten Grünkohl (Stiele entfernt)	gründlich waschen, in kochendes Wasser geben, zum Kochen bringen, gut aufkochen lassen, sofort abgießen, grob oder fein schneiden
2 kleine Zwiebeln	abziehen, würfeln
75 g Schweineschmalz	zerlassen, die Zwiebeln darin hellgelb rösten, den Kohl dazugeben, andünsten
500 ml (½ l) Wasser	
Salz	
20 g Haferflocken	hinzufügen, gar dünsten lassen, den Kohl mit Salz abschmecken
Dünstzeit:	1 – 1½ Stunden.

Sauerkraut

2 Zwiebeln	abziehen, würfeln
60 g Schweineschmalz	zerlassen, die Zwiebeln darin hellgelb dünsten
750 g Sauerkraut	hinzufügen, andünsten
250 ml (¼ l) Wasser	hinzugießen, gar dünsten lassen
1 rohe Kartoffel	schälen, waschen, reiben, zu dem Sauerkraut geben, kurz aufkochen lassen, damit es sämig wird
	das Sauerkraut mit
Salz, Zucker	abschmecken
Dünstzeit:	40 – 60 Minuten.

Gefülltes Gemüse

1. Ausgehöhlte Knollen (Kohlrabi, Sellerie), ausgehöhlte Früchte (Tomaten, Gurken) oder Kohlblätter (Wirsing, Weißkohl) füllen.
2. Das Gemüse vor dem Füllen evtl. dünsten.
3. Gleich große Knollen und Früchte wählen, um ein gleichzeitiges Garwerden zu erreichen.
4. Gefülltes Gemüse schmoren oder dünsten.
5. Gefülltes Gemüse evtl. zur Garnierung großer Fleisch- und Gemüseplatten verwenden.

Gefüllte Tomaten

8 mittelgroße feste Tomaten (etwa 500 g)	waschen, abtrocknen, mit einem scharfen Messer Deckel abschneiden, das Innere aushöhlen, durch ein Sieb streichen, mit Wasser auf 500 ml (½ l) auffüllen, zurückstellen die Tomaten innen mit
Salz	bestreuen
	für die Füllung
250 g Champignons	putzen, waschen, fein hacken
1 kleine Zwiebel	abziehen, fein würfeln

1 – 2 Eßl. Butter zerlassen, Pilze und Zwiebel darin andünsten
1 Ei
60 g Semmelmehl unterrühren, die Masse mit
Salz, Pfeffer abschmecken
1 Eßl. gehackte Petersilie unterrühren
die Füllung in die Tomaten geben, die Deckel wieder darauf legen
60 g Butter oder Margarine zerlassen, die Tomaten nebeneinander hineinstellen, gar dünsten lassen
die Tomaten auf einer vorgewärmten Platte anrichten, warm stellen
35 g Weizenmehl in dem Fett unter Rühren so lange erhitzen, bis es hellgelb ist, die aufgefüllte Tomatenflüssigkeit hinzugießen, mit einem Schneebesen durchschlagen, darauf achten, daß keine Klumpen entstehen, die Soße zum Kochen bringen, etwa 5 Minuten kochen lassen, mit Salz, Pfeffer,
1 schwach gehäuften Eßl. Tomatenmark
Zucker abschmecken
die Tomaten mit der Soße servieren
Dünstzeit: Etwa 20 Minuten.

Gefüllte Zwiebeln

4 mittelgroße Gemüsezwiebeln (etwa 1 kg) abziehen, von den Zwiebeln einen Deckel abschneiden, die Zwiebeln (ohne Deckel) in
kochendes Salzwasser legen, so lange kochen lassen, bis sich die drei äußeren Schichten auf einmal lösen lassen
die Zwiebelreste für die Füllung und evtl. für eine Zwiebelsuppe verwenden

für die Füllung
1 Brötchen (Semmel) in kaltem Wasser einweichen
100 g Zwiebelreste würfeln
½ rote Paprikaschote entstielen, entkernen, die weißen Scheidewände entfernen, das Stück Schote waschen, in kleine Würfel schneiden
3 Eßl. Speiseöl erhitzen, Zwiebeln, Paprika darin andünsten, erkalten lassen
375 g Gehacktes (halb Rind-, halb Schweinefleisch) mit dem gut ausgedrückten Brötchen, der Zwiebel-Paprikamasse,
1 Ei
1 schwach gehäuften Teel. Senf vermengen, mit
Salz, Pfeffer
gerebeltem Majoran abschmecken
die Füllung in die Zwiebeln geben
50 g Margarine zerlassen, die Zwiebeln nebeneinander hineinstellen, andünsten
125 ml (⅛ l) Weißwein
125 ml (⅛ l) Instant-Fleischbrühe hinzugießen, die Zwiebeln gar dünsten lassen, auf einer vorgewärmten Platte anrichten
1 gestrichenen Eßl. Speisestärke mit
2 Eßl. kaltem Wasser anrühren, die Soße damit binden, mit Salz, Pfeffer abschmecken
die Zwiebeln mit der Soße servieren
Dünstzeit: Etwa 45 Minuten.

Kohlrouladen

Von
1 Kopf Weißkohl oder Wirsing den Strunk herausschneiden, den Kopf kurze Zeit in
kochendes Salzwasser legen, bis sich die äußeren Blätter lösen, diesen Vorgang wiederholen, bis alle Blätter gelöst sind, abtropfen lassen
die dicken Rippen flachschneiden

für die Füllung
1 Brötchen (Semmel) in kaltem Wasser einweichen, gut ausdrücken
1 mittelgroße Zwiebel abziehen, würfeln
1 Ei die Zutaten mit
400 g Gehacktem (halb Rind-, halb Schweinefleisch) vermengen, mit
Salz, Pfeffer abschmecken
2 – 3 große Kohlblätter übereinanderlegen, einen Teil der Füllung darauf geben, die Blätter aufrollen
die Rouladen mit Küchengarn umwickeln oder mit Rouladennadeln zusammenhalten
75 g Margarine erhitzen, die Rouladen von allen Seiten gut darin bräunen
etwas von
250 – 500 ml (¼ – ½ l) heißem Wasser hinzugießen, die Rouladen schmoren lassen, von Zeit zu Zeit wenden, verdampfte Flüssigkeit nach und nach ersetzen
wenn die Rouladen gar sind, die Bratennadeln (Küchengarn) entfernen, die Rouladen auf einer vorgewärmten Platte anrichten
1 – 2 Eßl. Weizenmehl mit
etwa 3 Eßl. kaltem Wasser anrühren, die Flüssigkeit damit binden, die Soße mit Salz abschmecken
Schmorzeit: Etwa 45 Minuten.

Gefüllter Kohlkopf

Von

1 Kopf Weißkohl (etwa 1 kg) die schlechten äußeren Blätter entfernen, den Kohl waschen, in

1 l kochendes Salzwasser geben, zum Kochen bringen, etwa 40 Minuten kochen lassen
den Kohlkopf zum Abtropfen auf ein Sieb legen, abkühlen lassen, von dem Kochwasser 250 ml (¼ l) abmessen

1 kleine Zwiebel abziehen, fein würfeln

250 g Gehacktes (halb Rind-, halb Schweinefleisch) mit der Zwiebel,

1 eingeweichten, ausgedrückten Brötchen vermengen, mit

Salz
Pfeffer würzen
von dem erkalteten Kohlkopf einen Deckel abschneiden, den Kohlkopf aushöhlen, innen mit Salz und Pfeffer einreiben, die Füllung hineingeben, den Deckel wieder darauf setzen, mit einem Holzstäbchen feststecken

50 g Schweineschmalz zerlassen, den Kohlkopf und die kleingeschnittenen Kohlreste kurz darin anbraten, das abgemessene Kochwasser hinzugießen, den Kohl gar schmoren lassen
den Kohlkopf in eine vorgewärmte Schüssel geben

1 gestrichenen Teel. Speisestärke mit

1 Eßl. kaltem Wasser anrühren, die Kohlreste und den Bratensatz damit binden, mit Salz abschmecken, zu dem Kohl reichen

Schmorzeit: 70 – 80 Minuten.

Veränderung: Den Kohlkopf mit enthäuteten, gedünsteten Tomatenstücken umlegen, mit feingeschnittenem Schnittlauch bestreuen.

Gefüllte Paprikaschoten

4 Paprikaschoten (etwa 600 g) längs halbieren, dabei den Stiel mit durchschneiden, die weißen Scheidewände entfernen (den Stiel stehenlassen), die Schoten waschen, abtrocknen, innen mit

Salz
Pfeffer bestreuen

für die Füllung

500 g Hühnerbrust (ohne Knochen) waschen, abtrocknen, das Fleisch mit dem Schneidstab eines elektrischen Handrührgerätes pürieren

2 Scheiben gekochten Schinken	in Würfel schneiden
2 große Tomaten	waschen, halbieren, entkernen (das Tomateninnere aufheben), die Tomaten in Würfel schneiden Schinken, Tomaten,
3 Eßl. gehackte Petersilie *1 Ei*	mit dem Hühnerfleisch vermengen, mit Salz, Pfeffer,
1 Messerspitze Cayennepfeffer *2 Spritzern Worcestersoße*	würzen, die Masse in die Paprikahälften füllen
2 Eßl. Semmelmehl	darüber verteilen
Butter	in Flöckchen darauf setzen eine oder zwei feuerfeste Formen mit
Butter oder Margarine	fetten, die Paprikaschoten hineinsetzen
3 – 4 Tomaten	kurze Zeit in kochendes Wasser legen, in kaltem Wasser abschrecken, enthäuten, in Viertel schneiden, mit dem zurückgelassenen Tomateninneren um die Paprikaschoten geben
125 ml (⅛ l) Sahne	mit
Salz *Pfeffer* *Paprika edelsüß* *Zitronensaft*	würzen, zu den Paprikaschoten gießen, die Form (Formen) ohne Deckel auf dem Rost in den Backofen stellen
Strom:	200 – 225
Gas:	3 – 4
Backzeit:	25 – 30 Minuten.
Tip:	Die Paprikaschoten sind nach etwa 25 Minuten Dünstzeit noch knackig. Sollten die Schoten weicher gewünscht werden, ist es empfehlenswert, sie vor dem Füllen einige Minuten in Salzwasser zu kochen.

Italienische Tomatensoße

1 kg Tomaten	kurze Zeit in kochendes Wasser legen (nicht kochen lassen), in kaltem Wasser abschrecken, enthäuten, halbieren, die Stengelansätze entfernen, die Tomatenhälften kleinschneiden
3 Knoblauchzehen	abziehen, zerdrücken
3 – 4 Eßl. Olivenöl	erhitzen, die zerdrückten Knoblauchzehen hineingeben, durchdünsten lassen, die kleingeschnittenen Tomaten hinzufügen, mit
Salz *Pfeffer*	würzen, im geschlossenen Topf etwa 10 Minuten dünsten lassen die Soße ab und zu durchrühren, mit
1 – 2 Eßl. gehackter Petersilie	bestreuen.

Gefüllte Kohlrabi

8 mittelgroße Kohlrabi (etwa 1,2 kg)	schälen, waschen, einen Deckel abschneiden, das Innere vorsichtig aushöhlen (2 Eßl. zur Füllung und den Rest nach Belieben für eine Suppe verwenden)
	für die Füllung
½ Brötchen	in kaltem Wasser einweichen, gut ausdrücken
1 mittelgroße Zwiebel	abziehen, würfeln
1 mittelgroße Tomate	kurze Zeit in kochendes Wasser legen, in kaltem Wasser abschrecken, enthäuten, in Würfel schneiden
125 g Pfifferlinge (aus der Dose)	abtropfen lassen, kleinschneiden
1 hartgekochtes Ei	pellen, in Würfel schneiden
100 g Fleischwurst (im Stück)	enthäuten, in feine Streifen schneiden die Zutaten und das Kohlrabifleisch mit
125 g Gehacktem (halb Rind-, halb Schweinefleisch)	vermengen, mit
Salz, Pfeffer	
geriebener Muskatnuß	abschmecken die Füllung in die Kohlrabi geben, nach Belieben Deckel wieder darauf legen (evtl. festbinden)
50 g Margarine	zerlassen, die Kohlrabi nebeneinander hineinstellen, leicht anbräunen
250 ml (¼ l) heiße Instant-Fleischbrühe	hinzugießen, gar schmoren lassen die Kohlrabi in einer vorgewärmten Schüssel anrichten, warm stellen
2 schwach gehäufte Teel. Speisestärke	mit
1 Becher (150 g) saurer Sahne	anrühren, die Schmorflüssigkeit damit binden, die Soße mit Salz abschmekken, über die Kohlrabi verteilen
feingeschnittenen Schnittlauch	darüber streuen
Schmorzeit:	45 – 60 Minuten.
Veränderung:	1 – 2 Eßl. gewürfelte rote Paprikaschote in die Füllung geben, die Kohlrabi mit Olivenscheiben garnieren.

Gefüllte Auberginen

2 – 4 Auberginen (etwa 750 g) waschen, abtrocknen, längs halbieren, mit
Salz bestreuen, etwa 30 Minuten ziehen lassen, abtropfen lassen
das Fruchtfleisch bis auf einen etwa 1 cm breiten Rand herausschneiden, fein hacken
1 Zwiebel abziehen, würfeln
das Auberginenfleisch mit der Zwiebel,
250 g Gehacktem (halb Rind-, halb Schweinefleisch)
1 Ei
1 eingeweichten, gut ausgedrückten Brötchen vermengen, mit
Salz
Pfeffer würzen
die Masse in die Auberginenhälften füllen
50 g Margarine in einer Auflaufform zerlassen, die Auberginen darin anbraten
3 – 4 Tomaten kurze Zeit in kochendes Wasser legen (nicht kochen lassen), in kaltem Wasser abschrecken, enthäuten, kleinschneiden, mit
250 ml (¼ l) Sahne hinzufügen, die Auberginen gar schmoren lassen, aus der Flüssigkeit nehmen
2 – 3 gestrichene Eßl. Weizenmehl mit
125 ml (⅛ l) kaltem Wasser anrühren, die Flüssigkeit damit binden, die Soße mit Salz abschmecken
1 Eßl. feingehackte Petersilie
1 Eßl. feingeschnittenen Schnittlauch unterrühren, die Auberginenhälften wieder in die Soße geben, mit
100 g geriebenem Emmentaler Käse bestreuen, die Auflaufform auf dem Rost in den vorgeheizten Backofen schieben

Schmorzeit: Etwa 40 Minuten
Einstellung für den Backofen
Strom: 200 – 225
Gas: 4 – 5
Backzeit: 8 – 10 Minuten.

Gebackenes Gemüse

Pilzbratlinge

4 Brötchen (Semmeln) in kaltem Wasser einweichen, gut ausdrücken
von
250 g frischen Pilzen Lamellen und Haut entfernen, kleinere jedoch nur abschaben
die Pilze waschen, beim Zerkleinern der Pilze besonders darauf achten, daß madige Stellen entfernt werden
1 kleine Zwiebel abziehen, würfeln
2 Eßl. Margarine zerlassen, Zwiebel und Pilze darin dünsten lassen
die Brötchen,
2 Eier
Salz
gerebelten Majoran hinzugeben, falls der Teig zu weich ist, noch so viel
Semmelmehl hinzugeben, daß gut flache Klöße daraus geformt werden können
die Bratlinge in
etwa 40 g Semmelmehl wenden
etwa 50 g Fett erhitzen, die Bratlinge von beiden Seiten darin braten

Bratzeit: 10 – 12 Minuten.

Überbackener Spinat

(3 Portionen)

1 Zwiebel abziehen, würfeln
30 g Butter oder Margarine zerlassen, die Zwiebelwürfel darin glasig dünsten
den Inhalt von
1 Päckchen (450 g) tiefgefrorenen Rahmspinat hineingeben, bei schwacher Hitze auftauen, kurz aufkochen lassen, in eine mit
Butter oder Margarine gefettete Form füllen, mit
5 Scheiben Emmentaler Käse bedecken, in den Backofen schieben

Strom: 225 – 250
Gas: 5 – 6
Backzeit: Etwa 10 Minuten.
Beilage: Gekochter Schinken, Salzkartoffeln.

Fenchel, überbacken

	Von
1 kg Fenchelknollen	die Stiele dicht oberhalb der Knollen abschneiden, braune Stellen und Blätter entfernen, die Wurzelenden geradeschneiden, die Knollen waschen, in
250 ml (¼ l) kochendes Salzwasser	geben, zum Kochen bringen, gar kochen lassen die Knollen in Viertel schneiden, warm stellen
	für die Soße
30 g Butter oder Margarine	zerlassen
35 g Weizenmehl	unter Rühren so lange darin erhitzen, bis es hellgelb ist
250 ml (¼ l) Milch	mit
250 ml (¼ l) Sahne	verrühren, hinzugießen, mit einem Schneebesen durchschlagen, darauf achten, daß keine Klumpen entstehen, die Soße zum Kochen bringen, etwa 5 Minuten kochen lassen, mit

Salz, Pfeffer geriebener Muskatnuß geriebenem Parmesan-Käse	abschmecken die Fenchelknollen in eine gefettete Auflaufform geben, mit der Soße übergießen, mit
50 g geriebenem Parmesan-Käse	bestreuen
Butter	in Flöckchen darauf setzen die Form auf dem Rost in den vorgeheizten Backofen schieben
Kochzeit für den Fenchel:	Etwa 40 Minuten
Einstellung für den Backofen	
Strom:	Etwa 200
Gas:	Etwa 3
Überbackzeit:	Etwa 20 Minuten.

Überbackenes Gemüse

	Jedes Gemüse (Gemüsereste) läßt sich verwenden besonders gut eignen sich Blumenkohl und Rosenkohl
750 g Gemüse	entsprechend vorbereiten, in
Salzwasser	fast gar dünsten, abtropfen lassen, das Gemüsewasser auffangen, 250 ml (¼ l) davon abmessen das Gemüse in eine mit
Butter oder Margarine	gefettete Auflaufform geben
	für die Béchamelsoße
30 g Butter oder Margarine	zerlassen
40 g Schinkenwürfel	darin andünsten
2 kleine Zwiebeln	abziehen, würfeln, mit
35 g Weizenmehl	unter Rühren so lange darin erhitzen, bis es hellgelb ist
250 ml (¼ l) Gemüsewasser	
250 ml (¼ l) Milch	hinzufügen, mit einem Schneebesen durchschlagen, darauf achten, daß keine Klumpen entstehen, die Soße zum Kochen bringen, etwa 10 Minuten kochen lassen, nach Belieben durch ein Sieb streichen, mit
Salz, Pfeffer	abschmecken, über das Gemüse gießen
2 Eßl. Semmelmehl oder geriebenen Käse	darüber streuen
Butter	in Flöckchen darauf setzen
Strom:	225 – 250
Gas:	3 – 4
Backzeit:	25 – 35 Minuten.

Trockengemüse

1. Hülsenfrüchte vor dem Gebrauch waschen, evtl. 12 – 24 Stunden einweichen.
2. Zum Einweichen kaltes Wasser nehmen.
3. Die Hülsenfrüchte in dem Einweichwasser aufsetzen.
4. Da die Schalen schwer verdaulich sind, die garen Hülsenfrüchte evtl. durch ein Sieb streichen.

Saures Linsengemüse

375 g Linsen	waschen, 12 – 24 Stunden in
750 ml (¾ l) Wasser	einweichen
1 Bund Suppengrün	putzen, waschen, kleinschneiden, mit den Linsen,
Salz	in dem Einweichwasser zum Kochen bringen, gar kochen lassen
1 Zwiebel	abziehen, würfeln
50 g Speckwürfel oder Schmalz	zerlassen (Speck auslassen), die Zwiebel unter Rühren so lange darin erhitzen, bis sie leicht gebräunt ist, zu den Linsen geben, durchkochen lassen, das Gericht mit Salz,
2 – 3 Eßl. Essig	
Zucker	abschmecken
Kochzeit:	Etwa 25 Minuten.
Beilage:	Gebackene Blutwurst oder Brühwürstchen.

Erbsenbrei

375 g Erbsen	waschen, 12 – 24 Stunden in
750 ml (¾ l) Wasser	einweichen, in dem Einweichwasser zum Kochen bringen, gar kochen lassen
1 Bund Suppengrün	putzen, waschen, kleinschneiden, nach 1½ Stunden Kochzeit zu den Erbsen geben, gar kochen lassen die Erbsen durch ein Sieb streichen, erhitzen, schaumig rühren, mit
Salz	
Pfeffer	abschmecken
1 Zwiebel	abziehen, in Scheiben schneiden, in
40 g Butter, Margarine oder 50 g ausgelassenen Speckwürfeln	bräunen, den Erbsenbrei damit anrichten
Kochzeit:	2 – 2½ Stunden.
Beilage:	Sauerkraut, Schweinerippchen oder Pökelfleisch.

Eintöpfe und Aufläufe

Gekochte Eintöpfe

Erbsensuppe mit Pökelfleisch

375 g Erbsen	waschen, in
2 l Wasser	12 – 24 Stunden einweichen
1 kg gepökeltes Schweinefleisch (Ohr, Schnauze, Schwanz)	waschen
	Erbsen und Pökelfleisch in dem Einweichwasser zum Kochen bringen, fast weich kochen lassen
500 g Kartoffeln	schälen, waschen, in Würfel schneiden
1 Bund Suppengrün	putzen, waschen, kleinschneiden
Salz, Pfeffer	
1 Brühwürfel (für 500 ml = ½ l)	
	die Zutaten zu den Erbsen geben, gar kochen lassen
	die Suppe mit Salz und nach Belieben mit
gerebeltem Majoran	abschmecken
	das Fleisch kleingeschnitten in die Suppe geben
	nach Belieben
4 Brühwürstchen	in die Suppe geben, miterhitzen
geröstete Weißbrotwürfel	kurz vor dem Servieren auf die Suppe geben
Kochzeit:	Etwa 2 Stunden.
Veränderung:	Anstelle von Pökelfleisch 250 g durchwachsenen Speck nehmen.

Äpfel und Kartoffeln

Himmel und Erde

1½ kg Kartoffeln	schälen, waschen, in Würfel schneiden
500 g Äpfel	schälen, vierteln, entkernen
	die beiden Zutaten mit
Salz	
Zucker	in
375 ml (⅜ l) kochendes Wasser	geben, zum Kochen bringen, weich kochen lassen
	das Gericht mit Salz, Zucker,
Essig	abschmecken,
2 Zwiebeln	abziehen, in Scheiben schneiden
100 g Speck	in Würfel schneiden, auslassen
	die Zwiebeln darin bräunen
	das Gericht in eine vorgewärmte Schüssel geben, die Speck-Zwiebeln darüber verteilen
Kochzeit:	Etwa 45 Minuten.
Veränderung:	Aus den Kartoffeln Brei herstellen, die Äpfel zu Mus kochen, beides miteinander mischen.

Bohnensuppe mit Mettwurst

375 g Weiße Bohnen	waschen, in
2 l Wasser	12 – 24 Stunden einweichen
250 g geräucherte Mettwurst	
250 g geräucherte Schweinerippchen	
	beide Zutaten waschen
	Bohnen, Mettwurst und Schweinerippchen in dem Einweichwasser zum Kochen bringen, die Bohnen fast weich kochen lassen, die gare Mettwurst, Schweinerippchen herausnehmen
500 g Kartoffeln	schälen, waschen, in Würfel schneiden
1 Bund Suppengrün	putzen, waschen, kleinschneiden
Bohnenkraut	
Salz, Pfeffer	
	die Zutaten zu den Bohnen geben, zum Kochen bringen, gar kochen lassen
	die Suppe mit Salz, Pfeffer abschmecken
	Mettwurst und Schweinerippchen kleinschneiden, wieder in die Suppe geben.
Kochzeit:	Etwa 2 Stunden.

Hühnersuppe mit Reis

1 küchenfertiges Suppenhuhn (1 kg)	waschen, zusammen mit
Herz	
aufgeschnittenem Magen, Hals	
Geflügel-Gewürz	
gerebeltem Liebstöckel	
1 Teel. Suppenwürze	in
2 l kochendes Salzwasser	geben, zum Kochen bringen, gar kochen lassen
	das Huhn aus der Brühe nehmen
500 g Kartoffeln	schälen, waschen, in Würfel schneiden
1 Bund Suppengrün	putzen, waschen, kleinschneiden
150 g Brühreis (Langkorn)	
	die 3 Zutaten in die kochende Brühe geben, zum Kochen bringen, gar kochen lassen
	kurz vor Beendigung der Kochzeit die
Leber	hinzufügen
	das Hühnerfleisch von den Knochen lösen, die Haut entfernen, das Fleisch kleinschneiden
	kurz vor dem Anrichten in die Suppe geben, mit
Salz	
Pfeffer	
geriebener Muskatnuß	abschmecken, mit
1 Eßl. gehackter Petersilie	bestreuen
Kochzeit:	Etwa 2 Stunden.

Rindfleischsuppe mit Gemüse

375 g Rindfleisch	waschen, in
2 l kochendes Salzwasser	geben, zum Kochen bringen, gut 1½ Stunden kochen lassen
1 kg Gemüse (Erbsen, Möhren, Kohlrabi, Blumenkohl, Rosenkohl)	
	Erbsen auspalen, Möhren schrappen, Kohlrabi schälen, Blumenkohl in Röschen teilen, Rosenkohl von schlechten Stellen befreien
500 g Kartoffeln	schälen
	Gemüse und Kartoffeln waschen Möhren, Kohlrabi, Kartoffeln in Würfel schneiden die Zutaten zu dem Rindfleisch geben, zum Kochen bringen, gar kochen lassen das Fleisch in Würfel oder Streifen schneiden, wieder in die Suppe geben, erhitzen, die Suppe mit
Suppenwürze	abschmecken
Kochzeit:	Etwa 2¼ Stunden.
Veränderung:	Paprikaschoten, Tomaten, Porree, Sellerie, Möhren verwenden.

Linsensuppe mit Schweinerippchen

350 g Linsen	waschen, in
1½ l Wasser	12 – 24 Stunden einweichen
500 g geräucherte Schweinerippchen	waschen
	Linsen und Schweinerippchen in dem Einweichwasser zum Kochen bringen, fast weich kochen lassen
500 g Kartoffeln	schälen, waschen, in Würfel schneiden
1 Bund Suppengrün	putzen, waschen, kleinschneiden
Salz, Pfeffer	
gerebelter Thymian	
1 Brühwürfel (für 500 ml = ½ l)	
	die Zutaten zu den Linsen geben, gar kochen lassen, die Suppe mit Salz, Pfeffer abschmecken (damit die Suppe sämig wird, einen Teil der Kartoffeln zerdrücken oder zerstampfen) die Schweinerippchen kleingeschnitten in die Suppe geben
Kochzeit:	Etwa 1½ Stunden.

Spitzkohleintopf mit Tomaten

1 kg Spitzkohl (vorbereitet gewogen)	waschen, in feine Streifen schneiden
750 g Kartoffeln	schälen, waschen, in Würfel schneiden
500 g Tomaten	kurze Zeit in kochendes Wasser legen, in kaltem Wasser abschrecken, enthäuten, in Würfel schneiden
60 g Margarine oder Schweineschmalz	zerlassen, Spitzkohl, Kartoffeln,
375 ml (⅜ l) heißes Wasser	hinzufügen, mit
Salz, Pfeffer	würzen, zum Kochen bringen, gar kochen lassen
	für die Fleischklößchen
1 Brötchen (Semmel)	in kaltem Wasser einweichen, gut ausdrücken
1 kleine Zwiebel	abziehen, würfeln
250 g Gehacktes (halb Rind-, halb Schweinefleisch)	mit dem Brötchen, der Zwiebel,
1 Ei	vermengen, mit Salz, Pfeffer abschmecken, aus der Masse etwa 20 Klößchen formen, mit den Tomaten 20 Minuten vor Beendigung der Kochzeit zu dem Spitzkohl geben den garen Eintopf mit Salz abschmecken, nach Belieben noch etwas Wasser hinzufügen
Kochzeit:	Etwa 1 Stunde.

Westfälisches Blindhuhn

1 l Wasser	zum Kochen bringen
375 g durchwachsenen Speck	hinzufügen, zum Kochen bringen, kochen lassen
500 g Grüne Bohnen	abfädeln, waschen, in kleine Stücke brechen oder schnippeln
250 g Möhren	putzen, schrappen
750 g Kartoffeln	schälen
	beide Zutaten waschen, in kleine Würfel schneiden
2 Äpfel	
2 Birnen	
	beide Zutaten schälen, vierteln, entkernen, in Scheiben schneiden nach 30 Minuten Kochzeit des Specks Gemüse, Obst,
Salz	hinzufügen, zum Kochen bringen, gar kochen lassen den Eintopf mit Salz abschmecken den Speck nach Belieben schneiden
Kochzeit:	1 – 1½ Stunden.
Veränderung:	200 g gewaschene Bohnen (getrocknet) in Wasser 12 – 24 Stunden einweichen, danach mit dem Einweichwasser zum Kochen bringen, 30 Minuten kochen lassen, den Speck hinzugeben in diesem Fall nur 250 g Grüne Bohnen nehmen, sie nach Belieben aber auch ganz weglassen (längere Kochzeit beachten).

Kartoffelsuppe mit Wirsing

2 – 3 Fleischknochen	waschen, in
1¼ l Salzwasser	zum Kochen bringen, abschäumen
250 – 375 g durchwachsenen Speck	hinzufügen, zum Kochen bringen, etwa 45 Minuten kochen lassen, die Brühe durch ein Sieb gießen, wieder mit dem Speck zum Kochen bringen
750 g Kartoffeln	schälen, waschen
200 g Möhren	putzen, schrappen, waschen
125 g Sellerie	schälen, waschen
	die 3 Zutaten in Würfel schneiden
1 Stange Porree	putzen, waschen, in Streifen schneiden
350 g Wirsing (vorbereitet gewogen)	vierteln, den Strunk herausschneiden, den Wirsing waschen, in etwa 2 cm breite Streifen schneiden die Kartoffeln mit dem Gemüse in die Brühe geben, mit
Salz	würzen, zum Kochen bringen, 20 – 25 Minuten kochen lassen den Speck herausnehmen, in Scheiben oder Würfel schneiden, wieder in die Suppe geben, mit Salz,
Streuwürze	abschmecken
Kochzeit:	Etwa 1¼ Stunden.

Kartoffelsuppe

2 mittelgroße Zwiebeln	abziehen, in Scheiben schneiden
2 Bund Suppengrün	putzen, waschen, kleinschneiden
100 g durchwachsenen Speck	in Würfel schneiden, auslassen, Zwiebeln und Suppengrün darin andünsten
1½ l Wasser	hinzugießen
1½ kg Kartoffeln	schälen, waschen, in Würfel schneiden
500 g geräucherte Mettwurst	
Salz, Pfeffer	
gerebelter Thymian	
gerebeltes Liebstöckel	
1 Brühwürfel (für 500 ml = ½ l)	
	die Zutaten in das Gemüsewasser geben, zum Kochen bringen, gar kochen lassen (damit die Suppe sämig wird, einen Teil der Kartoffeln zerdrücken oder zerstampfen)
	die Suppe mit Salz, Pfeffer abschmecken, mit
2 Eßl. gehackter Petersilie	bestreuen
Kochzeit:	Etwa 30 Minuten.

Geschmorte und gedünstete Eintöpfe

Grundrezept
Auf dem Gasherd:
Das Fett auf großer Flamme erhitzen, das in kleine Würfel geschnittene Fleisch und die Knochen hineingeben und unter Wenden schwach bräunen.
Kurz bevor das Fleisch genügend gebräunt ist, die kleingeschnittene Zwiebel, das gewaschene kleingeschnittene Suppengrün und evtl. die enthäuteten, kleingeschnittenen Tomaten hinzugeben und kurz miterhitzen.
Anschließend das Fleisch würzen. Dann das in Stücke geschnittene Gemüse und danach die geschälten, kleingeschnittenen Kartoffeln hinzugeben. Das Wasser darüber gießen.
Ohne die Zutaten umzurühren, den Topf mit einem Deckel verschließen und die Flamme groß lassen, bis Dampf entweicht. Dann die Flamme klein stellen und das Gericht garen lassen. Während dieser Zeit darf aus dem Topf kein Dampf entweichen (Flamme evtl. noch kleiner stellen), damit die im Rezept angegebene Wassermenge ausreicht. Außerdem den Deckel nicht ständig vom Topf nehmen und die Zutaten nicht umrühren, da dann die auf „klein" gestellte Flamme nicht genügend Hitze abgeben würde.

Auf dem Elektroherd:
Das Fett auf Stufe 3 erhitzen, das in kleine Würfel geschnittene Fleisch und die Knochen hineingeben und unter Wenden schwach bräunen. Kurz bevor das Fleisch genügend gebräunt ist, die kleingeschnittene Zwiebel, das gewaschene, kleingeschnittene Suppengrün und evtl. die enthäuteten, kleingeschnittenen Tomaten hinzugeben und sie kurz miterhitzen.
Anschließend das Fleisch würzen. Dann das in Stücke geschnittene Gemüse und danach die geschälten, kleingeschnittenen Kartoffeln hinzugeben. Das Wasser darüber gießen.
Ohne die Zutaten umzurühren, den Topf mit einem Deckel verschließen und die Kochplatte auf Stufe 3 geschaltet lassen (bei Blitzkochplatten evtl. umschalten auf Stufe 2), bis Dampf entweicht. Die Kochplatte dann auf Stufe 1 und etwa 10 Minuten vor Beendigung der Kochzeit auf Stufe 0 schalten. Während dieser Zeit darf aus dem Topf kein Dampf entweichen (evtl. zwischendurch auf Stufe 0 schalten oder auf Zwischenstufe gehen) sonst reicht die im Rezept angegebene Wassermenge nicht aus. Außerdem den Deckel nicht ständig vom Topf nehmen und die Zutaten nicht umrühren. Soll das in Würfel geschnittene Fleisch in dem Fett nicht anbräunen (kräftiger im Geschmack), das Fett auf den Topfboden streichen und die Zutaten in der Reihenfolge des Rezeptes in den Topf schichten. Das Gericht bei Gas auf großer Flamme oder bei Strom auf Stufe 3 (bei Blitzkochplatten Stufe 2) zum Kochen bringen und es bei kleiner Flamme bzw. auf Stufe 1 gar kochen lassen.

Vegetarischer Eintopf

250 g Möhren	putzen, schrappen
500 g Kartoffeln	schälen beide Zutaten waschen, in Würfel schneiden
250 g Grüne Bohnen	abfädeln, waschen, in Stücke brechen oder schneiden
250 g Tomaten	kurze Zeit in kochendes Wasser legen, in kaltem Wasser abschrecken, enthäuten, vierteln
250 g Blumenkohl	putzen, waschen, in Röschen teilen von
250 g Rosenkohl	die beschädigten und fleckigen äußeren Blättchen entfernen, etwas vom Strunk abschneiden, die Rosenkohlröschen kreuzförmig einschneiden, waschen
2 mittelgroße Zwiebeln	abziehen, würfeln
50 g Margarine	zerlassen, Zwiebeln, Möhren, Kartoffeln, Rosenkohl etwa 5 Minuten unter Wenden darin andünsten, mit
Salz, Pfeffer	würzen
375 ml (3/8 l) Instant-Fleischbrühe	hinzugießen, dünsten lassen nach etwa 20 Minuten Dünstzeit Bohnen, Tomaten, Blumenkohl hinzufügen, gar dünsten lassen den Eintopf mit Salz, Pfeffer abschmecken, mit
2 Eßl. gehackter Petersilie	bestreuen
Dünstzeit:	Etwa 50 Minuten.

Grüne Bohnen-Eintopf

375 g Rindfleisch	waschen, abtrocknen, in kleine Würfel schneiden
1 kg Grüne Bohnen	abfädeln, waschen, in kleine Stücke brechen oder schneiden
750 g Kartoffeln	schälen, waschen, kleinschneiden
40 g Margarine	erhitzen, das Fleisch unter Wenden schwach darin bräunen
1 Bund Suppengrün	putzen, waschen, kleinschneiden
1 mittelgroße Zwiebel	abziehen, würfeln kurz bevor das Fleisch genügend gebräunt ist, die Zwiebel und das Suppengrün hinzufügen, kurz miterhitzen das Fleisch mit
Pfeffer *Salz* *Bohnenkraut*	würzen, Bohnen, Kartoffeln,
500 ml (1/2 l) Wasser	hinzufügen, gar schmoren lassen den Eintopf mit Salz abschmecken
Schmorzeit:	Etwa 80 Minuten.
Veränderung:	250 g gewaschene, kleingeschnittene Tomaten mit dem Fleisch und der Zwiebel in dem Fett erhitzen, dann aber nur 250 ml (1/4 l) Wasser in den Eintopf geben.

Grüne Bohnen-Eintopf mit Tomaten

375 g Hammelfleisch	waschen, abtrocknen, in kleine Würfel schneiden
100 g durchwachsenen Speck	in kleine Würfel schneiden
250 g Tomaten	kurze Zeit in kochendes Wasser legen, in kaltem Wasser abschrecken, enthäuten, in Stücke schneiden
750 g Grüne Bohnen	abfädeln, waschen, in kleine Stücke brechen oder schneiden
1 Paprikaschote	halbieren, entstielen, entkernen, die weißen Scheidewände entfernen, die Schote waschen, in Streifen schneiden
500 g Kartoffeln	schälen, waschen, in Würfel schneiden
1 – 2 Eßl. Margarine	erhitzen, die Fleisch- und Speckwürfel unter Wenden schwach darin bräunen
2 mittelgroße Zwiebeln *1 Knoblauchzehe*	beide Zutaten abziehen, würfeln kurz bevor das Fleisch genügend gebräunt ist, Zwiebeln, Knoblauch, Tomaten hinzufügen, kurz miterhitzen das Fleisch mit
Salz *Pfeffer*	würzen, Bohnen, Kartoffeln, Paprikaschote,
250 ml (¼ l) Wasser	hinzufügen, gar schmoren lassen das Gericht mit Salz abschmecken
Schmorzeit:	Etwa 1¼ Stunden.

Möhren-Bohnen-Eintopf

100 g Weiße Bohnen *750 ml (¾ l) Wasser*	waschen, in 12 – 24 Stunden einweichen, in dem Einweichwasser zum Kochen bringen, in etwa 1 Stunde gar kochen lassen
375 g Schweinebauch (ohne Knochen)	waschen, abtrocknen, in kleine Würfel schneiden
1 kg Möhren	putzen, schrappen
500 g Kartoffeln	schälen beide Zutaten waschen, in kleine Würfel schneiden
250 g Äpfel	schälen, vierteln, entkernen, in Scheiben schneiden
40 g Margarine	erhitzen, das Fleisch unter Wenden schwach darin bräunen
2 mittelgroße Zwiebeln	abziehen, würfeln kurz bevor das Fleisch genügend gebräunt ist, die Zwiebeln hinzufügen, kurz miterhitzen das Fleisch mit
Salz *375 ml (⅜ l) Wasser*	würzen, Möhren, Kartoffeln, Äpfel, hinzufügen, in 45 – 60 Minuten gar schmoren lassen die Bohnen (ohne Flüssigkeit) unter den Möhren-Eintopf geben, mit
gehackter Petersilie	bestreuen
Schmorzeit:	Etwa 2 Stunden.

Reistopf mit Muscheln

(4 – 6 Portionen – Abb. nebenstehend)

50 g Butter	in einem großen Kochtopf zerlassen
250 g Brühreis (Langkorn)	hinzufügen, hellgelb rösten
50 g verlesene Sultaninen	hinzufügen, miterhitzen
gut 500 ml (½ l) heiße Instant-Hühnerbrühe	hinzugießen, zum Kochen bringen, den Reis ausquellen lassen, warm stellen
500 g Tomaten	kurze Zeit in kochendes Wasser legen (nicht kochen lassen), in kaltem Wasser abschrecken, enthäuten, die Stengelansätze entfernen, die Tomaten kleinschneiden
1 – 2 Zwiebeln	abziehen, würfeln
2 Eßl. Butter	zerlassen, die Zwiebelwürfel darin hellgelb dünsten lassen, die Tomatenstücke,
250 ml (¼ l) trockenen Weißwein	hinzufügen, zum Kochen bringen, etwa 5 Minuten kochen lassen, den garen Reis unterrühren
etwa 500 g Muscheln (aus der Dose)	abtropfen lassen (die Muschelflüssigkeit auffangen), die Muscheln in den Reistopf geben, vorsichtig unterrühren, miterhitzen (evtl. etwas von der Muschelflüssigkeit hinzufügen, erhitzen) den Reistopf mit Muscheln mit
Salz	
Pfeffer	abschmecken
Garzeit:	Etwa 40 Minuten.

Chinakohl-Eintopf

750 g Chinakohl	putzen, halbieren, in schmale Streifen schneiden, waschen, gut abtropfen lassen
150 g Zwiebeln	abziehen, fein würfeln
250 g enthäutete Tomaten	in Scheiben schneiden
250 g Kartoffeln	schälen, waschen, in Würfel schneiden
40 g Butter oder Margarine	zerlassen, die Zwiebeln so lange darin erhitzen, bis sie goldgelb sind
375 g Gehacktes (halb Rind-, halb Schweinefleisch)	hinzufügen, kurze Zeit miterhitzen
Salz	
Pfeffer	
250 ml (¼ l) Wasser	und Chinakohl, Tomaten, Kartoffeln dazugeben, gar schmoren lassen den Eintopf mit Salz, Pfeffer,
etwa 2 Eßl. Tomatenketchup	abschmecken
Schmorzeit:	Etwa 45 Minuten.

Hammeleintopf

500 g Hammelfleisch (Brust oder Schulter)	waschen, abtrocknen, in kleine Würfel schneiden
3 Eßl. Speiseöl	erhitzen, das Fleisch darin anbraten, mit
Salz	
Pfeffer	bestreuen
1 l Instant-Fleischbrühe	hinzugießen, zum Kochen bringen, etwa 20 Minuten kochen lassen
250 g Möhren	putzen, schrappen, waschen
250 g Kartoffeln	schälen, waschen beide Zutaten in Würfel schneiden
1 Stange Porree (Lauch)	gründlich waschen, in Scheiben schneiden (evtl. nochmals waschen)
3 gestrichene Eßl. Instant-Fleischbrühe	unterrühren, zum Kochen bringen
2 Paar geräucherte Landjäger-Würstchen (in dünne Scheiben geschnitten)	mit
Salz	
Pfeffer	
gerebeltem Majoran	
gemahlenem Rosmarin	in die Suppe geben, gar kochen lassen, nach Belieben nochmals mit den Gewürzen abschmecken
Garzeit:	Etwa 30 Minuten.

Serbisches Reisfleisch

500 g Schweinefleisch	waschen, abtrocknen, in kleine Würfel schneiden
500 g Tomaten	kurze Zeit in kochendes Wasser legen, in kaltem Wasser abschrecken, enthäuten, vierteln
250 g Zwiebeln	abziehen, in Scheiben schneiden
60 g durchwachsenen Speck	in kleine Würfel schneiden, auslassen
1 Eßl. Margarine	hinzufügen, zerlassen, das Fleisch unter Wenden darin bräunen, mit
Salz	
Pfeffer	
Cayennepfeffer	
1 Brühwürfel (für 250 ml = ½ l)	würzen, die Zwiebeln hinzufügen, leicht bräunen lassen Tomaten,
750 ml (¾ l) Wasser	hinzufügen, zum Kochen bringen, kochen lassen
250 g Brühreis (Langkorn)	nach 25 Minuten Kochzeit zu dem Fleisch geben, gar kochen lassen das Gericht mit Salz, Pfeffer,
Paprika extrascharf	abschmecken
Garzeit:	Etwa 45 Minuten.

Mussaka

3 mittelgroße Auberginen (500 – 600 g)	entstielen, die Auberginen waschen, in etwa 1 cm dicke Scheiben schneiden, nach Belieben mit
Salz	bestreuen, etwa 30 Minuten stehenlassen, damit die im Fruchtfleisch enthaltenen Bitterstoffe herausziehen
2 grüne Peperoni	entstielen, entkernen, die Peperoni waschen, in etwa 1 cm dicke Scheiben schneiden, jeweils ⅓ von
125 ml (⅛ l) Speiseöl	erhitzen, das Gemüse portionsweise darin anbraten, herausnehmen, warm stellen
2 Eßl. Speiseöl	erhitzen
600 g gehacktes Lammfleisch	darin anbraten
2 Zwiebeln	abziehen, würfeln
2 abgezogene Knoblauchzehen	zerdrücken
½ Bund Petersilie	waschen, fein hacken die drei Zutaten zu dem Fleisch geben, gut durchdünsten, mit Salz,
gerebeltem Basilikum gerebeltem Thymian	

1 Teel. gerebeltem Oregano	bestreuen, die Hackfleisch-Masse zugedeckt 5 Minuten schmoren lassen
6 – 8 Tomaten	waschen, die Stengelansätze entfernen, die Tomaten in Scheiben schneiden eine Auflaufform mit
1 Eßl. Speiseöl	ausstreichen, die Hälfte der Auberginenscheiben hineinschichten, mit
Salz gerebeltem Basilikum gerebeltem Thymian	bestreuen, die Hälfte der Tomatenscheiben darauf verteilen, mit Salz, Basilikum, Thymian bestreuen, die Gemüseschichten mit der Fleisch-Masse bedecken, die restlichen Auberginen-, Peperoni- und Tomatenscheiben darauf geben
1 Becher Joghurt (150 g)	verrühren, darüber verteilen
4 – 5 Eßl. geriebenen Käse	darüber streuen, die Mussaka in den Backofen schieben, 30 Minuten überbacken lassen
Strom:	200 – 225
Gas:	3 – 4
Backzeit:	Etwa 40 Minuten.

Tomaten-Kartoffel-Auflauf

(2 Portionen)

100 g Zwiebeln	abziehen, in Scheiben schneiden
250 g Tomaten	waschen, kurze Zeit in kochendes Wasser legen, in kaltem Wasser abschrecken, enthäuten, in Scheiben schneiden
300 g gekochte Kartoffeln	in Scheiben schneiden
100 g gekochten Schinken	in Würfel schneiden
2 Eßl. Butter oder Margarine	erhitzen, die Zwiebeln darin leicht bräunen
2 Eßl. gehackte Petersilie	unterrühren die Zutaten in eine mit
Butter oder Margarine	gefettete Auflaufform schichten die oberste Schicht muß aus Kartoffeln bestehen
3 Eier	mit
250 ml (¼ l) Milch	verschlagen, kräftig mit
Salz	abschmecken, über den Auflauf geben, mit
Semmelmehl	bestreuen
Butter	in Flöckchen darauf setzen die Auflaufform in den Backofen schieben
Strom:	225 – 250
Gas:	5 – 6
Backzeit:	Etwa 40 Minuten.

Gulaschsuppe

250 g Rindfleisch	waschen, abtrocknen, in Würfel schneiden
3 – 4 Eßl. Speiseöl	erhitzen, das Fleisch darin anbraten
250 g Zwiebeln	abziehen, fein würfeln, zu dem Fleisch geben, mitbraten lassen, mit
1 Teel. Paprika edelsüß 1 – 2 Teel. Tomatenmark Pfeffer	würzen
1 l Wasser	hinzugießen
3 gestrichene Eßl. Instant-Fleischbrühe	unterrühren, zum Kochen bringen, etwa 30 Minuten kochen lassen
200 g Kartoffeln	schälen, waschen, in Würfel schneiden, in die Suppe geben, etwa weitere 45 Minuten kochen lassen
2 Eßl. Speisestärke	mit
3 Eßl. kaltem Wasser	anrühren, die Suppe damit binden, nach Belieben mit
saurer Sahne	abschmecken
Garzeit:	Etwa 1¼ Stunden.

Ochsenschwanz-Eintopf

(Abb. S. 156/157)

Etwa 1 kg Ochsenschwanz (fleischige Stücke)	waschen, abtrocknen
2 Eßl. Schweineschmalz	erhitzen, das Fleisch darin von allen Seiten gut anbraten
500 ml (½ l) Rotwein	hinzugießen, das Fleisch schmoren lassen
3 Knoblauchzehen	abziehen, fein würfeln, hinzufügen
400 g Tomaten	kurze Zeit in kochendes Wasser legen (nicht kochen lassen), in kaltem Wasser abschrecken, enthäuten, die Stengelansätze entfernen, die Tomaten halbieren, entkernen, in Stücke schneiden, zu dem Fleisch geben, mit
Salz, Pfeffer	würzen, das Fleisch zugedeckt etwa 2 Stunden schmoren lassen, nach und nach
750 ml (¾ l) heiße Instant-Fleischbrühe	hinzugießen das gare Fleisch von den Knochen lösen, wieder in die Flüssigkeit geben
250 g Schalotten oder kleine Zwiebeln	abziehen, zu dem Fleisch geben, etwa 30 Minuten mitschmoren lassen
250 g Champignons	putzen, waschen, große Pilze halbieren, etwa 10 Minuten vor Beendigung der Garzeit hinzufügen den Eintopf mit Salz, Pfeffer abschmecken
Schmorzeit:	Etwa 2 ½ Stunden.
Beigabe:	Stangenweißbrot.

Gemüse-Fisch-Eintopf

500 g Kabeljaufilet	unter fließendem kaltem Wasser abspülen, trockentupfen, mit
Zitronensaft	beträufeln, etwas stehenlassen, wieder trockentupfen, mit
Salz	bestreuen, in nicht zu kleine Stücke schneiden
250 g Champignons	putzen, waschen, in Scheiben schneiden
250 g Grüne Bohnen	abfädeln, waschen, in Stücke brechen oder schneiden
375 g Kartoffeln	schälen, waschen, in Würfel schneiden
2 große Zwiebeln	abziehen, in Scheiben schneiden
50 g Margarine	zerlassen, die Zwiebeln darin andünsten
	Champignons, Bohnen, Kartoffeln hinzufügen, kurze Zeit mitdünsten lassen, mit
Salz, Pfeffer	würzen
250 ml (¼ l) Wasser	hinzugießen, dünsten lassen
	nach etwa 25 Minuten Dünstzeit den Fisch,
125 ml (⅛ l) Weißwein	hinzufügen, gar dünsten lassen
	den Eintopf mit Salz, Pfeffer,
Glutamat	
Fisch-Gewürz	abschmecken, mit
2 Eßl. gehackter Petersilie	bestreuen
Dünstzeit:	Etwa 40 Minuten.

Spanisch Frikko

250 g Schweinefleisch	
250 g Rindfleisch	
125 g Kalbfleisch	
	das Fleisch waschen, abtrocknen, in kleine Würfel schneiden
3 große Zwiebeln	abziehen, würfeln,
1½ kg Kartoffeln	schälen, waschen, in Würfel schneiden
40 g Margarine	erhitzen, das Fleisch unter Wenden schwach darin bräunen
	kurz bevor das Fleisch genügend gebräunt ist, die Zwiebeln hinzufügen, kurze Zeit miterhitzen
	Kartoffeln,
Salz	
Pfeffer	
Paprika edelsüß	
½ Teel. Kümmel	
375 ml (⅜ l) Wasser	hinzufügen, gar schmoren lassen (ab und zu umrühren)
	10 Minuten vor Beendigung der Schmorzeit
2 schwach gehäufte Eßl. Crème fraîche	unterrühren, das Gericht mit
2 Eßl. gehackter Petersilie	bestreuen
Schmorzeit:	Etwa 1½ Stunden.

Pichelsteiner

200 g Hammelfeisch	
200 g Schweinefleisch	
	das Fleisch waschen, abtrocknen, in nicht zu kleine Würfel schneiden
250 g Möhren	putzen, schrappen
200 g Sellerie	schälen
500 g Kartoffeln	schälen
	die drei Zutaten waschen, in Würfel schneiden
250 g Porree	putzen, in Scheiben schneiden, waschen
250 g Weißkohl (vorbereitet gewogen)	waschen, kleinschneiden
40 g Margarine	erhitzen, das Fleisch unter Wenden schwach darin bräunen
2 mittelgroße Zwiebeln	abziehen, fein würfeln
	kurz bevor das Fleisch genügend gebräunt ist, die Zwiebeln hinzufügen, kurz miterhitzen
	das Fleisch mit
Salz, Pfeffer	würzen, Gemüse, Kartoffeln,
500 ml (½ l) Instant-Fleischbrühe	hinzufügen, gar schmoren lassen
	den Eintopf mit Salz, Pfeffer abschmecken
Schmorzeit:	Etwa 1 Stunde.

Szegediner Gulasch

250 g Zwiebeln	abziehen, in Scheiben schneiden
250 g Schweinefleisch	
250 g Rindfleisch	
	das Fleisch waschen, abtrocknen, in 2 cm große Würfel schneiden
50 g Schweineschmalz oder 100 g durchwachsener Speck	
	Schmalz zerlassen oder Speck in Würfel schneiden, auslassen, Zwiebeln etwa 5 Minuten darin andünsten
1 Teel. Paprika extrascharf	
1 gehäuften Eßl. Tomatenmark	unterrühren, das Fleisch hinzufügen, mit
Salz, Pfeffer	bestreuen
500 g Sauerkraut	auf das Fleisch geben
500 ml (½ l) Instant-Fleischbrühe	hinzugießen, umrühren, garen lassen
	unter das gare Gulasch
1 Becher (150 g) Crème fraîche	rühren
2 Teel. Speisestärke	mit
2 Eßl. kaltem Wasser	anrühren, das Gulasch damit binden, mit Salz, Pfeffer abschmecken
Garzeit:	Etwa 1½ Stunden.

Sauerkrautsuppe „Mandarin“ (2 – 3 Portionen)

1 Zwiebel	abziehen, würfeln
2 Eßl. Butter	zerlassen, die Zwiebelwürfel darin glasig dünsten lassen
etwa 300 g Sauerkraut (aus der Dose)	lockerzupfen, kleinschneiden, hinzufügen, durchdünsten lassen
375 ml (⅜ l) Instant-Fleischbrühe etwa 175 g Mandarinenspalten (aus der Dose)	mit der Flüssigkeit hinzufügen, mit
Salz Pfeffer	
Ingwerpulver	würzen
1 – 2 Eßl. Honig	unterrühren, die Sauerkrautsuppe zum Kochen bringen, gar kochen lassen
1 Becher (150 g) Crème fraîche	unterrühren, die Suppe evtl. mit Salz, Pfeffer, Ingwerpulver abschmecken
Garzeit:	Etwa 30 Minuten.

Rosenheimer Gemüsetopf

300 g Rindfleisch	
300 g Schweinefleisch	
100 g Rindermark	die Zutaten waschen, abtrocknen, das Fleisch in Würfel, das Rindermark in Scheiben schneiden
350 g Möhren	putzen, schrappen, waschen, in Scheiben schneiden
350 g Kartoffeln	schälen
350 g Porree	putzen
350 g Sellerieknolle	schälen
350 g Kohlrabi	putzen, schälen
	die 4 Zutaten waschen, abtropfen lassen, kleinschneiden
2 Zwiebeln	abziehen, würfeln
2 Eßl. Schweineschmalz	zerlassen, die Fleischwürfel darin anbraten
250 ml (¼ l) heiße Instant-Fleischbrühe	hinzugießen, das Fleisch etwa 15 Minuten schmoren lassen, die Zwiebelwürfel hinzufügen, etwa 10 Minuten mitdünsten lassen
	die Rindermarkscheiben in einen großen Kochtopf geben, erhitzen, bis

	das Mark zerlassen ist Fleisch, Gemüse und Kartoffeln abwechselnd einschichten (letzte Schicht soll aus Kartoffeln bestehen) jede Schicht mit
Salz *Pfeffer* *gerebeltem Majoran* *Kümmel*	bestreuen
750 ml (¾ l) heiße Instant-Fleischbrühe	hinzugießen den Gemüsetopf zum Kochen bringen, etwa 30 Minuten kochen lassen, nach Belieben 10 Minuten vor Beendigung der Garzeit
125 ml (⅛ l) Weißwein	hinzugießen, den Eintopf evtl. mit Salz, Pfeffer, Kümmel abschmecken, mit
gehackter Petersilie	bestreuen
Garzeit:	Etwa 1 Stunde.

Kalbsgulasch mit Gemüse

375 g Kalbfleisch	waschen, abtrocknen, in Würfel schneiden
1 mittelgroße Zwiebel	abziehen, würfeln
250 g Tomaten	kurze Zeit in kochendes Wasser legen (nicht kochen lassen), in kaltem Wasser abschrecken, enthäuten, die Stengelansätze herausschneiden, die Tomaten in Stücke schneiden
750 g Grüne Bohnen	waschen, abfädeln, in Stücke brechen oder schneiden
500 g Kartoffeln	schälen, waschen, in Würfel schneiden
50 g Margarine	erhitzen, das Fleisch unter Wenden schwach darin bräunen lassen, Zwiebel, Tomaten hinzufügen, kurz miterhitzen, Bohnen, Kartoffeln,
Salz *Pfeffer* *250 ml (¼ l) Wasser*	hinzufügen, gar schmoren lassen das Gericht mit Salz abschmecken
Schmorzeit:	Etwa 1 Stunde.

Streifrüben-Eintopf

Stielmus

375 g Schweinefleisch	waschen, abtrocknen, in kleine Würfel schneiden
750 g vorbereitete Streifrüben	waschen, kleinschneiden
750 g Kartoffeln	schälen, waschen, in Würfel schneiden
40 g Margarine	erhitzen, das Fleisch unter Wenden schwach darin bräunen, mit
Salz	würzen, Streifrüben, Kartoffeln,
250 ml (¼ l) Wasser	hinzufügen, gar schmoren lassen den Eintopf mit Salz abschmecken
Schmorzeit:	Etwa 1¾ Stunden.

Chili con carne

(Mexikanischer Bohnen-Fleisch-Eintopf)

75 g durchwachsenen Speck	in Würfel schneiden
2 – 3 Zwiebeln *1 Knoblauchzehe*	beide Zutaten abziehen, fein würfeln, in dem Speckfett glasig dünsten lassen
500 g Rindergehacktes	hinzufügen, unter ständigem Rühren etwa 7 Minuten braten lassen
etwa 250 g Tomaten (aus der Dose)	abtropfen lassen, kleinschneiden, mit der Tomatenflüssigkeit
etwa 600 g Kidneybeans (aus der Dose) *3 Eßl. Chilisauce*	zu dem Gehackten geben, mit
2 Teel. Chilipulver *Salz* *Zucker*	würzen, zum Kochen bringen, gar kochen lassen den garen Eintopf evtl. nochmals mit den Gewürzen abschmecken
Garzeit:	Etwa 15 Minuten.
Beigabe:	Roggenstangenbrot oder kräftiges Bauernbrot.

Kohlrabi-Möhren-Eintopf

(2 Portionen)

250 g Möhren	putzen, schrappen, waschen, in Scheiben schneiden
250 g Kohlrabi (ohne Grün gewogen)	schälen, waschen, in Streifen schneiden
250 g Kartoffeln	schälen, waschen, in kleine Würfel schneiden
150 g Schweinenacken	waschen, abtrocknen, vom Knochen lösen (diesen nach Belieben mitschmoren), das Fleisch in größere Würfel schneiden
2 Eßl. Margarine	erhitzen, das Fleisch darin von allen Seiten anbraten
2 Zwiebeln	abziehen, in Scheiben schneiden, hinzufügen, hellbraun werden lassen, Möhren und Kohlrabi hinzufügen, kurze Zeit miterhitzen die Kartoffeln,
250 ml (¼ l) heißes Wasser *Salz* *Pfeffer*	hinzufügen, alles gar schmoren lassen den Eintopf mit Salz, Pfeffer abschmecken
1 Eßl. gehackte Petersilie	hinzufügen
Schmorzeit:	Etwa 50 Minuten.

Römische Bohnen

750 g Grüne Bohnen (vorbereitet gewogen)	waschen, kleine ganz lassen, große einmal durchschneiden oder brechen
375 g Rindfleisch	waschen, in kleine Würfel schneiden
250 g Zwiebeln	abziehen, würfeln
50 g Butter oder Margarine	zerlassen, Fleisch und Zwiebeln kurze Zeit darin erhitzen, die Bohnen,
Salz	hinzufügen, gar dünsten lassen
250 g enthäutete Tomaten	in Würfel schneiden, 15 Minuten vor Beendigung der Dünstzeit hinzufügen den Eintopf mit Salz,
Paprika edelsüß Pfeffer Zucker	abschmecken
Dünstzeit:	Etwa 1 Stunde.

Große Bohnen-Eintopf

375 g Hammelfleisch	waschen, abtrocknen, in kleine Würfel schneiden
750 g Kartoffeln	schälen, waschen, in Würfel schneiden
750 g ausgepalte Große Bohnen (2½ – 3 kg mit Hülsen) Bohnenkraut	beide Zutaten waschen
40 g Margarine	erhitzen, das Fleisch unter Wenden schwach darin bräunen, mit
Salz Pfeffer	würzen, Kartoffeln, Bohnen, Bohnenkraut,
375 ml (⅜ l) Wasser	hinzufügen, gar schmoren lassen den Eintopf mit Salz abschmecken
Schmorzeit:	Etwa 1½ Stunden.

Möhren-Lamm-Eintopf

500 g schieres Lammfleisch (ohne Knochen)	waschen, abtrocknen, in kleine Würfel schneiden
2 Eßl. Speiseöl	erhitzen, das Fleisch von allen Seiten gut darin anbraten
250 g Möhren	putzen, schrappen, waschen, kleinschneiden, zu dem Fleisch geben
500 ml (½ l) Instant-Fleischbrühe	hinzugießen, zum Kochen bringen, mit
½ Teel. gerebeltem Oregano ½ Teel. gerebeltem Basilikum 1 Messerspitze gerebeltem Salbei 1 Messerspitze gemahlenem Rosmarin 1 abgezogenen, zerdrückten Knoblauchzehe	würzen, gar kochen lassen etwa 10 Minuten vor Beendigung der Kochzeit
150 g gekochten Brühreis (Langkorn)	unterrühren, miterhitzen, mit
feingehackter Petersilie	bestreut servieren
Garzeit:	Etwa 50 Minuten.

Hammelpilaw

375 – 500 g Hammelfleisch	waschen, abtrocknen, in kleine Würfel schneiden
2 mittelgroße Zwiebeln	abziehen, würfeln
250 g Sellerie	putzen, waschen, kleinschneiden
250 g Tomaten	kurze Zeit in kochendes Wasser legen, in kaltem Wasser abschrecken, enthäuten, in Stücke schneiden
2 Eßl. Margarine	zerlassen, das Fleisch unter Wenden schwach darin bräunen kurz bevor das Fleisch genügend gebräunt ist, Zwiebeln, Sellerie, Tomaten hinzufügen, kurz miterhitzen, mit
Salz Pfeffer Paprika edelsüß	würzen
750 ml (¾ l) Wasser	hinzugießen, zum Kochen bringen
150 g Brühreis (Langkorn)	nach 20 Minuten Kochzeit zu dem Fleisch geben, gar kochen lassen das Gericht mit Salz abschmecken, mit
1 Eßl. gehackter Petersilie	bestreuen
Garzeit:	Etwa 1 Stunde.

Wirsing-Eintopf

375 g Rindfleisch	waschen, abtrocknen, in kleine Würfel schneiden
750 g Wirsing (vorbereitet gewogen)	waschen, kleinschneiden
500 g Kartoffeln	schälen, waschen, in Würfel schneiden
40 g Schweineschmalz oder Margarine	erhitzen, das Fleisch unter Wenden schwach darin bräunen
1 Zwiebel	abziehen, würfeln kurz bevor das Fleisch genügend gebräunt ist, die Zwiebel hinzufügen, kurz miterhitzen das Fleisch mit
Salz	würzen, Wirsing, Kartoffeln,
gut 250 ml (¼ l) Wasser	hinzufügen, gar schmoren lassen den Eintopf mit Salz abschmecken
Schmorzeit:	1 – 1½ Stunden.

Zucchini-Auflauf *(2 – 3 Portionen)*

Etwa 300 g kleine Zucchini	waschen, abtrocknen, in etwa 1 cm dicke Scheiben schneiden, in
kochendes Salzwasser	geben, zum Kochen bringen, etwa 5 Minuten kochen, abtropfen lassen
100 g Emmentaler Käse (im Stück)	
100 g Salami (im Stück)	beide Zutaten in kleine Würfel schneiden, mit den Zucchinischeiben,
1 Becher (150 g) Crème fraîche	
1 Ei	vermengen die Masse mit
Pfeffer	
geriebener Muskatnuß	abschmecken, in eine gefettete Auflaufform füllen, mit
Semmelmehl	
gehackten Mandeln	bestreuen
Butter	in Flöckchen darauf setzen die Form auf dem Rost in den vorgeheizten Backofen schieben
Strom:	175 – 200
Gas:	3 – 4
Backzeit:	25 – 30 Minuten.

Hessischer Suppentopf

(2 Portionen – Abb. nebenstehend)

300 g Rindfleisch	waschen, abtrocknen, in dünne Scheiben schneiden, in
2 Eßl. erhitztem Speiseöl	kräftig anbraten
150 g geputzen Porree	waschen, in Ringe schneiden, mit
1 zerdrückten Knoblauchzehe	zu dem Fleisch geben, durchdünsten lassen, mit
Salz	
Pfeffer	würzen
375 ml (⅜ l) Wasser	hinzugießen, etwa 35 Minuten schmoren lassen
300 g Brechbohnen	abfädeln, waschen, einmal durchbrechen, mit
Bohnenkraut	hinzufügen, weitere 20 Minuten schmoren lassen
250 g abgezogene Tomaten	in den Eintopf geben, etwa 5 Minuten mitschmoren lassen
60 g gekochte Nudeln	mit
1 Eßl. gehackter Petersilie	vorsichtig unterrühren, den Suppentopf evtl. nochmals mit Salz, Pfeffer,
Suppenwürze	abschmecken
Schmorzeit:	Etwa 1¼ Stunden.

Labskaus

600 g gepökeltes schieres Rindfleisch	in
500 ml (½ l) kochendes Wasser	geben, zum Kochen bringen, gar kochen lassen, von der Brühe 375 ml (⅜ l) abmessen
5 große Zwiebeln	abziehen beide Zutaten grob zerkleinern, durch den Fleischwolf drehen
75 g Margarine	zerlassen, die Fleisch-Zwiebelmasse unter Rühren 5 Minuten darin erhitzen
1 kg gekochte Kartoffeln	noch heiß durch die Kartoffelpresse geben, mit
6 Eßl. Flüssigkeit von eingelegten Essiggurken	
375 ml (⅜ l) Rindfleischbrühe	unter die Fleischmasse rühren, unter Rühren durchkochen lassen das Gericht mit
Salz	
geriebener Muskatnuß	abschmecken
Kochzeit:	Etwa 2 Stunden.
Veränderung:	Anstelle von Rindfleisch Corned Beef verwenden.

Eintopf mit Pilzen

80 g durchwachsenen Speck	in feine Würfel schneiden, auslassen
2 Zwiebeln	abziehen, in Scheiben schneiden, in dem Speck hellgelb dünsten lassen
500 g Möhren	putzen, schrappen, waschen, in Scheiben schneiden
250 g Pfifferlinge	sorgfältig putzen, waschen, große evtl. halbieren
600 g schieres Rind-, Kalb-, Schweine- oder Hammelfleisch	waschen, abtrocknen, in etwa 2 cm große Würfel schneiden alle Zutaten mit der Speck-Zwiebel-Mischung in eine feuerfeste Form mit Deckel einschichten (oder gewässerte Tonform), mit
Salz *schwarzem Pfeffer* *Tabasco*	würzen
1 Lorbeerblatt	darauf legen
125 ml (⅛ l) Instant-Fleischbrühe	mit
125 ml (⅛ l) Weißwein *125 ml (⅛ l) saurer Sahne*	verrühren, hinzugießen, zugedeckt im Backofen garen lassen vor dem Servieren das Lorbeerblatt entfernen, den Eintopf mit
feingehackter Petersilie	bestreut in der Form servieren
Garzeit:	Etwa 1¾ Stunden.

Paprika-Sauerkraut-Suppe

2 Paprikaschoten (etwa 375 g)	halbieren, entstielen, entkernen die weißen Scheidewände entfernen, die Paprikaschoten waschen, in Streifen schneiden
200 g Zwiebeln	abziehen, fein würfeln
200 g Sauerkraut	lockerzupfen, fein schneiden
2 Eßl. Speiseöl	erhitzen, die Zwiebeln so lange darin dünsten, bis sie hellgelb sind Paprika und Sauerkraut hinzufügen, kurze Zeit miterhitzen
1 l heiße Instant-Fleischbrühe	hinzugießen, zum Kochen bringen, gar kochen lassen
1 gestrichenen Eßl. Speisestärke	mit
1 Eßl. kaltem Wasser	anrühren, die Suppe damit binden, mit
Salz *1 – 2 Eßl. Weißwein*	abschmecken
etwa 125 ml (⅛ l) Sahne	unterrühren
Kochzeit:	Etwa 50 Minuten.

Eier- und Quarkspeisen

Eierspeisen

1. Eier vor dem Kochen einstechen.
2. Eier für Rührei gut verschlagen, damit Eigelb und Eiweiß richtig gemischt werden.
3. Bei Verwendung von Eigelb allein, es mit 1 Eßl. Milch oder Sahne gut verschlagen, dann in die Speise rühren.
4. Legierte Speisen dürfen nicht mehr kochen, da sonst das Ei gerinnt, die Speise nur vorsichtig erwärmen, am besten im Wasserbad warm halten.
5. Beim Schlagen von Eiweiß zu Schnee das Eiweiß sorgfältig vom Eigelb trennen, darauf achten, daß kein Eigelb in das Eiweiß läuft, da sich das Eiweiß sonst nicht aufschlagen läßt. So lange schlagen, bis ein fester Schnee entstanden ist, es muß ein Messerschnitt sichtbar bleiben, d. h. der Schnee darf nicht herausfließen beim Umdrehen des Gefäßes. Eierschnee wird durch Stehen wieder flüssig, deshalb sofort verwenden.
6. Eierschnee lose unterziehen (nicht rühren).
7. Ein übriggebliebenes Eigelb ist, mit Wasser bedeckt, 1 – 2 Tage haltbar.

Rohe Eier

Ei mit Brühe

(1 Portion)

1 Ei	verschlagen, nach und nach in
150 ml heiße Instant-Fleischbrühe	geben, gut verrühren.

Geschlagenes Ei

(1 Portion)

1 Ei	mit
Salz	
2 Teel. Zucker	verschlagen, nach Belieben
1 Eßl. Zitronensaft	unterrühren.
Veränderung:	Das Ei trennen, Eiweiß zu Schnee schlagen, Eigelb mit Zucker und Weinbrand verrühren, unter den Eischnee rühren.

Ei mit Wein

(1 Portion)

1 Ei	mit
1 – 2 Eßl. Zucker	schaumig schlagen, nach und nach
125 ml (⅛ l) Rot- oder Weißwein	hinzugießen.
Veränderung:	Anstelle von 1 Ei 2 Eigelb verwenden.

Gekochte Eier

Gekochte Eier

Eier	müssen frisch und sauber sein
Wassermenge	muß reichlich bemessen sein, damit sie nicht zu sehr abkühlt, sehr kalte Eier in lauwarmem Wasser vorwärmen, damit die Schalen beim Einlegen in das kochende Wasser nicht platzen die fertigen Eier kurze Zeit in kaltes Wasser legen, damit sie nicht nachhärten und sich später besser pellen lassen
Kochzeit:	Weiche Eier 3 – 4 Minuten, harte Eier 8 – 10 Minuten.

Russische Eier

Hartgekochte Eier	pellen, der Länge nach halbieren das Eigelb vorsichtig herausnehmen, durch ein Sieb streichen, mit
Salatöl	
Zitronensaft	
Senf	
Salz	zu einer geschmeidigen Masse verrühren, mit einem Spritzbeutel in die Eierhälften füllen, auf
gewaschenen Salatblättern	anrichten, mit
Sardellen oder Gurkenstreifen	garnieren
Mayonnaise	dazureichen.
Veränderung:	Unter die Eigelbfüllung gedünstete, feingeschnittene Pilze, Tomatenmark, feingewiegte grüne Kräuter, feingehackte Sardellen oder feingehackten rohen Schinken rühren, mit Salz abschmecken.

Verlorene Eier

1 l Wasser	mit
2 Eßl. Essig	zum Kochen bringen
6 Eier	einzeln in einer Kelle aufschlagen, vorsichtig in das kochende Wasser geben (bei Gas die Flamme klein stellen, bei Strom die Kochplatte auf Stufe 0 schalten) die garen Eier mit einem Schaumlöffel herausnehmen, kurz in kaltes Wasser halten, ringsherum zu einer hübschen Form beschneiden
Kochzeit:	3 – 4 Minuten.
Tip:	Verlorene Eier als Einlage für Suppen, auf gerösteten Brotscheiben als Vorspeise, mit verschiedenen Soßen als selbständiges Gericht reichen.

Soleier

Frische Eier	hart kochen, ringsherum die Schale leicht anknicken
	die Eier mindestens 24 Stunden in so stark
gesalzenes Wasser	legen, daß sie darin schwimmen
	die Eier können 6 – 8 Tage darin aufgehoben werden
Kochzeit:	10 Minuten.

Eier in kalter Soße

6 – 8 Eier
1 Rezept Senfsoße
oder 1 Rezept Mayonnaise
oder 1 Rezept Remouladensoße
oder 1 Rezept Teufelssoße

Die gekochten oder verlorenen Eier auf gerösteten Brotscheiben, in ausgehöhlten Tomatenhälften oder auf grünen Salatblättern anrichten, mit einer der Soßen übergießen.

Eier in warmer Soße

6 Eier = 500 ml (½ l) Béchamelsoße
6 Eier = 500 ml (½ l) Tomatensoße
6 Eier = 500 ml (½ l) Champignonsoße
6 Eier = 500 ml (½ l) Senfsoße

Zu den vorstehenden Soßen nach Belieben sowohl gekochte als auch verlorene Eier verwenden
verlorene Eier ganz lassen, gekochte in Hälften oder Viertel schneiden, die Eier in eine flache Schüssel legen, mit der warmen Soße übergießen, garnieren.

Gebratene Eier

Spiegeleier mit gedünstetem Gemüse

(Abb. nebenstehend)

3 Zwiebeln	abziehen, in Ringe schneiden
1 rote Paprikaschote	halbieren, entstielen, entkernen, die weißen Scheidewände entfernen, die Paprikaschote waschen, in Streifen schneiden
etwa 500 g gedünstete Grüne Bohnen	abtropfen lassen
1 – 2 Eßl. Butter	zerlassen, Zwiebelringe, Paprikastreifen darin andünsten, die Bohnen hinzufügen, mit
Salz Pfeffer gerebeltem Basilikum	würzen, das Gemüse dünsten lassen
1 – 2 Eßl. Butter oder Margarine	zerlassen
8 dünne Scheiben durchwachsenen Speck	darin von beiden Seiten anbraten
8 Eier	vorsichtig aufschlagen, auf die Speckscheiben geben, mit Salz,
Paprika edelsüß	bestreuen, so lange erhitzen, bis die Eier fest sind
4 Scheiben Weißbrot	toasten, nebeneinander auf eine Platte legen, Speck mit Spiegeleiern darauf anrichten, mit dem Gemüse umlegen
Dünstzeit für das Gemüse:	Etwa 10 Minuten
Gerinnungszeit für die Eier:	Etwa 5 Minuten.

Spiegeleier

1–2 Eßl. Butter oder Margarine	zerlassen
8 Eier	vorsichtig aufschlagen, nebeneinander in das Fett gleiten lassen, mit
Salz	bestreuen, so lange erhitzen, bis sie fest sind
Bratzeit:	Etwa 5 Minuten.
Veränderung:	Die Eier auf einen Teller schlagen, auf Wasserdampf gerinnen lassen.
Beilage:	Graubrot oder Kartoffelpüree, gemischter Salat.

Spiegeleier auf Schinkenspeck

40 g Schinkenspeck-scheiben	ausbraten
6 Eier	nebeneinander darauf schlagen, mit
Salz	bestreuen, so lange erhitzen, bis sie fest sind
Bratzeit:	Etwa 5 Minuten.

Gestockte und gerührte Eier

Rührei mit Schnittlauch

6 Eier	mit
4 Eßl. Milch	
Salz	verschlagen
1 Eßl. feingeschnittenen Schnittlauch	dazugeben
2 Eßl. Butter oder Margarine	zerlassen, die Eiermilch hineingeben sobald die Masse zu stocken beginnt, sie mit einem Löffel strichweise vom Boden der Pfanne losrühren, so lange weiter erhitzen, bis keine Flüssigkeit mehr vorhanden ist Rührei muß weich und großflockig, aber nicht trocken sein
Gerinnungszeit:	Etwa 5 Minuten.
Beigabe:	Bauernbrot, Butter oder Röstkartoffeln.

Rührei

4 Eier	mit
4 Eßl. Milch	
Salz	verschlagen
2 Eßl. Butter oder Margarine	zerlassen, die Eiermilch hineingeben sobald die Masse zu stocken beginnt, sie mit einem Löffel strichweise vom Boden der Pfanne losrühren, so lange weiter erhitzen, bis keine Flüssigkeit mehr vorhanden ist Rührei muß weich und großflockig, aber nicht trocken sein
Gerinnungszeit:	Etwa 5 Minuten.

Rührei mit Schinkenspeck

6 Eier	mit
6 Eßl. Milch	
Salz	verschlagen
75 g Schinkenspeck	in kleine Würfel schneiden, auslassen wenn er hellgelb ist, die Eiermilch dazugeben sobald die Masse zu stocken beginnt, sie mit einem Löffel strichweise vom Boden der Pfanne losrühren, so lange weiter erhitzen, bis keine Flüssigkeit mehr vorhanden ist Rührei muß weich und großflockig, aber nicht trocken sein
Gerinnungszeit:	Etwa 5 Minuten.

Gestürzte Eier

60 g gekochten Schinken	fein schneiden, mit
40 g geriebenem Käse	mischen 4 Tassen oder Förmchen gut mit
Butter oder Margarine	ausstreichen
4 Eier	aufschlagen, in jede Tasse 1 Ei geben, die Schinken-Käsemasse darauf füllen die Förmchen mit Alufolie abdecken, in heißes, aber nicht kochendes Wasser stellen, stocken lassen
gewaschene Salatblätter	auf einer Platte anrichten, die Eier darauf stürzen
Gerinnungszeit:	Etwa 30 Minuten.

Eierkuchen

Omelett

3 Eier	mit
Salz	
1 Eßl. Milch	verschlagen
2 Eßl. Margarine	zerlassen, die Eier hineingeben (Pfanne mit einem Deckel schließen), langsam gerinnen lassen, die untere Seite muß bräunlich gebacken sein, die obere weich bleiben, die Hälften nach der Mitte zu übereinanderschlagen das Omelett auf eine vorgewärmte Platte gleiten lassen, evtl. mit
Puderzucker	bestäuben das Omelett erst kurz vor dem Anrichten zubereiten
Backzeit:	Etwa 5 Minuten.

Gefülltes Omelett

(2 Portionen)

	Für die Füllung
500 g Champignons	putzen, waschen, in Scheiben schneiden
100 g durchwachsenen Speck	in Würfel schneiden, zusammen mit
1 Eßl. Margarine	auslassen, die Champignons darin andünsten, mit
Salz, Pfeffer	würzen, gar dünsten lassen
2 gestrichene Teel. Speisestärke	mit
2 Eßl. kaltem Wasser	anrühren, die Champignons damit binden, mit Salz, Pfeffer abschmecken
2 Eßl. gehackte Petersilie	unterrühren, warm stellen
	für das Omelett
6 Eier	mit
Salz	
2 Eßl. Milch	verschlagen
Butter oder Margarine	in einer nicht zu kleinen Stielpfanne zerlassen, die Eier hineingeben (evtl. 2 Omeletts backen), Pfanne mit einem Deckel schließen, die Masse langsam gerinnen lassen, die untere Seite muß bräunlich gebacken sein, die obere Seite weich bleiben das Omelett mit der Füllung bestreichen, zusammenklappen, auf einer vorgewärmten Platte anrichten das Omelett erst kurz vor dem Anrichten zubereiten
Backzeit:	Etwa 5 Minuten.

Eierkuchen mit Obst

1 kg mürbe Äpfel	schälen, vierteln, entkernen, in Scheiben schneiden
	für den Teig
250 g Weizenmehl	mit
6 g (2 gestrichene Teel.) Backpulver	mischen, in eine Schüssel sieben, in die Mitte eine Vertiefung eindrücken
3 Eier	mit
Salz	
Zucker	
500 ml (½ l) Milch	verschlagen, etwas davon in die Vertiefung geben, von der Mitte aus Eiermilch und Mehl verrühren, nach und nach die übrige Eiermilch dazugeben, darauf achten, daß keine Klumpen entstehen etwas von
6 Eßl. Speiseöl	in einer Stielpfanne erhitzen, eine dünne Teiglage hineingeben, einen Teil der Äpfel darauf legen, den Eierkuchen von beiden Seiten goldgelb backen bevor der Eierkuchen gewendet wird, etwas Speiseöl in die Pfanne geben die fertigen Eierkuchen mit
Zucker	bestreuen.
Veränderung:	Anstelle der Äpfel Pflaumen oder Heidelbeeren verwenden.

Schaumomelett

3 Eigelb	mit
abgeriebener Schale von ½ Zitrone (unbehandelt)	
1½ Eßl. Zitronensaft	
30 g Zucker	schaumig schlagen
3 Eiweiß	steif schlagen, auf die Eigelbcreme geben
1 gehäuften Teel. Speisestärke	darüber sieben, beides unter die Eigelbcreme heben
Butter oder Margarine	in einer nicht zu kleinen Stielpfanne erhitzen, den Teig hineingeben (evtl. 2 Omeletts backen), Pfanne mit einem Deckel schließen, den Teig von unten goldgelb backen das Omelett zur Hälfte übereinanderklappen oder es vorher mit
Preiselbeerkompott oder Konfitüre	füllen, mit
Puderzucker	bestäuben
Backzeit:	Etwa 10 Minuten.

Zimt-Eierkuchen mit Ahornsirup

200 g Weizenmehl	mit
3 g (1 gestrichener Teel.) Backpulver	mischen, in eine Schüssel sieben, in die Mitte eine Vertiefung eindrücken
4 Eier	mit
2 Teel. Zucker	
Salz	
1 gehäuften Teel. gemahlenem Zimt	verschlagen, etwas davon in die Vertiefung geben, von der Mitte aus Eiermilch und Mehl verrühren, nach und nach die übrige Eiermilch,
30 g zerlassene Butter	dazugeben, darauf achten, daß keine Klumpen entstehen, den Teig etwa 30 Minuten stehenlassen etwas von
50 g Butterschmalz oder Margarine	in einer Stielpfanne erhitzen eine dünne Teiglage hineingeben, von beiden Seiten goldgelb backen bevor der Eierkuchen gewendet wird, etwas Fett in die Pfanne geben die übrigen Eierkuchen auf die gleiche Weise zubereiten die Zimt-Eierkuchen mit
Ahornsirup	servieren.

Eierkuchen, goldgelb

250 g Weizenmehl	mit
6 g (2 gestrichene Teel.) Backpulver	mischen, in eine Schüssel sieben, in die Mitte eine Vertiefung eindrücken
3 Eier	mit
Zucker	
Salz	
500 ml (½ l) Milch	verschlagen, etwas davon in die Vertiefung geben, von der Mitte aus Eiermilch und Mehl verrühren, nach und nach die übrige Eiermilch dazugeben, darauf achten, daß keine Klumpen entstehen etwas von
6 Eßl. Speiseöl	in einer Stielpfanne erhitzen, eine dünne Teiglage hineingeben, von beiden Seiten goldgelb backen bevor der Eierkuchen gewendet wird, etwas Speiseöl in die Pfanne geben nach Belieben die Eierkuchen mit
Erdbeer-Konfitüre	füllen, mit
angeschlagener Sahne	übergießen.

Crêpes „Suzette"

(6 Portionen)

100 g Weizenmehl	mit
30 g Zucker	mischen, nach und nach mit
2 Eiern	
250 ml (¼ l) Milch	verrühren
1 Eßl. Butter	zerlassen, unterrühren
60 g Butter	in einem Töpfchen zerlassen eine Stielpfanne (Durchmesser 16 – 18 cm) erhitzen, mit etwas von der Butter auspinseln, eine dünne Teiglage hineingeben, von beiden Seiten goldgelb backen, aufrollen (aus dem restlichen Teig dünne Crêpes auf die gleiche Weise zubereiten)
2 unbehandelte Apfelsinen	waschen, abtrocknen, mit den Ecken von
10 Stück Würfelzucker	die Apfelsinenschale abreiben
60 g Butter	in einer Stielpfanne (Flambierpfanne) erhitzen den Würfelzucker,
50 g Zucker	darin auflösen, bräunen lassen
2 Eßl. Zitronensaft	
125 ml (⅛ l) Apfelsinensaft (von etwa 5 Apfelsinen)	hinzufügen, erhitzen die aufgerollten Crêpes hineinlegen, ebenfalls erhitzen, ab und zu mit der Flüssigkeit begießen, mit
3 Eßl. Grand Marnier	flambieren, mit
gehobelten, gerösteten Mandeln	bestreuen.

Holunderblüten-Pfannkuchen

200 g Weizenmehl in eine Schüssel sieben, mit
100 g Instant Haferflocken vermengen, in die Mitte eine Vertiefung eindrücken
500 ml (½ l) Milch mit
4 Eiern
½ Teel. Salz verschlagen, etwas davon in die Vertiefung geben, von der Mitte aus Flüssigkeit und Mehl-Haferflocken-Mischung verrühren, nach und nach die übrige Flüssigkeit dazugeben, darauf achten, daß keine Klumpen entstehen, etwa 15 Minuten stehenlassen

8 Holunderdolden waschen, die Stengel dicht an der Blüte abschneiden
Butter oder Margarine in einer Stielpfanne erhitzen, eine dünne Teiglage hineingeben, die Blüten einer Holunderdolde darüber streuen, etwas eindrücken, den Pfannkuchen von beiden Seiten goldgelb backen die übrigen Pfannkuchen auf die gleiche Weise zubereiten, mit
Zucker bestreut servieren.

Eieraufläufe

Eierauflauf

Omelette soufflée

4 Eigelb	
3 Eßl. heißes Wasser	mit einem Schneebesen schaumig schlagen, nach und nach ⅔ von
100 g Zucker	hinzugeben, so lange schlagen, bis eine cremeartige Masse entstanden ist
4 Eiweiß	steif schlagen, nach und nach den Rest des Zuckers unterschlagen, den Schnee auf die Eigelbcreme geben
2 Eßl. (20 g) Speisestärke	darauf sieben, alles vorsichtig unter die Eigelbcreme ziehen (nicht rühren), die Masse in eine mit
Butter oder Margarine	gefettete feuerfeste Form geben, auf dem Rost in den Backofen schieben
Strom:	175 – 200
Gas:	2 – 3
Backzeit:	20 – 25 Minuten den Auflauf nach dem Backen mit
Puderzucker	bestäuben, sofort servieren.

Salzburger Nockerln

5 Eiweiß	steif schlagen
75 g Zucker	mit
1 Päckchen Vanillin-Zucker	mischen, nach und nach unter ständigem Schlagen hinzufügen, den Eierschnee völlig steif schlagen
75 g Weizenmehl	darüber sieben
3 Eigelb	verschlagen, darüber geben, vorsichtig unter den Eierschnee heben
50 g Butter oder Margarine	in einer flachen Auflaufform zerlassen
3 Eßl. Milch	hinzufügen, erhitzen von der Schaummasse 4 Portionen abstechen, nebeneinander in die Auflaufform geben die Form auf dem Rost in den vorgeheizten Backofen schieben
Strom:	225 – 250
Gas:	5 – 6
Backzeit:	8 – 10 Minuten die Nockerln nach dem Backen mit
gesiebtem Puderzucker	bestäuben, sofort servieren.

Quark als Brotaufstrich

Kräuterquark

(Abb. nebenstehend)

250 g Speisequark	mit
2 Eßl. Milch	
3 schwach gehäuften Eßl. Crème fraîche	verrühren, mit
Salz	abschmecken, schaumig rühren
2 Eßl. feingeschnittenen Schnittlauch oder 2 Eßl. gemischte, gehackte Kräuter	unterrühren.

Kümmelquark

(Abb. nebenstehend)

250 g Speisequark	mit
4 Eßl. Sahne	
1 gehäuften Teel. Kümmel	verrühren, mit
Salz	abschmecken, schaumig rühren.
Veränderung:	Anstelle von Kümmel nach Geschmack geriebene Zwiebel, geriebene Rote Bete, gehackte Krabben, feingewiegten Räucherfisch oder feingehackte Schinkenreste verwenden.

Tomatenquark

(Abb. nebenstehend)

250 g Speisequark	mit
4 Eßl. Milch	
2 schwach gehäuften Eßl. Tomatenmark	verrühren, mit
Salz	
Zucker	abschmecken, schaumig rühren
1 kleine Zwiebel	abziehen, sehr fein würfeln, hinzufügen.
Veränderung:	2 Eßl. gehackte Kräuter (Petersilie, Schnittlauch, Pimpinelle, Estragon, Kresse, Zitronenmelisse) unterrühren.

Weißer Quark

250 g Speisequark	mit
4–6 Eßl. Milch	verrühren, mit
Salz	abschmecken, schaumig rühren.
Veränderung:	1–2 Eßl. feingeschnittenen Schnittlauch oder gemischte Kräuter unter den Quark rühren. Anstelle von Milch Sahne verwenden.

Liptauer Käse

50 g Margarine	schaumig rühren
250 g Speisequark	unterrühren
1 kleine Zwiebel	abziehen, reiben, mit
1 Teel. Senf	zu der Quarkmasse geben, mit
Salz	
Paprika edelsüß	abschmecken
	aus der Masse Bällchen formen oder den Quark mit 2 Teelöffeln auf
Salatblätter	setzen, mit Paprika bestreuen.
Veränderung:	Geriebenen Schweizer Käse, feingehackte Essiggurken oder feingewiegten Hering (Sardelle) unter den Quark rühren.

Rettichquark

250 g Rettich	schälen, waschen, fein raspeln, mit
Salz	bestreuen, gut durchziehen lassen
250 g Sahnequark	mit
1 – 2 Eßl. Sahne	
1 Eßl. Speiseöl	
1 Teel. Senf	verrühren, mit Salz abschmecken
	den Quark mit dem Rettich,
1 Eßl. gehackter Petersilie	unterrühren.

Frühlingsquark

1 – 2 mittelgroße Zwiebeln	abziehen, fein würfeln, mit
250 g Speisequark	
3 – 4 Eßl. Crème fraîche	
3 – 4 Eßl. Milch	verrühren, mit
Salz	
Pfeffer	
Paprika edelsüß	abschmecken
3 – 4 Eßl. Kresseblättchen	unterrühren
	den Frühlingsquark auf
gewaschenen Salatblättern	anrichten, mit
Kresseblättchen	bestreuen.

Quarkbutter

125 g Speisequark	mit
3 Eßl. Milch	verrühren
1 kleine Zwiebel	abziehen, sehr fein würfeln
125 g Butter	
oder Margarine	geschmeidig rühren
1 Teel. feingeschnittener Schnittlauch	
	die Zutaten verrühren, mit
Salz	abschmecken.

Quark als Hauptessen

Pellkartoffeln mit Quark

1 kg Kartoffeln	waschen, mit Wasser zum Kochen bringen, gar kochen lassen, abgießen, pellen
	für den Quark
500 g Speisequark	mit
gut 125 ml (⅛ l) Milch	
oder Sahne	verrühren, mit
Salz, Pfeffer	abschmecken, schaumig rühren, nach Belieben mit
Tomaten	
Radieschen	anrichten.

Quarkschmarren

(2 Portionen)

250 g Speisequark	mit
2 Eiern	
125 ml (⅛ l) Milch	
125 g gesiebtem Weizenmehl	
Salz	verrühren
	etwas von
60 g Fett	erhitzen, den Teig jeweils 1 cm dick hineingeben, auf der Unterseite hellgelb backen
	den Eierkuchen mit 2 Gabeln in kleine Stücke zerreißen, diese unter häufigem Wenden gut bräunen, mit
Zucker und Zimt	bestreuen
Backzeit:	6 – 8 Minuten.

Quarkklöße

100 g Butter	geschmeidig rühren, nach und nach
50 g Zucker	
3 Eier	
1 gestrichenen Teel. Salz	
500 g Speisequark	
75 g Grieß	hinzufügen
1 Päckchen Käsekuchen-Hilfe	gut unterrühren
	aus der Masse mit nassen Händen Klöße formen (etwa 8 Stück), sie in
kochendes Salzwasser	geben, zum Kochen bringen, gar ziehen lassen (Wasser muß sich leicht bewegen)
Garzeit:	20 – 30 Minuten.
Beigabe:	Zerlassene, gebräunte Butter, Zucker und Zimt, Aprikosenkompott.

Quark als Süßspeise

Quarkschaum

2 Eigelb	nach und nach mit
30 g Zucker	
1 Päckchen Vanillin-Zucker	
250 g Speisequark	schaumig schlagen
2 Eiweiß	steif schlagen, unterheben.
Veränderung:	Statt des Vanillin-Zuckers einige Tropfen Rum-Aroma verwenden.

Erdbeerquark

250 g Erdbeeren	waschen, abtropfen lassen, entstielen, mit
250 g Speisequark	im Mixer pürieren (einige Erdbeeren zum Garnieren zurücklassen), mit
50 g Zucker	
Zitronensaft oder 1 Päckchen Vanillin-Zucker	abschmecken
	die Speise in eine Glasschale füllen, mit den zurückgelassenen Erdbeeren garnieren.
Veränderung:	Statt der Erdbeeren Himbeeren, Brombeeren oder Preiselbeeren verwenden.

Quark-Sahnecreme

2 gestrichene Teel. Gelatine gemahlen, weiß	mit
4 Eßl. kaltem Wasser	anrühren, 10 Minuten zum Quellen stehenlassen, unter Rühren erwärmen, bis sie gelöst ist
250 g Speisequark	nach und nach mit
125 ml (⅛ l) Milch	
100 g Zucker	
abgeriebener Zitronenschale (unbehandelt)	
Saft von ½ Zitrone	verrühren, zunächst 3 Eßl. davon mit der Gelatinelösung verrühren, unter die übrige Speise schlagen
125 ml (⅛ l) Sahne	steif schlagen, mit
1 Päckchen Vanillin-Zucker	süßen, unter die Quarkmasse heben
	die Creme in eine Glasschale füllen, kalt stellen, damit sie fest wird, mit
roten Kirschen	garnieren.
Veränderung:	Die Creme über 500 g beliebiges, gezuckertes weiches Obst geben.

Stippmilch oder Makai

250 g Speisequark	mit
40 g Zucker	
1 Päckchen Vanillin-Zucker	
125 ml (⅛ l) Milch	verrühren
125 ml (⅛ l) Sahne	steif schlagen, unter den Quark heben.
Beigabe:	Gemischtes Obst

Gerichte aus Kartoffeln, Reis und Teigwaren

Kartoffelgerichte

1. Für ein Gericht möglichst gleich große Kartoffeln nehmen, um ein gleichzeitiges Garwerden zu erzielen.
2. Für Pellkartoffeln die Kartoffeln in kaltem Wasser gründlich waschen oder bürsten.
3. Für Salzkartoffeln die geschälten Kartoffeln sofort in kaltes Wasser legen, damit sie nicht braun werden.
4. Kleingeschnittene Kartoffeln nie längere Zeit im Wasser liegenlassen.
5. Kartoffeln mit kaltem Wasser aufsetzen.
6. Nach einer Kochzeit von 20 Minuten Kartoffeln mit einer Gabel prüfen, ob sie gar sind.
7. Nach dem Abgießen des Wassers die Kartoffeln im offenen Topf einige Zeit stehenlassen, damit der Dampf entweichen kann (abdampfen lassen).

Gekochte und gedämpfte Kartoffeln

Petersilienkartoffeln

1 kg möglichst kleine, gleich große Kartoffeln waschen, im Wasser zum Kochen bringen, gar kochen lassen, abgießen, sofort pellen
40 g Butter oder Margarine zerlassen, die Kartoffeln,
Salz
2 Eßl. gehackte Petersilie hinzufügen, gut durchschwenken (neue Kartoffeln eignen sich besonders gut)
Kochzeit: 20 – 30 Minuten.

Brühkartoffeln

1 kg Kartoffeln schälen, waschen, in Würfel schneiden, in
500 ml (½ l) Instant-Fleischbrühe zum Kochen bringen, gar kochen lassen
die Kartoffeln mit
Salz abschmecken
1 Eßl. Butter
1 Eßl. gehackte Petersilie hinzufügen
Kochzeit: 20 – 25 Minuten
Brühkartoffeln zu Fisch, rohem Schinken oder gekochtem Fleisch reichen.
Veränderung: In Streifen geschnittene Möhren mitkochen.

Salzkartoffeln

1 kg Kartoffeln waschen, dünn schälen, Augen entfernen, nochmals waschen, größere Kartoffeln ein- oder zweimal durchschneiden, in
Salzwasser zum Kochen bringen, gar kochen lassen, abgießen, die Kartoffeln im offenen Topf unter öfterem Schütteln abdämpfen lassen
Kochzeit: 20 – 25 Minuten.

Schal- oder Pellkartoffeln

1 kg gleich große Kartoffeln einer Sorte in kaltem Wasser gründlich bürsten, waschen, evtl. mit
1 Teel. Kümmel in
Salzwasser zum Kochen bringen, gar kochen lassen, abgießen, die Kartoffeln im offenen Topf unter öfterem Schütteln abdämpfen lassen
Kochzeit: 25 – 30 Minuten.

Gebratene und gebackene Kartoffeln

Bratkartoffeln I

1 kg Kartoffeln waschen, mit Wasser zum Kochen bringen, gar kochen lassen, abgießen, heiß pellen, erkalten lassen, in Scheiben schneiden
1 Zwiebel abziehen, würfeln
75 g Fett zerlassen, Kartoffelscheiben, Zwiebelwürfel hineingeben, mit
Salz bestreuen, braun braten (übriggebliebene Salzkartoffeln ebenso braten)
Kochzeit: 25 – 30 Minuten
Bratzeit: Etwa 10 Minuten.

Bratkartoffeln II

Dampfkartoffeln

1 kg Kartoffeln schälen, waschen, in Scheiben oder Stifte schneiden
75 g durchwachsenen Speck in Würfel schneiden, auslassen, die Kartoffeln hineingeben, mit
Salz bestreuen, zunächst zugedeckt, dann in der offenen Pfanne hellbraun braten
Bratzeit: 20 – 30 Minuten.

Pikante Kartoffelpfanne *(2 – 3 Portionen)*

250 – 300 g Kartoffeln	waschen, mit Wasser zum Kochen bringen, gar kochen lassen, abgießen, heiß pellen, erkalten lassen, in Scheiben schneiden
1 Zwiebel	abziehen
125 g durchwachsenen Speck	
1 Gewürzgurke	
	die 3 Zutaten in Würfel schneiden
2 Eßl. Butter oder Margarine	zerlassen, die Kartoffelscheiben darin anbraten, Zwiebel-, Speck- und Gurkenwürfel hinzufügen, mitbraten lassen
125 ml (⅛ l) dunkle Instant-Bratensoße	mit
1 Becher (150 g) Crème fraîche	verrühren, unter die Kartoffelpfanne rühren, erhitzen
1 Eßl. gehackte Petersilie	darüber streuen
Kochzeit:	25 – 30 Minuten
Bratzeit:	Etwa 15 Minuten.
Beigabe:	Grüner Salat.

Folienkartoffeln

8 mittelgroße Kartoffeln	waschen, abtrocknen, einzeln in
Alufolie	einwickeln
	die Folienpakete auf dem Backblech in den vorgeheizten Backofen schieben
	die garen Folienkartoffeln über Kreuz einschneiden, die Einschnitte auseinanderdrücken, die Öffnung etwas aushöhlen
Butter	hineingeben
Strom:	200 – 225
Gas:	4 – 5
Beigabe:	Kräuter-, Tomatenquark, Kohlrabi-Radieschen-Salat.

Bauernfrühstück

750 g Salatkartoffeln	waschen, in Wasser zum Kochen bringen, gar kochen lassen, abgießen, heiß pellen, erkalten lassen, in Scheiben schneiden
4 kleine Zwiebeln	abziehen, würfeln
75 g durchwachsenen Speck	in Würfel schneiden, auslassen
2 Eßl. Margarine	hinzufügen, zerlassen, die Zwiebeln darin glasig dünsten, die Kartoffeln hinzufügen, braun braten
3 Eier	mit
3 Eßl. Milch	
Salz	
Paprika edelsüß	
geriebener Muskatnuß	
Pfeffer	verschlagen
125 g Schinkenspeck	in Würfel schneiden
2 Eßl. feingeschnittener Schnittlauch	
	die Zutaten zu der Eiermilch geben, über die Kartoffeln gießen, stocken lassen
	die Kartoffeln einige Male wenden
Kochzeit:	20 – 25 Minuten
Bratzeit:	Etwa 10 Minuten.
Beigabe:	Kopfsalat, Tomatensalat oder Essiggurken.

Pommes chips

500 g Kartoffeln	schälen, waschen, große Kartoffeln halbieren, in möglichst dünne Scheiben schneiden, in einem Küchentuch gut abtrocknen, schwimmend in siedendem
Pflanzenfett	halbgar backen
	nicht zuviel Kartoffeln auf einmal in das Fett geben, da sie sich in dem Fettbad nicht berühren dürfen, außerdem kühlt das Fett zu stark ab
	sobald sich die Kartoffelscheiben hellbraun färben, diese mit einem Schaumlöffel herausnehmen, auf einem Durchschlag abtropfen lassen
	wenn die Scheiben abgekühlt sind, sie noch einmal in das heiße Fett geben, braun und knusprig werden lassen
	die erkalteten Chips mit
feinem Salz	bestreuen
Backzeit:	Zuerst 1 – 2 Minuten, dann etwa 3 Minuten.

Pommes frites

(Abb. nebenstehend)

1 kg Kartoffeln	schälen, waschen, in gleichlange, bleistiftdicke Streifen schneiden, in einem Küchentuch gut abtrocknen, schwimmend in siedendem
Pflanzenfett	halbgar backen
	nicht zuviel Kartoffeln auf einmal in das Fett geben, da sie sich in dem Fettbad nicht berühren dürfen, außerdem kühlt das Fett zu stark ab
	sobald sich die Spitzen der Kartoffelstreifen gelb färben, diese mit einem Schaumlöffel herausnehmen, auf einem Durchschlag abtropfen lassen
	wenn die Streifen abgekühlt sind, sie noch einmal in das heiße Fett geben, braun und knusprig werden lassen
	die Pommes frites mit
feinem Salz	bestreuen, sofort servieren
Backzeit:	Zuerst etwa 2 Minuten. dann 4 – 5 Minuten.

Kartoffelbrei – Kartoffelteig

Kartoffelpfannkuchen

Puffer oder Reibeplätzchen

(Abb. nebenstehend)

2 kg Kartoffeln	schälen
2 kleine Zwiebeln	abziehen
	beide Zutaten waschen, reiben, mit
2 – 3 gestrichenen Teel. Salz	
4 Eiern	
40 – 60 g Weizenmehl	verrühren
	etwas von
250 ml (¼ l) Speiseöl oder 250 g Schweineschmalz	erhitzen, den Teig eßlöffelweise hineingeben, flachdrücken, von beiden Seiten braun und knusprig backen.
Beigabe:	Kompott, Apfelmus, Kümmelquark.

Kartoffelkroketten

(Abb. unten)

750 g Kartoffeln	schälen, waschen, in
Salzwasser	zum Kochen bringen, gar kochen lassen, abgießen, sofort durch die Kartoffelpresse geben, erkalten lassen die Kartoffeln mit
2 Eigelb	
1 gut gehäuften Teel. Speisestärke	verrühren, mit
Salz	
geriebener Muskatnuß	abschmecken
	aus dem Teig knapp 2 cm dicke und 5 cm lange Röllchen formen die Röllchen zunächst in
1 verschlagenen Ei	dann in
50 g Semmelmehl	wenden, schwimmend in siedendem
Pflanzenfett	goldbraun backen
Kochzeit:	20 – 25 Minuten
Backzeit:	2 – 3 Minuten.
Veränderung:	Anstelle der Röllchen Kugeln formen.

Pommes frites, Kartoffelkroketten, Kartoffelpfannkuchen, Rezepte siehe diese Seiten, Kartoffelklöße, Rezept S. 196.

Zwetschenknödel

Gut 1¼ kg Kartoffeln	waschen, mit Wasser zum Kochen bringen, gar kochen lassen, abgießen, pellen, heiß durch die Presse geben, bis zum nächsten Tag kalt stellen 1 kg von den durchgepreßten Kartoffeln abwiegen, durch ein Sieb streichen, nach und nach
2 Eier	
Salz	
60 g Grieß	
80 g Weizenmehl	hinzufügen, zu einem glatten Teig verkneten aus dem Teig mit bemehlten Händen runde Klöße formen
16 – 20 Zwetschen	waschen, entsteinen, je 1 Zwetsche in jeden Kloß drücken, die Klöße in
kochendes Salzwasser	geben, zum Kochen bringen, gar ziehen lassen (Wasser muß sich leicht bewegen)
etwa 100 g Butter	zerlassen
Zwiebackkrumen (etwa 75 g)	darin bräunen, über die Klöße geben nach Belieben
Zucker und Zimt	dazureichen
Kochzeit für die Kartoffeln:	25 – 30 Minuten
Garzeit für die Klöße:	10 – 15 Minuten.

Kartoffelklöße

(Abb. S. 195)

750 g Kartoffeln	waschen, mit Wasser zum Kochen bringen, gar kochen lassen, abgießen, pellen, heiß durch die Presse geben
1 Ei	
Salz	nach Belieben
geriebene Muskatnuß	
100 g Weizenmehl	unterkneten
1 Scheibe Weißbrot	in Würfel schneiden, in
1 Eßl. Butter	rösten aus dem Teig mit nassen Händen Klöße formen, dabei in jeden Kloß einige Brotwürfel drücken die Klöße in
kochendes Salzwasser	geben, zum Kochen bringen, gar ziehen lassen (Wasser muß sich leicht bewegen) die garen Klöße gut abtropfen lassen
Kochzeit für die Kartoffeln:	25 – 30 Minuten
Garzeit für die Klöße:	Etwa 15 Minuten.

Klöße von gekochten und rohen Kartoffeln

750 g Kartoffeln	waschen, mit Wasser zum Kochen bringen, gar kochen lassen, abgießen, pellen, heiß durch die Presse geben, bis zum nächsten Tag kalt stellen
500 g geschälte rohe Kartoffeln	in eine Schüssel mit Wasser reiben, in einem Tuch fest auspressen, zu den gekochten Kartoffeln geben
65 g Weizenmehl	
1 Ei	
1 Teel. Salz	unterkneten aus dem Teig mit bemehlten Händen etwa faustgroße Klöße formen, in
kochendes Salzwasser	geben, zum Kochen bringen, gar ziehen lassen (Wasser muß sich leicht bewegen) die garen Klöße gut abtropfen lassen
Kochzeit für die Kartoffeln:	25 – 30 Minuten
Garzeit für die Klöße:	15 – 20 MInuten.

Kartoffelklöße

mit Semmelmehl

1 kg Kartoffeln	waschen, mit Wasser zum Kochen bringen, gar kochen lassen, abgießen, pellen, heiß durch die Presse geben
75 g Semmelmehl	
2 Eßl. Weizenmehl	mit
2 Eiern	unterkneten, den Teig mit
Salz	
geriebener Muskatnuß	abschmecken, aus dem Teig mit nassen Händen Klöße formen, in
kochendes Salzwasser	geben, zum Kochen bringen, gar ziehen lassen (Wasser muß sich leicht bewegen) die garen Klöße gut abtropfen lassen
Kochzeit für die Kartoffeln:	25 – 30 Minuten
Garzeit für die Klöße:	20 – 25 Minuten.

Lappenpickert

1½ kg Kartoffeln	schälen, waschen, auf einer feinen Reibe reiben, mit
Salz	
4 Eiern	
250 g Weizenmehl	
125 ml (⅛ l) Milch	verrühren (Teig muß dickflüssig sein) Lappenpickert auf einer besonderen Eisenplatte, die mit
Speckschwarte	gefettet ist, backen den Teig so auf der Platte verteilen, daß entweder ein großes, dünnes, zusammenhängendes Gebäck entsteht oder mehrere kleine Plätzchen sobald der Pickert auf der unteren Seite gebräunt ist, ihn mit einem möglichst breiten Messer wenden, auf der anderen Seite bräunen, den Pickert frisch oder aufgewärmt servieren.
Beigabe:	Butter, Sirup, Bohnenkaffee.

Kartoffelbrei

1 kg Kartoffeln	schälen, waschen, in Stücke schneiden, in
Salzwasser	zum Kochen bringen, gar kochen lassen, abgießen, sofort durch die Presse geben oder mit einem elektrischen Handrührgerät zerkleinern
50 g Butter	
oder Margarine	mit
etwa 250 ml (¼ l) heißer Milch	hinzufügen den Topf auf die Kochstelle setzen, den Brei so lange schlagen, bis er weißschaumig ist, mit
Salz	
geriebener Muskatnuß	abschmecken
Kochzeit:	Etwa 20 Minuten.
Veränderung:	Den Kartoffelbrei mit in Fett gebräunten Zwiebelringen oder geröstetem Semmelmehl anrichten.

Herzogin-Kartoffeln

Pommes Duchesse

750 g Kartoffeln	schälen, waschen, in Hälften schneiden, in
Salzwasser	zum Kochen bringen, in 20 – 30 Minuten gar kochen lassen, abgießen, sofort durch die Kartoffelpresse geben oder mit einem elektrischen Handrührgerät zerkleinern, erkalten lassen die Kartoffeln mit
1 Eiweiß	
1 gestrichenen Eßl. Speisestärke	verrühren, mit
Salz	
geriebener Muskatnuß	abschmecken die Masse in einen Spritzbeutel mit großer Sterntülle füllen, auf ein gefettetes Backblech spritzen
1 Eigelb	mit
1 Teel. Milch	verschlagen, den Kartoffelbrei damit bestreichen, in den Backofen schieben
Strom:	200 – 225
Gas:	4 – 5
Backzeit:	10 – 12 Minuten.

Kartoffeln in Soße

Schnittlauchkartoffeln

1 kg Kartoffeln	waschen, in Wasser zum Kochen bringen, in 20 – 30 Minuten gar kochen lassen, abgießen, sofort pellen, erkalten lassen, in Scheiben schneiden
	für die Schnittlauchsoße
30 g Butter	zerlassen
30 g Weizenmehl	unter Rühren so lange darin erhitzen, bis es hellgelb ist
250 ml (¼ l) Milch	
250 ml (¼ l) Instant-Fleischbrühe	hinzufügen, mit einem Schneebesen durchschlagen, darauf achten, daß keine Klumpen entstehen, die Soße zum Kochen bringen, etwa 5 Minuten kochen lassen, mit
Salz	abschmecken, die Kartoffeln,
2 Eßl. feingeschnittenen Schnittlauch	hinzufügen, etwa 10 Minuten darin ziehen lassen, mit Salz abschmecken
Garzeit:	Etwa 30 Minuten

Béchamelkartoffeln

1 kg Kartoffeln	waschen, in Wasser zum Kochen bringen, in 20 – 30 Minuten gar kochen lassen, abgießen, sofort pellen, erkalten lassen, in Scheiben schneiden
	für die Béchamelsoße
2 kleine Zwiebeln	abziehen
40 g roher Schinken	
	beide Zutaten in kleine Würfel schneiden
30 g Butter	zerlassen, den Schinken darin andünsten
30 g Weizenmehl	mit den Zwiebeln unter Rühren so lange darin erhitzen, bis es hellgelb ist
250 ml (¼ l) Milch	
250 ml (¼ l) Instant-Fleischbrühe	hinzufügen, mit einem Schneebesen durchschlagen, darauf achten, daß keine Klumpen entstehen, die Soße zum Kochen bringen, etwa 5 Minuten kochen lassen, die Soße nach Belieben durch ein Sieb streichen, die Kartoffeln hinzufügen, zum Kochen bringen, mit
Salz, Pfeffer geriebener Muskatnuß	abschmecken, mit
2 Eßl. gehackter Petersilie	bestreuen
Garzeit:	Etwa 30 Minuten.

Emmentaler Käsekartoffeln

(Im Schnellkochtopf)

1 kg Kartoffeln	schälen, waschen, in Scheiben schneiden
50 g fetten Speck	in Würfel schneiden, im offenen Schnellkochtopf auslassen
2 Zwiebeln	abziehen, in Scheiben schneiden, in dem Speck hellgelb dünsten lassen die Kartoffelscheiben hinzufügen
100 g geriebenen Emmentaler Käse	darüber streuen, mit
Salz	
Pfeffer	
gerebeltem Majoran	würzen, gut verrühren
250 ml (¼ l) Instant-Fleischbrühe	hinzugießen, den Schnellkochtopf schließen, garen lassen die Käsekartoffeln mit
feingeschnittenem Schnittlauch	bestreuen
Garzeit:	Etwa 12 Minuten.

Kartoffelaufläufe

Kartoffelauflauf mit Eiern

1 kg Kartoffeln	waschen, in Wasser zum Kochen bringen, in 20 – 30 Minuten gar kochen lassen, abgießen, sofort pellen, erkalten lassen
4 hartgekochte Eier	pellen beide Zutaten in Scheiben schneiden, abwechselnd lagenweise in eine gefettete Auflaufform füllen, die oberste Schicht soll aus Kartoffeln bestehen
	für die Soße
30 g Butter	zerlassen
35 g Weizenmehl	unter Rühren so lange darin erhitzen, bis es hellgelb ist
250 ml (¼ l) Milch	
250 ml (¼ l) Instant-Fleischbrühe	hinzufügen, mit einem Schneebesen durchschlagen, darauf achten, daß keine Klumpen entstehen, die Soße zum Kochen bringen, etwa 5 Minuten kochen lassen, mit
Salz	abschmecken, über die Kartoffeln gießen, den Auflauf mit
feingeschnittenem Schnittlauch geriebenem Käse	bestreuen die Auflaufform auf dem Rost in den vorgeheizten Backofen schieben
Strom:	225 – 250
Gas:	5 – 6
Backzeit:	30 – 40 Minuten.

Bunter Kartoffelauflauf

(Abb. unten)

1 kg Kartoffeln	waschen, in Wasser zum Kochen bringen, in 20 – 30 Minuten gar kochen lassen, sofort pellen, erkalten lassen
4 hartgekochte Eier	pellen
2 Rauchenden	
	die Zutaten in Scheiben schneiden, abwechselnd lagenweise in eine gefettete Auflaufform füllen, dabei Kartoffel- und Eierscheiben jeweils
Salz	bestreuen
	die oberste Schicht soll aus Kartoffeln bestehen
2 Becher (je 150 g) saure Sahne	über die Kartoffeln gießen, den Auflauf mit
3 gestrichenen Eßl. Semmelmehl	bestreuen
Butter	in Flöckchen darauf setzen
	die Auflaufform auf dem Rost in den vorgeheizten Backofen schieben
Strom:	225 – 250
Gas:	5 – 6
Backzeit:	30 – 40 Minuten.

Kartoffelauflauf

1 kg Kartoffeln Salzwasser	gründlich waschen, in der Schale in gar kochen lassen, abgießen, noch heiß pellen, mit
250 ml (¼ l) heißer Milch	mit einem elektrischen Handrührgerät verrühren, mit
Salz geriebener Muskatnuß	würzen, den Kartoffelbrei in eine gefettete, flache Auflaufform geben, glattstreichen, mit einem Eßlöffel gleichmäßige Vertiefungen eindrücken
100 g durchwachsenen Speck	in Würfel schneiden, auslassen
200 g Fleischwurst	enthäuten, in Scheiben schneiden
	Speck und Wurst in die Kartoffelbrei-Vertiefungen geben, mit
50 g geriebenem Emmentaler Käse	bestreuen, nach Belieben
Butter	in Flöckchen darauf setzen
	die Auflaufform auf dem Rost in den vorgeheizten Backofen schieben
Kochzeit:	25 – 30 Minuten
Einstellung für den Backofen:	
Strom:	200 – 225
Gas:	4 – 5
Backzeit:	15 – 20 Minuten.

Breie

1. Breie sind Quellgerichte. Das zu ihrer Herstellung erforderliche Getreideerzeugnis wie Reis, Hirse, Grieß usw. muß bei gleichmäßiger, milder Hitze gar werden.
2. Quellgerichte werden auf dem Gasherd mit großer Flamme zum Kochen gebracht. Sobald sie kochen, stellt man die Flamme unter dem mit einem Deckel verschlossenen Topf so klein wie möglich, damit kein Wasserdampf mehr entweichen kann.
Beim Elektroherd werden Quellgerichte auf Stufe 3 zum Kochen gebracht, zum Ausquellen genügt in der Regel die Stufe 0. Bei Reis wird zwischendurch (nach 5 – 10 Minuten), bei Platten mit geringer Speicherwärme 15 – 20 Minuten wieder auf Stufe 1 geschaltet und dann wieder auf Stufe 0, sonst wird der Reis nicht gar (Ausnahme Brühreis).
3. Um die Kochdauer der gröberen Mahlerzeugnisse wie Grünkern, Graupen und Grütze abzukürzen, sie einige Stunden in kaltem Wasser vorweichen.

Reisbrei

Milchreis

1 l Milch	mit
1 – 2 Eßl. Butter oder Margarine	
Salz	
1 Eßl. Zucker	
Zitronenschale (unbehandelt)	zum Kochen bringen
175 g Milchreis (Rundkorn)	hineingeben, zum Kochen bringen, ausquellen lasen, mit
Zucker und Zimt	bestreuen
Kochzeit:	Etwa 40 Minuten.
Veränderung:	Den Reis mit 30 g Zucker kochen, in einer kalt ausgespülten Form erkalten lassen, stürzen, mit rohem Fruchtsaft, Kompott oder eingezuckerten rohen Beerenfrüchten reichen, in diesem Fall den Reis nicht mit Zimt, sondern mit Vanillin-Zucker bestreuen.

Haferflockenbrei

1 l Milch	mit
Salz	
65 g Zucker	
Zitronenschale (unbehandelt)	
1 Eßl. Butter oder Margarine	zum Kochen bringen
125 g Haferflocken	hineinstreuen, unter häufigem Umrühren ausquellen lassen
Kochzeit:	Etwa 5 Minuten.
Beigabe:	Sahne, Fruchtsaft oder Kompott.

Grieß- oder Sagobrei

1 l Milch	mit
1 Eßl. Butter oder Margarine	
Salz	
Zitronenschale (unbehandelt)	zum Kochen bringen
125 g Grieß oder Sago	hineinstreuen, unter häufigem Umrühren ausquellen lassen, nach Belieben mit
Zucker	abschmecken
Kochzeit:	10 – 15 Minuten.
Beigabe:	Saft oder Kompott.

Apfelreis

500 g Äpfel	schälen, vierteln, entkernen, in Scheiben schneiden
1 l Wasser	mit
Salz	
50 g Zucker	
2 Tropfen Backöl Zitrone	zum Kochen bringen, die Äpfel,
200 g Milchreis (Rundkorn)	hineingeben, zum Kochen bringen, ausquellen lassen, mit
Zucker	abschmecken, den Apfelreis mit
Zucker und Zimt	bestreuen
Kochzeit:	Etwa 40 Minuten.
Veränderung:	Reis und Äpfel für sich kochen, schichtweise in eine Schüssel füllen. Anstelle von Reis Hirse oder Graupen nehmen.

Reisring

1 Zwiebel	abziehen, würfeln
1 Eßl. Butter oder Margarine	zerlassen, die Zwiebel darin andünsten
250 g Brühreis (Langkorn)	hinzufügen, miterhitzen
500 ml (½ l) Instant-Fleischbrühe	
Salz	hinzugeben, umrühren, zum Kochen bringen, ausquellen lassen den garen Reis in eine mit
1 Eßl. Speiseöl	ausgestrichene Ringform füllen, fest andrücken, auf eine vorgewärmte Platte stürzen
Kochzeit:	Etwa 20 Minuten.

Risotto

1 kleine Zwiebel	abziehen, würfeln
1 – 2 Eßl. Butter oder Margarine	zerlassen, Zwiebel,
250 g Brühreis (Langkorn)	hinzufügen, hellgelb rösten
500 ml (½ l) kochende Instant-Fleischbrühe	hinzugießen, zum Kochen bringen, ausquellen lassen (Reis nicht umrühren, da er sonst breiig wird) den garen Reis in eine vorgewärmte Schüssel füllen, mit
1 Eßl. gehackten Kräutern oder geriebenem Käse	bestreuen
Kochzeit:	Etwa 25 Minuten.
Veränderung:	Etwa 200 g gedünstete Erbsen und Möhren unter den garen Reis rühren, miterhitzen.

Teigwaren

1. Teigwaren trocken in kochendes Wasser geben.
2. Sie brauchen viel Kochwasser, um genügend quellen zu können.
3. Da sie sich im Anfang leicht zusammenballen und auf dem Boden des Topfes festsetzen, sie ab und zu umrühren.
4. Gare Nudeln zum Abtropfen auf ein Sieb geben, mit kaltem Wasser übergießen, damit sie nicht aneinanderkleben, abtropfen lassen.

Makkaroni oder Spaghetti

1½ l Salzwasser	zum Kochen bringen
200 g Makkaroni oder Spaghetti	nach Belieben in fingerlange Stücke brechen, in das Wasser geben, zum Kochen bringen, „kernig" kochen lassen die garen Nudeln auf ein Sieb geben, mit kaltem Wasser übergießen, abtropfen lassen
2 Eßl. Butter	zerlassen, die Nudeln darin schwenken
geriebenem Käse	mit
Pfeffer oder Paprika	mischen, die Nudeln damit bestreuen
Kochzeit:	8 – 10 Minuten.

Spätzle

400 g Weizenmehl	in eine Schüssel sieben, in die Mitte eine Vertiefung eindrücken
4 Eier	mit
1 gestrichenen Teel. Salz	
12 Eßl. Wasser	verschlagen, etwas davon in die Vertiefung geben, von der Mitte aus mit dem Mehl verrühren, nach und nach die übrige Flüssigkeit hinzugießen, darauf achten, daß keine Klumpen entstehen den Teig so lange mit einem Rührlöffel schlagen, bis er Blasen wirft den Teig entweder durch einen Spatzenseiher oder durch ein groblöchriges Sieb (Gemüsedämpfer) portionsweise in
kochendes Salzwasser	geben, zum Kochen bringen, gar kochen lassen (die Spätzle sind gar, wenn sie an der Wasseroberfläche schwimmen), sie dann nochmals aufkochen lassen die garen Spätzle auf ein Sieb geben, mit kaltem Wasser übergießen, abtropfen lassen
50 g Butter	bräunen, die Spätzle darin schwenken.

Spaghetti mit Walnußbutter

300 g Spaghetti	in
3 – 4 l kochendes Salzwasser	geben
1 Eßl. Speiseöl	hinzufügen, zum Kochen bringen, ab und zu umrühren, gar kochen lassen die Spaghetti auf ein Sieb geben, mit kaltem Wasser übergießen, abtropfen lassen
75 g Butter	zerlassen
75 g grob gehackte Walnußkerne	darin leicht bräunen lassen, die Spaghetti hinzufügen, gut durchschwenken, mit
Salz	würzen
Garzeit:	Etwa 12 Minuten.
Beilage:	Rehsteaks oder Roastbeef.

Spaghetti bolognese

250 g Spaghetti	in
2 l kochendes Salzwasser	geben
1 Eßl. Speiseöl	hinzufügen, zum Kochen bringen, „kernig" kochen lassen die Spaghetti auf ein Sieb geben, mit kaltem Wasser übergießen, abtropfen lassen, warm stellen
	für die Soße
2 Zwiebeln	
1 – 2 Knoblauchzehen	beide Zutaten abziehen, würfeln
2 Eßl. Olivenöl	erhitzen, Zwiebel- und Knoblauchwürfel darin andünsten
400 g Gehacktes (halb Rind-, halb Schweinefleisch)	hinzufügen, unter ständigem Rühren anbraten, dabei die Fleischklümpchen zerdrücken, mit
Salz	
Pfeffer	
Paprika edelsüß	würzen
etwa 500 g Tomaten (aus der Dose)	mit dem Saft hinzufügen, die Tomaten mit einem Löffel etwas zerkleinern
etwa 70 g Tomatenmark (aus der Dose)	
125 ml (⅛ l) Rotwein oder Wasser	hinzufügen, gut verrühren, zum Kochen bringen, die Soße etwa 15 Minuten kochen lassen, zu den Spaghetti reichen das Gericht nach Belieben mit
geriebenem Parmesan-Käse	bestreuen
Kochzeit für die Spaghetti:	8 – 10 Minuten
Garzeit für die Soße:	Etwa 25 Minuten.

Tortelloni „Cinderella" (2 Portionen)

1 l Instant-Fleischbrühe	zum Kochen bringen
125 g Tortelloni (Trockenprodukt)	hineingeben, zum Kochen bringen, gar kochen, abtropfen lassen
1 Knoblauchzehe	abziehen, einen Topf damit ausreiben
1 Becher (150 g) Crème fraîche 2 – 3 Eßl. Milch	hineingeben, verrühren, aufkochen lassen die Tortelloni hinzufügen, mit
Salz Pfeffer geriebener Muskatnuß Speisewürze	würzen, einige Minuten schwach kochen lassen
100 g gekochten Schinken (in Scheiben)	in Streifen schneiden
1 Bund Schnittlauch	waschen, fein schneiden, mit den Schinkenstreifen zu den Tortelloni geben, unterrühren, sofort servieren
Kochzeit:	20 – 30 Minuten.
Beigabe:	Toast oder Stangenweißbrot.

Cannelloni Rosanella

Nudelrollen mit Fleischfüllung
(Abb. nebenstehend)

	Für die Füllung
1 Brötchen (Semmel)	in kaltem Wasser einweichen, gut ausdrücken, mit
250 g Gehacktem (halb Rind-, halb Schweinefleisch)	vermengen, die Masse mit
Salz, Pfeffer gerebeltem Oregano gerebeltem Thymian	würzen
etwa 250 g Cannelloni	damit füllen (am besten mit Hilfe eines Spritzbeutels oder eines Rührlöffelstiels) die Cannelloni nebeneinander in eine gefettete, flache feuerfeste Form legen
	für die Soße
1 Becher (150 g) Crème fraîche	mit
6 Eßl. Milch	verrühren, mit
Salz, Pfeffer Speisewürze gehacktem Basilikum	abschmecken, über die Cannelloni gießen (sie müssen ganz mit der Soße bedeckt sein), mit
1 Eßl. geriebenem Parmesan-Käse	bestreuen
Butter	in Flöckchen darauf setzen die Form auf dem Rost in den Backofen schieben
Strom:	175 – 200 (vorgeheizt)
Gas:	3 – 4
Backzeit:	Etwa 30 Minuten.

Schinkennudeln

(Im Schnellkochtopf)

1 l Salzwasser	in den Schnellkochtopf gießen
250 g Nudeln (z. B. Eierröllchen) etwas Speiseöl	hinzufügen, den Schnellkochtopf schließen, etwa 1 Minute garen lassen, bis der 2. Ring hochkommt, den Topf von der Kochstelle nehmen, langsam abdampfen lassen die Nudeln auf ein Sieb geben, mit kaltem Wasser übergießen, abtropfen lassen
40 g Butter	im offenen Schnellkochtopf zerlassen
150 g rohen Schinken (in Streifen geschnitten)	darin anbraten, die Nudeln hinzufügen, unter Rühren erhitzen, mit
20 g geriebenem Parmesan-Käse	bestreuen.
Beilage:	Gulasch oder Ragout.

Tiroler Krautnudeln

1 kg vorbereiteten Weißkohl	in feine Streifen schneiden, waschen, gut abtropfen lassen
2 große Zwiebeln	abziehen, würfeln
75 g Schweineschmalz	in einem Topf (möglichst aus Gußeisen) erhitzen, die Zwiebelwürfel darin andünsten das Kraut hinzufügen, mit
Salz	
Pfeffer	würzen, unter ständigem Rühren leicht bräunen lassen
250 g Bandnudeln	in
2 – 3 l kochendes Salzwasser	geben, zum Kochen bringen, ab und zu umrühren, gar kochen lassen die Nudeln auf ein Sieb geben, mit kaltem Wasser übergießen, abtropfen lassen
250 – 350 g Fleischwurst mit Knoblauch	abziehen, halbieren, in Scheiben schneiden, mit den Nudeln zu dem Kraut geben, unter Rühren erhitzen, mit Salz, Pfeffer kräftig abschmecken
Dünstzeit für das Kraut:	Etwa 30 Minuten
Kochzeit für die Nudeln:	15 – 20 Minuten.

Petersilienspätzle

50 g Petersilie	waschen, abtropfen lassen, fein hacken, mit
3 Eiern	in eine Schüssel geben, gut verrühren
400 g Weizenmehl	
1 gestrichenen Teel. Salz	
Pfeffer	
100 ml Wasser	hinzufügen, die Zutaten gut miteinander verrühren, darauf achten, daß keine Klumpen entstehen den Teig so lange mit einem Rührlöffel schlagen, bis er Blasen wirft den Teig entweder durch einen Spatzenseiher oder durch ein groblöchriges Sieb (Gemüsedämpfer) portionsweise in
kochendes Salzwasser	geben, zum Kochen bringen, gar kochen lassen (die Spätzle sind gar, wenn sie an der Wasseroberfläche schwimmen), sie dann nochmals aufkochen lassen die garen Spätzle auf ein Sieb geben, mit kaltem Wasser übergießen, abtropfen lassen
etwa 50 g Butter	bräunen, die Spätzle darin schwenken.

Klöße

1. Kloßteig kräftig durcharbeiten, damit eine geschmeidige Masse entsteht und der Teig beim Kochen nicht auseinanderfällt.
2. Kloßteig vor dem Formen abschmecken.
3. Um sich von der Festigkeit der Teigmasse zu überzeugen, einen Probekloß kochen. Sollte er zu fest sein, die Teigmasse durch die Zugabe von gekochten Kartoffeln, Grieß oder geriebener Semmel lockern.
Sollte der Probekloß auseinanderfallen, die Teigmasse durch Zusatz von rohen Zutaten wie Ei, Kartoffeln, Grieß oder Mehl binden.
4. Um Klöße abzustechen, den Löffel vorher in kochendes Salzwasser tauchen.
5. Um Klöße zu formen, den Teig auf einem bemehlten Holzbrett zu einer Rolle formen, in gleichmäßige Scheiben schneiden, mit mehlbestäubten Händen zu Klößen formen.
6. Die Klöße bis zum Kochen auf bemehlte Holzbretter legen.
7. Klöße in kochendes Salzwasser legen.
8. Nur so viele Klöße in den Topf geben, wie nebeneinander Platz haben (dabei das Aufgehen berücksichtigen).
9. Klöße sollen mehr ziehen als kochen (Flüssigkeit muß sich leicht bewegen).

Hefeklöße

300 g Weizenmehl	in eine Schüssel sieben, mit
1 Päckchen Dr. Oetker Hefe	sorgfältig vermischen
50 g Zucker	mit
1 Päckchen Vanillin-Zucker	
1 gestrichenen Teel. Salz	
50 g zerlassener, lauwarmer Margarine oder Butter	
1 Ei	
125 ml (⅛ l) lauwarmer Milch	hinzugeben, mit einem elektrischen Handrührgerät mit Knethaken zuerst auf der niedrigsten, dann auf der höchsten Stufe in etwa 5 Minuten zu einem Teig verarbeiten den Teig an einem warmen Ort so lange stehenlassen, bis er doppelt so hoch ist, ihn dann gut durchkneten den Teig zu einer Rolle formen, diese in 8 gleichmäßige Stücke schneiden, zu Klößen formen, auf ein mit
Weizenmehl	bestäubtes Backbrett legen die Klöße an einem warmen Ort so lange gehen lassen, bis sie etwa doppelt so hoch sind ein Tuch recht straff über einen möglichst breiten Topf mit kochendem Wasser spannen, es an den Topfgriffen festbinden, mit Weizenmehl bestreuen die Klöße darauf legen, eine Schüssel darüber decken, gar werden lassen (Garprobe mit einem Holzstäbchen) die garen Hefeklöße auf eine vorgewärmte Platte geben
Garzeit:	15 – 20 Minuten.
Veränderung:	Als „Dicker Michel" den ganzen Hefeteig auf kochendes Backobst legen, gar werden lassen.
Beigabe:	Zerlassene, gebräunte Butter, gebräunte abgezogene, gehobelte Mandeln, Zucker und Zimt, Kompott.

Dampfnudeln

(Abb. nebenstehend)

1 Päckchen Hefe	
1 Teel. Zucker	mit 5 Eßl. von
250 ml (¼ l) lauwarmer Milch	sorgfältig anrühren, 15 Minuten bei Zimmertemperatur stehenlassen ⅔ von
500 g Weizenmehl	in eine Rührschüssel sieben, in die Mitte eine Vertiefung eindrücken
30 g Zucker	
etwas Salz	
80 g zerlassene Margarine	
2 Eier	an den Rand des Mehls geben die Hefe in die Vertiefung geben, mit Mehl, den übrigen Zutaten und der restlichen Milch verrühren, den Teig so lange schlagen, bis er Blasen wirft, das restliche Mehl unterkneten den Teig so lange an einem warmen Ort stehenlassen, bis er etwa doppelt so hoch ist, gut durchkneten und gleichmäßige eigroße Klöße daraus formen von
500 ml (½ l) Milch	so viel in einen großen Topf (Kasserolle) gießen, daß der Boden etwa 1 cm hoch bedeckt ist
30 g Butter oder Margarine	
30 g Zucker	hinzufügen, die Zutaten erhitzen, die Klöße nebeneinander hineinlegen, an einem warmen Ort so lange stehenlassen, bis sie doppelt so hoch sind den Topf mit einem Deckel verschließen, in den vorgeheizten Backofen stellen (es darf kein Dampf entweichen)
Strom:	175 – 200
Gas:	3 – 4
Backzeit:	Etwa 30 Minuten.
Beigabe:	Gebräunte Butter, Kompott oder Vanillesoße.

Grießklöße

750 ml (¾ l) Milch	mit
1 – 2 Eßl. Butter	
1 Teel. Salz	
3 Tropfen Backöl Zitrone oder 2 Tropfen Backöl Bittermandel	zum Kochen bringen, von der Kochstelle nehmen
250 g Grieß	unter Rühren hineinstreuen, zu einem glatten Brei rühren, noch etwa 1 Minute erhitzen, bis ein Kloß entstanden ist, in eine Schüssel geben, nacheinander
2 Eier	unterrühren, kalt stellen aus der erkalteten Masse mit nassen Händen Klöße formen, in
kochendes Salzwasser	geben, zum Kochen bringen, gar ziehen lassen (Wasser muß sich leicht bewegen)
2 Eßl. Semmelmehl	in
3 Eßl. Butter	rösten, die Klöße damit anrichten, zu Kompott oder als Beigabe zu Schmorbraten reichen; bei letzterem aber anstelle von Backöl geschnittenen Schnittlauch oder gehackte Petersilie nehmen
Garzeit:	Etwa 10 Minuten.

Semmelklöße

Semmelknödel

300 g (etwa 8) 2 Tage alte Semmeln (Brötchen) in knapp 2 mm dicke Blättchen schneiden, mit
50 g heißer Butter oder Margarine
500 ml (½ l) kochendheißer Milch übergießen, 1 Stunde stehenlassen
2 Eier
3 g (1 gestrichener Teel.) Backpulver unterrühren, die Masse mit
Salz abschmecken, mit nassen Händen Klöße daraus formen, in
kochendes Salzwasser geben, zum Kochen bringen, gar ziehen lassen (Wasser muß sich leicht bewegen)
Garzeit: Etwa 20 Minuten.
Beigabe: Zerlassene, gebräunte Butter.

Pfannengerichte

1. Das Gelingen der Pfannengerichte hängt von der Auswahl und der richtigen Temperatur des Backfettes ab.
2. Butter und Margarine sind zum Backen der meisten Pfannengerichte ungeeignet, da sie leicht schwarz werden.
3. Am besten Speiseöl, Schmalz oder Kokosfett verwenden.
4. Beim Hineingeben des Teiges muß das Fett heiß sein, damit sich sofort eine Kruste bildet und das Fett nicht eindringen kann.
5. Das Fett wird beim Gasherd auf großer Flamme erhitzt, nach dem Einlegen des Gerichtes wird auf halbgroßer Flamme gebacken. Beim Elektroherd das Fett auf Stufe 3 erhitzen, nach dem Einlegen des Gerichtes zuerst auf Stufe 2, nach dem Wenden auf Stufe 0 schalten. Ist mehr als eine Pfanne zu backen, so wird erst bei der letzten auf Stufe 0 geschaltet.
6. Die Garzeit richtet sich nach der Menge des Gargutes. Je länger es backen muß, um so gelinder muß die Backhitze sein, damit es innen gar wird.

Mehlschmarren

250 g Weizenmehl in eine Schüssel sieben, in die Mitte eine Vertiefung eindrücken
5 Eigelb mit
Salz
1 Eßl. Zucker
1 Päckchen Vanillin-Zucker
500 ml (½ l) Milch verschlagen, etwas davon in die Vertiefung geben, von der Mitte aus Eigelbmilch und Mehl verrühren, nach und nach die übrige Eigelbmilch dazugeben, darauf achten, daß keine Klumpen entstehen
5 Eiweiß steif schlagen, zuletzt unter den Teig heben
etwas von
100 g Fett zerlassen, den Teig jeweils knapp 1 cm dick hineingeben, auf der Unterseite hellgelb backen
den Eierkuchen dann mit 2 Gabeln in kleine Stücke zerreißen, diese unter häufigem Wenden gut bräunen, mit
Zucker bestreuen
Backzeit: Etwa 5 Minuten.

Arme Ritter

500 ml (½ l) Milch mit
2 Eiern
20 g Zucker
2 – 3 Tropfen Backöl Zitrone verschlagen
12 kleine Scheiben Weißbrot damit übergießen, etwas darin weichen lassen (dürfen nicht zu weich werden), in
60 g Semmelmehl wenden, etwas von
125 g Fett zerlassen, die Brotscheiben von beiden Seiten darin backen
„Arme Ritter" mit
Zucker und Zimt bestreuen oder mit Weinschaum- oder Zitronenschaumsoße reichen.

Reisschnitten

500 ml (½ l) Milch
20 g Butter oder Margarine
Salz
3 Tropfen Backöl Zitrone
20 g Zucker zum Kochen bringen
100 g Milchreis (Rundkorn)
50 g verlesene Rosinen hineingeben, zum Kochen bringen, ausquellen lassen
2 Eier unterrühren, den Brei etwa 1½ cm dick auf ein mit Wasser abgespültes Backblech streichen, kalt stellen
den Reisbrei in Scheiben schneiden, in
40 g Semmelmehl wenden
etwas von
80 g Fett zerlassen, die Schnitten von beiden Seiten darin backen
Kochzeit: Etwa 40 Minuten.
Beigabe: Preiselbeerkompott.

Kaiserschmarren

100 g Weizenmehl	in eine Schüssel sieben, in die Mitte eine Vertiefung eindrücken
4 Eigelb	mit
Salz	
2 Tropfen	
Backöl Zitrone	
250 ml (¼ l) Milch	verschlagen, etwas davon in die Vertiefung geben, von der Mitte aus Flüssigkeit und Mehl verrühren, nach und nach die übrige Flüssigkeit dazugeben, darauf achten, daß keine Klumpen entstehen
75 g Mandeln	abziehen, mahlen
4 Eiweiß	steif schlagen
75 g Korinthen	verlesen
	die 3 Zutaten zuletzt unter den Teig heben
	etwas von
60 g Fett	zerlassen, den Teig jeweils 1 cm dick hineingeben, auf der Unterseite hellgelb backen
	den Eierkuchen dann mit 2 Gabeln in kleine Stücke zerreißen, diese unter häufigem Wenden gut bräunen, mit
Zucker	bestreuen
Backzeit:	8 – 10 Minuten.
Beigabe:	Kompott.

Aufläufe

1. Zum Backen von Aufläufen feuerfeste Formen aus Porzellan, Steingut oder Jenaer Glas verwenden.
2. Die Form vor dem Einfüllen der Masse gut mit Butter oder Margarine ausstreichen.
3. Bei allen Aufläufen, die aufgehen (auflaufen) sollen, die Form nur ¾ füllen.
4. Die Oberfläche mit Semmelmehl oder geriebenem Käse bestreuen, Butterflöckchen darauf setzen.
5. Aufläufe in der Form, in der sie gebacken wurden, servieren.

Makkaroni-Auflauf mit Schinken

250 g Makkaroni	in fingerlange Stücke brechen, in
1½ l kochendes Salzwasser	geben, zum Kochen bringen, gar kochen lassen, auf ein Sieb geben, mit kaltem Wasser übergießen, abtropfen lassen
200 g gekochten Schinken	in kleine Würfel schneiden
60 g Käse	reiben Makkaroni, Schinken und Käse abwechselnd lagenweise in eine gefettete Auflaufform füllen, die oberste Schicht soll aus Makkaroni bestehen
2 Eier	mit
250 ml (¼ l) Milch *Salz* *geriebener Muskatnuß* *Pfeffer*	verschlagen, über die Makkaroni gießen den Auflauf mit
2 Eßl. Semmelmehl	bestreuen
Butter	in Flöckchen darauf setzen, die Auflaufform auf dem Rost in den vorgeheizten Backofen schieben
Kochzeit:	Etwa 15 Minuten
Einstellung für den Backofen	
Strom:	225 – 250
Gas:	5 – 6
Backzeit:	Etwa 40 Minuten.
Veränderung:	Anstelle des gekochten Schinkens halbgar gedünstete Pilze oder rohe Tomatenscheiben einschichten, statt der verschlagenen Eier eine Tomatensoße verwenden.

Ungarischer Sauerkrautauflauf

50 g Schweineschmalz	zerlassen
750 g Sauerkraut	lockerzupfen, kurze Zeit darin erhitzen
250 ml (¼ l) Wasser *2 kleine Lorbeerblätter* *Salz* *Zucker* *Pfeffer*	hinzufügen, das Sauerkraut gar dünsten lassen (es darf keine Brühe mehr im Sauerkraut sein) das Sauerkraut evtl. mit Salz, Zucker, Pfeffer abschmecken
1 l Salzwasser	zum Kochen bringen
125 g Brühreis (Langkorn)	hineingeben, zum Kochen bringen, 12 – 15 Minuten quellen lassen (es muß ständig Dampf aus dem Topf entweichen) den Reis auf ein Sieb geben, mit kaltem Wasser übergießen
1 mittelgroße Zwiebel	abziehen, fein würfeln, so lange in
5 Eßl. Wasser	erhitzen, bis das Wasser verdampft ist
2 Eßl. Schweineschmalz	hinzufügen, zerlassen
375 g Hackfleisch (halb Rind-, halb Schweinefleisch)	mit Salz, Pfeffer würzen, in dem Schmalz anbraten, dann den Reis unterheben
2 Rauchenden (etwa 200 g)	waschen, in Scheiben schneiden Sauerkraut, Fleisch, Rauchenden abwechselnd lagenweise in eine mit
Butter oder Margarine	gefettete Auflaufform füllen, die oberste Schicht muß aus Sauerkraut und Wurstscheiben bestehen den Auflauf mit
375 ml (⅜ l) saurer Sahne	übergießen die Auflaufform auf dem Rost in den vorgeheizten Backofen schieben
Dünstzeit für das Sauerkraut:	Etwa 50 Minuten
Einstellung für den Backofen	
Strom:	225 – 250
Gas:	5 – 6
Backzeit:	20 – 40 Minuten.

Grießauflauf im Tontopf

500 g Mirabellen (aus der Dose)	abtropfen lassen, den Saft auffangen
500 ml (½ l) Milch	mit
Salz	zum Kochen bringen
125 g Grieß	in die von der Kochstelle genommene Milch rühren, zum Quellen stehenlassen
1 Päckchen Pudding-Pulver Vanille-Geschmack	mit
3 Eßl. kalter Milch	anrühren
75 g Butter oder Margarine	geschmeidig rühren, nach und nach
60 g Zucker	
1 Päckchen Vanillin-Zucker	
3 Eier	
2 Tropfen Backöl Zitrone	
3 g (1 gestrichener Teel.) Backpulver	und den noch warmen Grießbrei mit dem Pudding-Pulver unterrühren, Mirabellen unterheben, alles in den gewässerten Tontopf umfüllen, mit dem Deckel verschließen, in den Backofen stellen zu dem Grießauflauf nach Belieben den Obstsaft reichen
Strom:	200 – 225
Gas:	4 – 5
Garzeit:	Etwa 1 Stunde.

Reisauflauf

1 l Milch	mit
Salz	zum Kochen bringen
200 g Milchreis (Rundkorn)	hineingeben, zum Kochen bringen, ausquellen lassen (er muß noch körnig sein), kalt stellen
50 g Butter oder Margarine	geschmeidig rühren, nach und nach
75 g Zucker	
1 Päckchen Vanillin-Zucker	
3 Eier	
2 Tropfen Backöl Bittermandel	
4 Tropfen Backöl Zitrone	und den Reis hinzufügen
1 Päckchen Pudding-Pulver Vanille-Geschmack	
6 g (2 gestrichene Teel.) Backpulver	mischen, sieben, unterrühren
1 Eßl. abgezogene, gemahlene Mandeln	
1 Eßl. Rosinen	zuletzt unter die Masse rühren, sie in eine mit
Butter oder Margarine	gefettete Auflaufform füllen den Auflauf mit
Semmelmehl	bestreuen
Butter	in Flöckchen darauf setzen, die Auflaufform auf dem Rost in den vorgeheizten Backofen schieben
Kochzeit:	Etwa 30 Minuten
Einstellung für den Backofen	
Strom:	200 – 225
Gas:	3 – 4
Backzeit:	40 – 50 Minuten.

Obst, süße Speisen und Getränke

Obstspeisen

1. Frisches Obst waschen und abtropfen lassen.
2. Getrocknetes oder gedörrtes Obst in kaltem Wasser 12 – 24 Stunden einweichen.
3. Obst erst nach dem Waschen entsteinen oder schälen.
4. Obst nie längere Zeit im Wasser liegenlassen, Äpfel, Birnen und Bananen nach dem Schälen mit Zitronensaft beträufeln, damit sie nicht braun werden.
5. Besonders saftreiche Obstsorten im eigenen Saft dünsten.
6. Obstmus erst nach dem Durchrühren süßen, damit kein Zucker mit dem Rückstand verlorengeht.
7. Gewürze wie Zitronen- und Apfelsinenschalen usw. vor dem Anrichten des Obstes entfernen.

Rohes Obst

Fruchtsalat

	Fruchtsalate sind besonders wohlschmeckend, wenn man verschiedene Obstsorten mischt
Apfelsinen	schälen, weiße Haut und Kerne entfernen
Feigen	
Korinthen	
Rosinen	waschen, einweichen die Früchte kleinschneiden, mit
Zucker	abwechselnd in eine Glasschale schichten, sie nach Belieben mit
Zitronensaft	
Wein oder unvergorenem Fruchtsaft	übergießen, mit
Mandeln	
Nußkernen	
Rosinen	garnieren besonders erfrischend sind folgende Zusammenstellungen: 1. Äpfel, Apfelsinen, Zucker, Zitronensaft, Nüsse 2. Äpfel, Apfelsinen, Bananen, Zucker, Zitronensaft, Nüsse 3. Äpfel, Feigen, Zucker, Zitronensaft 4. Äpfel, Apfelsinen, Bananen, Ananas, Zucker, Wein 5. Äpfel, Apfelsinen, Birnen, Ananas, Bananen, Zucker, Saft 6. Apfelsinen, Bananen, Zucker, Zitronensaft 7. Pflaumen, Birnen, Pfirsiche, Zucker, Zitronensaft.

Müsli

nach Dr. Bircher-Benner

40 g kernige Haferflocken	in
12 Eßl. kaltem Wasser	mehrere Stunden einweichen kurz vor dem Verzehr
4 Eßl. Zitronensaft	
4 Eßl. Sahne	hinzugeben
600 g Äpfel	waschen, reiben, unter die Haferflocken mischen das Müsli mit
Zucker	
Bienenhonig	abschmecken
4 Eßl. geriebene Haselnußkerne	darüber streuen.
Beigabe:	Vollkornbrot mit Butter oder Honig.

Fruchtschaum

1 gehäuften Teel. Gelatine gemahlen, weiß	mit
3 Eßl. kaltem Wasser	anrühren, 10 Minuten zum Quellen stehenlassen, unter Rühren erwärmen, bis sie gelöst ist
375 g vorbereitete Früchte (z. B. Erdbeeren, Himbeeren)	zerdrücken, mit
100 g Zucker	
Saft von ½ Zitrone	schaumig schlagen, zunächst 3 Eßl. davon mit der Gelatinelösung verrühren, unter die übrigen Früchte schlagen
250 ml (¼ l) Schlagsahne	steif schlagen, unterheben den Fruchtschaum mit
Zucker	abschmecken, in Gläser füllen, mit
Früchten	garnieren.

Exotischer Salat

4 Kiwis	dünn schälen, in Scheiben schneiden
1 Netzmelone	halbieren, entkernen, aus dem Melonenfleisch mit einem Kugelausstecher Kugeln ausstechen oder es in Würfel schneiden die Zutaten mit
2 – 3 Eßl. Zucker	
etwas Himbeergeist	vermengen, in eine Glasschale geben, etwa 1 Stunde zugedeckt kalt stellen
	für die Salatsoße
250 ml (¼ l) Schlagsahne	etwas anschlagen
2 Eßl. Himbeergeist	unterrühren die Soße über das Obst geben.

Westfälische Erdbeeren

500 g Erdbeeren	waschen, gut abtropfen lassen, entstielen, kühl stellen
2 Scheiben Pumpernickel	fein reiben (Semmelreibe) oder zerbröckeln, in einer Stielpfanne rösten, erkalten lassen
	für die Soße
1 Becher (150 g) Crème fraîche	mit
2 Eßl. Milch	
1 Eßl. klarem Korn	
1 Eßl. Honig	verrühren, über die Erdbeeren geben die Erdbeeren mit dem Brot bestreuen.

Erdbeeren mit Quark

200 g Erdbeeren	waschen, gut abtropfen lassen, entstielen, in Stücke schneiden, mit
2 Eßl. Zucker	mischen
250 g Speisequark	mit
125 ml (⅛ l) Schlagsahne	
1 Päckchen Vanillin-Zucker	gut verrühren, die Erdbeeren unterrühren.
Veränderung:	Anstelle von Erdbeeren Himbeeren oder Brombeeren verwenden.

Melonencocktail

1 Honigmelone (gut gekühlt) der Länge nach halbieren, entkernen, aus dem Fruchtfleisch mit einem Teelöffel Kugeln ausstechen oder es in Würfel schneiden
das Melonenfleisch in eine Schüssel geben
4 Eßl. Cream Sherry darüber geben, nach Belieben mit
Zucker bestreuen, mit
Zitronensaft beträufeln, etwa 1 Stunde zugedeckt kalt stellen (Kühlschrank)
den Cocktail am besten in Sektschalen anrichten, mit
Cocktailkirschen garnieren.

Johannisbeeren mit Eierlikör

500 g Johannisbeertrauben waschen, gut abtropfen lassen, abstreifen, mit
3 Eßl. Zucker
1 Päckchen Vanillin-Zucker
4 Eßl. Eierlikör vermengen, gut durchziehen lassen, in eine Glasschale oder in Gläser füllen
250 ml (¼ l) Schlagsahne etwas anschlagen, vor dem Servieren über die Johannisbeeren geben.

Gekochtes und gedünstetes Obst

Süß- oder Sauerkirschkompott

500 g Kirschen	waschen, entstielen, entsteinen, mit
125 g Zucker	bestreuen sobald die Früchte Saft gezogen haben, sie weich dünsten, das Kompott erkalten lassen, evtl. mit
Zucker	abschmecken.

Quittenkompott

500 g Quitten	mit einem Tuch abreiben, schälen, vierteln oder achteln, entkernen so viel Wasser auf die Quitten geben, daß sie gerade bedeckt sind, zum Kochen bringen, weich kochen lassen, kurz vor Beendigung der Kochzeit
175 g Zucker	hinzugeben, den Saft noch etwas einkochen lassen, mit
Zucker	abschmecken.

Pfirsichkompott

600 g Pfirsiche	kurz in kochendes Wasser tauchen, in kaltem Wasser abschrecken, enthäuten, halbieren, entkernen, einige Kerne aufbrechen, die Kerne mit
50 g Zucker	
5 Eßl. Wasser	zum Kochen bringen, die Pfirsiche hineingeben, zum Kochen bringen, weich kochen das Kompott erkalten lassen, mit
Zucker	abschmecken.

Nußsoße

125 ml (⅛ l) Sahne	mit
1 gut gehäuften Eßl. Zucker	
1 Päckchen Vanillin-Zucker	fast steif schlagen
1 Becher (150 g) Joghurt	
1 Eßl. gemahlene, leicht geröstete Haselnußkerne	unterrühren.
Anmerkung:	Nußsoße eignet sich als Beigabe zu gedünsteten Birnen oder Pfirsichen und zu Obstsalat.

Rhabarberkompott

500 g Rhabarber	waschen, in etwa 2 cm lange Stücke schneiden (nicht abziehen), mit
100 g Zucker	bestreuen sobald der Rhabarber Saft gezogen hat,
1 Päckchen Vanillin-Zucker	hinzufügen, den Rhabarber weich dünsten, das Kompott erkalten lassen, evtl. mit
Zucker	abschmecken.

Apfelkompott

500 g Äpfel	schälen, vierteln oder achteln, entkernen
250 ml (¼ l) Wasser	mit
50 g Zucker	zum Kochen bringen, die Äpfel hineingeben, zum Kochen bringen, unter öfterem Schütteln weich (glasig) kochen lassen das Kompott erkalten lassen, mit
Zitronensaft	
Zucker	abschmecken.

Stachelbeerkompott

500 g halbreife Stachelbeeren	mit einer Schere von Stiel und Blüte befreien, waschen
125 ml (⅛ l) Wasser	mit
100 g Zucker	zum Kochen bringen, die Stachelbeeren hineingeben, zum Kochen bringen, weich kochen lassen (nicht durchrühren) das Kompott erkalten lassen, evtl. mit
Zucker	abschmecken.

Apfelmus

750 g Äpfel	waschen, von Stiel und Blüte befreien, in kleine Stücke schneiden, mit
5 Eßl. Wasser	zum Kochen bringen, weich kochen lassen, durch ein Sieb streichen, mit
etwa 50 g Zucker	abschmecken.

Aprikosenkompott

600 g Aprikosen	kurze Zeit in kochendes Wasser legen, in kaltem Wasser abschrecken, enthäuten, halbieren, entsteinen, einige Steine aufbrechen, die Kerne zu den Früchten geben, diese mit
75 g Zucker	bestreuen sobald die Früchte Saft gezogen haben, sie weich dünsten das Kompott erkalten lassen, evtl. mit
Zucker	abschmecken.

Pflaumenkompott

500 g Pflaumen	waschen, halbieren, entsteinen
125 ml (⅛ l) Wasser	mit
50 g Zucker	zum Kochen bringen, Pflaumen,
1 Stück Stangenzimt	
3 Gewürznelken	hineingeben, zum Kochen bringen, weich kochen lassen das Kompott erkalten lassen, evtl. mit
Zucker	abschmecken.

Mirabellenkompott

500 g Mirabellen	waschen, entstielen
125 ml (⅛ l) Wasser	mit
75 g Zucker	zum Kochen bringen, die Mirabellen hineingeben, zum Kochen bringen, weich kochen lassen das Kompott erkalten lassen, evtl. mit
Zucker	abschmecken.

Birnenkompott

500 g Birnen	schälen, halbieren, entkernen
125 ml (⅛ l) Wasser	mit
50 g Zucker	
1 Päckchen Vanillin-Zucker	zum Kochen bringen, die Birnen hineingeben, zum Kochen bringen, weich kochen lassen, das Kompott erkalten lassen, evtl. mit
Zucker	abschmecken
Kochzeit:	20 – 30 Minuten.

Birnen in Karamelsoße

4 Birnen (etwa 750 g)	schälen, halbieren, entkernen
50 g Butter	
oder Margarine	in einer länglichen Auflaufform zerlassen, die Birnenhälften nebeneinander hineinlegen, die Auflaufform in den Backofen schieben etwa 20 Minuten vor Beendigung der Dünstzeit
1 Messerspitze Butter	mit
100 g (4 gut gehäufte Eßl.) Zucker	unter Rühren so lange erhitzen, bis der Zucker gut gebräunt ist, die Karamelmasse über die Birnen geben
125 ml (⅛ l) Schlagsahne	mit
1 Päckchen Vanillin-Zucker	steif schlagen, die Birnen damit verzieren
Strom:	175 – 200
Gas:	3 – 4
Dünstzeit:	Etwa 45 Minuten.

Gebackenes Obst

Paradiesische Äpfel

(Im Tontopf – Abb. nebenstehend)

4 dicke Äpfel	schälen, das Kerngehäuse mit einem Apfelausstecher entfernen
50 g Marzipanrohmasse	mit
1 gestr. Eßl. Puderzucker	verkneten, in 4 Stücke teilen, Rollen formen, in jeden Apfel eine Marzipanrolle drücken, die Äpfel mit
50 g flüssiger Butter	bestreichen
2 Eßl. Semmelmehl	mit
1 Eßl. Zucker	
1 Messerspitze gemahlenem Zimt	mischen, die Äpfel darin wenden, die restliche Butter mit
2 Eßl. gehackten Walnußkernen	
1 gestrichenen Eßl. Zucker	verrühren, so viel von dem Semmelmehlgemisch hinzufügen, daß eine feste Masse entsteht, auf die Apfelöffnungen verteilen die Äpfel in den gewässerten Tontopf setzen, mit dem Deckel verschließen, in den Backofen stellen
125 ml (⅛ l) Schlagsahne	½ Minute schlagen
½ Päckchen Sahnesteif	und nach Geschmack
Zucker	einstreuen, die Sahne steif schlagen nach Belieben
1 Eßl. Weinbrand	unterrühren, die Sahne kurz vor dem Servieren auf die Äpfel geben, mit
kandierten Kirschen	garnieren
Strom:	200 – 225
Gas:	4 – 5
Garzeit:	Etwa 30 Minuten.

Puttäpfel

Bratäpfel

8 Äpfel	waschen, nicht schälen, von der Blütenseite her ausbohren, aber nicht durchstechen die Äpfel in eine flache, gefettete Auflaufform oder auf kleine Teller setzen, mit
1 – 2 Eßl. Butter	
1 – 2 Eßl. Zucker	
1 Päckchen Vanillin-Zucker	füllen, auf dem Rost in den vorgeheizten Backofen schieben, weich backen die Äpfel nach Belieben mit
Weißwein	begießen
Strom:	200 – 225
Gas:	3 – 4
Backzeit:	30 – 45 Minuten.

Ausgebackene Apfelscheiben

(6 Portionen)

750 g saure Äpfel	schälen, mit einem Apfelbohrer das Kerngehäuse ausstechen, die Äpfel in 1 cm dicke Ringe schneiden
	für den Teig
250 g Weizenmehl	mit
9 g (3 gestrichene Teel.) Backpulver	mischen, in eine Schüssel sieben, in die Mitte eine Vertiefung eindrücken
1 Ei	mit
1 – 2 Eßl. Zucker	
250 ml (¼ l) Milch	verschlagen, etwas davon in die Vertiefung geben, von der Mitte aus Eimilch mit einem Teil des Mehls verrühren, die übrige Eimilch dazugeben, darauf achten, daß keine Klumpen entstehen die Apfelscheiben in den Teig tauchen, in siedendem
Pflanzenfett	goldgelb backen, auf einem Kuchenrost abtropfen lassen, mit
Zucker und Zimt	bestreuen, warm servieren
Backzeit:	1 – 2 Minuten.

Obstaufläufe

Apfelauflauf

500 g Äpfel	schälen, vierteln, entkernen, in Scheiben schneiden
2 Eier	mit
125 g Zucker	schaumig schlagen
1 Eßl. Zitronensaft	hinzufügen
125 g Weizenmehl	
6 g (2 gestrichene Teel.) Backpulver	mischen, sieben, unterrühren den Teig abwechselnd lagenweise mit den Äpfeln in eine gefettete Auflaufform schichten, die oberste Schicht soll aus Teig bestehen die Auflaufform auf dem Rost in den vorgeheizten Backofen schieben
Strom:	175 – 200
Gas:	2 – 3
Backzeit:	Etwa 30 Minuten.
Veränderung:	Anstelle von Äpfeln Heidelbeeren, entsteinte Kirschen oder Zwetschen nehmen.

Aprikosenauflauf mit Reis

500 ml (½ l) Milch	mit
½ Teel. Salz	
1 Stück Zitronenschale (unbehandelt)	zum Kochen bringen
150 g Milchreis (Rundkorn)	hineingeben, zum Kochen bringen, in etwa 40 Minuten ausquellen lassen
60 g weiche Butter oder Margarine	mit
2 schwach gehäuften Eßl. Zucker	
2 Eigelb	
abgeriebener Zitronenschale (unbehandelt)	in eine Rührschüssel geben, gut verrühren, den Reisbrei unterrühren
2 Eiweiß	steif schlagen, unterheben
etwa 500 g Aprikosenhälften (aus der Dose)	abtropfen lassen eine runde, feuerfeste Form mit
Butter oder Margarine	fetten, die Hälfte der Reismasse einfüllen, die Aprikosen darauf geben, mit der restlichen Reismasse bedecken
Butter	in Flöckchen darauf setzen die Form auf dem Rost in den vorgeheizten Backofen stellen
Strom:	175 – 200
Gas:	3 – 4
Backzeit:	Etwa 40 Minuten.

Kompottauflauf mit Schneehaube *(Abb. nebenstehend)*

250 ml (¼ l) heiße Milch	mit
5 Tropfen Rum-Aroma	mischen
100 g (etwa 9) Zwiebäcke	darin einweichen
200 g Pflaumenkompott	
150 g Birnenkompott	
150 g Apfelkompott	abtropfen lassen, in eine gefettete Auflaufform geben, die durchweichten Zwiebäcke dicht nebeneinander darauf legen einen Vanillepudding nach der Vorschrift auf dem Päckchen zubereiten aus
500 ml (½ l) Milch	
1 Päckchen Pudding-Pulver Vanille-Geschmack	
50 g Zucker	
1 Eigelb	
6 Eßl. kalter Milch oder Wasser	
	den Pudding auf die Zwiebäcke geben
1 Eiweiß	steif schlagen, mit
1 Teel. Zucker	süßen, gleichmäßig auf den Pudding streichen die Auflaufform auf dem Rost in den vorgeheizten Backofen schieben
Strom:	175 – 200
Gas:	3 – 4
Backzeit:	15 – 20 Minuten.

Kirschmichel

60 g Butter oder Margarine	geschmeidig rühren, nach und nach
125 g Zucker	
1 Päckchen Vanillin-Zucker	
3 – 4 Tropfen Backöl Bittermandel	
2 Eier	
150 g Grieß	hinzufügen
125 g Weizenmehl	
9 g (3 gestrichene Teel.) Backpulver	mischen, sieben, abwechselnd mit
250 ml (¼ l) Milch	unterrühren
500 g Sauerkirschen	waschen, entstielen, entsteinen, unter den Teig heben, in eine gefettete Auflaufform füllen, auf dem Rost in den vorgeheizten Backofen schieben
Strom:	175 – 200
Gas:	2½ – 3½
Backzeit:	50 – 60 Minuten.

Birnenauflauf

(6 Portionen)

1½ kg Birnen schälen, waschen, vierteln, entkernen, in Scheiben schneiden, mit
100 g Margarine
150 g Zucker
1 Päckchen Vanillin-Zucker
abgeriebener gelber Schale 1 Zitrone (unbehandelt) unter Rühren leicht dünsten lassen
375 ml (⅜ l) Sahne mit
4 Eigelb verschlagen
4 Eiweiß steif schlagen, unterheben
12 Zwiebäcke kurze Zeit in etwas von der Sahnemasse einweichen, mit dem Obst in eine mit
Butter oder Margarine gefettete Auflaufform schichten
die oberste Schicht soll aus Zwiebäcken und Sahnecreme bestehen
die Auflaufform auf dem Rost in den vorgeheizten Backofen schieben

Strom: 175 – 200
Gas: 2 – 3
Backzeit: 50 – 60 Minuten.

Puddinge

1. Pudding-Pulver oder Speisestärke und Zucker zusammen mit kaltem Wasser oder kalter Milch anrühren, in die kochende Flüssigkeit rühren. Das Anrühren geht schnell und gut mit einer Gabel. Damit sich beim Hineinrühren in die Flüssigkeit keine Klumpen bilden, den Topf von der Kochstelle nehmen. Danach die Speise unter Rühren kurz aufkochen lassen.
2. Eigelb mit dem Dickungsmittel, dem Zucker und Flüssigkeit verschlagen, dann aufkochen oder es mit etwas kalter Milch oder Wasser verschlagen, dann unter kräftigem Rühren nach und nach an die heiße, nicht mehr kochende Speise geben.
3. Eiweiß zu steifem Schnee schlagen, sofort nach dem Kochen unter die heiße Speise heben.
4. Soll ein Pudding nach dem Erkalten gestürzt werden, ihn sofort nach dem Kochen in eine mit kaltem Wasser ausgespülte Sturzform füllen.

Bevor der Pudding auf eine Platte gestürzt wird, seine obere Seite mit Wasser bestreichen, damit man ihn verschieben kann, falls er nicht in der Mitte liegt.

Tuttifrutti

500 g gezuckertes rohes oder gezuckertes gedünstetes Obst in eine Glasschale oder in Portionsschälchen geben, mit
75 g Butterkeksen bedecken
500 ml (½ l) Milch zum Kochen bringen
1 Päckchen Pudding-Pulver Vanille- oder Mandel-Geschmack mit
40 g Zucker mischen, mit
6 Eßl. kalter Milch anrühren, unter Rühren in die von der Kochstelle genommene Milch geben, kurz aufkochen lassen, auf die Kekse geben, kalt stellen.

Grießpudding

500 ml (½ l) Milch zum Kochen bringen
1 Päckchen Soßen-Pulver Vanille-Geschmack mit
30 g Grieß
50 g Zucker
2 Eigelb mischen, mit
6 Eßl. kalter Milch anrühren, unter Rühren in die von der Kochstelle genommene Milch geben, kurz aufkochen lassen
2 Eiweiß steif schlagen, unter die kochendheiße Speise heben, in eine Glasschale oder in eine mit kaltem Wasser ausgespülte Sturzform füllen, kalt stellen, evtl. stürzen.
Beigabe: Gedünstetes Obst oder Fruchtsaft.

Karamelpudding

1 Päckchen Pudding-Pulver Vanille-Geschmack
2 Eigelb mit
6 Eßl. kalter Milch verschlagen
100 g Zucker unter ständigem Rühren so lange erhitzen, bis er hellbraun ist, mit
500 ml (½ l) Milch ablöschen, unter Rühren zum Kochen bringen, von der Kochstelle nehmen, die angerührte Mischung unter Rühren hineingeben, kurz aufkochen lassen
2 Eiweiß steif schlagen, unter den kochendheißen Pudding heben, in eine Glasschale füllen.
Beigabe: Soße, zubereitet mit Soßen-Pulver Ohne Kochen, Vanille-Geschmack.

Schichtpudding

(8 Portionen)

Aus
1 Päckchen Rote Grütze Himbeer-Geschmack
500 ml (½ l) kaltem Wasser
100 g (4 gut gehäufte Eßl.) Zucker nach der Vorschrift auf dem Päckchen eine Grütze zubereiten, in mit kaltem Wasser ausgespülte Puddingförmchen füllen, diese in kaltes Wasser setzen
aus
1 Päckchen Pudding-Pulver Vanille-Geschmack
2 schwach gehäuften Eßl. Zucker
6 Eßl. kalter Milch
500 ml (½ l) kalter Milch nach der Vorschrift auf dem Päckchen einen Pudding zubereiten, gleichmäßig auf die einzelnen festgewordenen Grützeportionen verteilen
die Puddingförmchen wieder in kaltes Wasser setzen
aus
1 Päckchen Pudding-Pulver Schokoladen-Geschmack
50 g (2 gut gehäufte Eßl.) Zucker
500 ml (½ l) kalter Milch nach der Vorschrift auf dem Päckchen einen Pudding zubereiten (2 Minuten kochen lassen), auf den Vanille-Pudding füllen
die Förmchen noch eine Zeitlang in kaltes Wasser setzen, erst dann den Pudding auf kleine Teller stürzen.
Beigabe: Vanillesoße.

Rote Grütze

300 g tiefgekühlte Himbeeren	bei Zimmertemperatur auftauen lassen
	aus
1 Päckchen Rote Grütze Himbeer-Geschmack	
100 g Zucker	
500 ml (½ l) Wasser	nach der Vorschrift auf dem Päckchen eine Speise zubereiten, die Himbeeren unterheben
	die Speise in eine Glasschale oder in Portionsschälchen füllen, erkalten lassen
	die Rote Grütze gekühlt servieren.
Beigabe:	Vanillesoße oder angeschlagene Crème fraîche.
Veränderung:	Gemischte Beeren (Brombeeren, Johannisbeeren, Erdbeeren) verwenden.

Apfelgrütze

500 g Äpfel	schälen, entkernen, in Scheiben schneiden
375 ml (⅜ l) Wasser	mit
100 g Zucker	zum Kochen bringen, die Äpfel hineingeben, zum Kochen bringen, fast weich kochen lassen, mit einem Schaumlöffel herausnehmen, den Saft wieder zum Kochen bringen
1 Päckchen Rote Grütze Himbeer-Geschmack	mit
125 ml (⅛ l) Weißwein	anrühren, unter Rühren in den von der Kochstelle genommenen Saft geben, kurz aufkochen lassen, die Äpfel unterrühren die Grütze in mit kaltem Wasser ausgespülte Tassen oder in Portionsschälchen füllen, kalt stellen, stürzen.

Stachelbeergrütze mit feiner Vanillesoße

	Für die Grütze
500 g Stachelbeeren	von Stiel und Blüte befreien, waschen, gut abtropfen lassen, mit
125 ml (⅛ l) Wasser	
175 g Zucker	zum Kochen bringen, weich kochen lassen
60 g Speisestärke	mit
125 ml (⅛ l) kaltem Wasser	anrühren, unter Rühren in die kochenden, von der Kochstelle genommenen Stachelbeeren geben, kurz aufkochen lassen die Stachelbeergrütze in eine kalt ausgespülte Sturzform oder in eine kalt ausgespülte Glasschale füllen, einige Stunden kalt stellen
	für die Soße
1 Päckchen Soßen-Pulver Vanille-Geschmack	
40 g Zucker	
1 Ei	nach und nach mit
500 ml (½ l) kalter Milch	in einem Topf verschlagen die Flüssigkeit unter Rühren zum Kochen bringen, kurz aufkochen lassen, kalt stellen, ab und zu durchrühren, damit sich keine Haut bildet die erkaltete Stachelbeergrütze auf einen Teller stürzen, mit der Soße servieren.

Pfirsichkranz

500 g Pfirsiche	waschen, halbieren, entsteinen, kurze Zeit in kochendes Wasser legen, in kaltem Wasser abschrecken, enthäuten, mit
175 g Zucker	
1 Päckchen Vanillin-Zucker	in
375 ml (⅜ l) Wasser	geben, zum Kochen bringen, weich kochen, abtropfen lassen den Pfirsichsaft auffangen, evtl. mit Wasser auf 250 ml (¼ l) auffüllen
375 ml (⅜ l) Weiß- oder Apfelwein	hinzufügen, zum Kochen bringen
65 g Speisestärke	mit
3 Eigelb	
6 Eßl. kaltem Wasser	anrühren, unter Rühren in die von der Kochstelle genommene Flüssigkeit geben, kurz aufkochen lassen
3 Eiweiß	steif schlagen, unter die Speise heben, nochmals kurz aufkochen lassen eine Kranzform mit
Speiseöl	ausstreichen, die Pfirsiche mit der Wölbung nach unten hineinlegen, die Speise darauf füllen, erkalten lassen den festgewordenen Pfirsichkranz vorsichtig vom Rand lösen, auf eine runde Platte stürzen, mit
Schlagsahne	verzieren.

Vanillesoße

	Für Soße I aus
1 Päckchen Soßen-Pulver Vanille-Geschmack	
30 g Zucker	
500 ml (½ l) kalter Milch	nach der Vorschrift auf dem Päckchen eine Soße zubereiten
	für Soße II
1 Päckchen Soßen-Pulver Vanille-Geschmack	mit
50 g Zucker	
1 Päckchen Vanillin-Zucker	mischen, mit 5 Eßl. von
750 ml (¾ l) kalter Milch	anrühren
1 Ei	unterrühren, die übrige Milch zum Kochen bringen das angerührte Soßen-Pulver unter Rühren in die von der Kochstelle genommene Milch geben, kurz aufkochen lassen, kalt stellen, ab und zu durchrühren Vanillesoße ist eine ausgezeichnete Beigabe zu roter Grütze und auch zu frischem Obst.

Vanillepudding *gestürzt*

	Aus
1 Päckchen Pudding-Pulver Vanille-Geschmack	
40 g Zucker	
6 Eßl. kalter Milch zum Anrühren	
500 ml (½ l) Milch	einen Pudding nach der Vorschrift auf dem Päckchen zubereiten, in eine kalt ausgespülte Puddingform füllen, einige Stunden kalt stellen, auf einen Teller stürzen.
Beigabe:	Gemischtes Obst.

Heiße Schokoladensoße

6 – 8 Eßl. Wasser	in einem kleinen Stieltopf zum Kochen bringen
100 g Schokolade	in kleine Stücke brechen, in das Wasser geben, so lange erhitzen (nicht kochen), bis eine dickflüssige Soße entstanden ist (ab und zu durchrühren) evtl. Wasser nachgeben, je länger die Soße erhitzt wird, desto besser wird sie.
Veränderung:	Anstelle von Wasser Milch oder Sahne nehmen.

Ananas-Pudding

1 Päckchen Pudding-Pulver Sahne-Geschmack	mit
50 g (2 gut gehäufte Eßl.) Zucker	
1 Päckchen Vanillin-Zucker	
2 Eigelb	und mit 6 Eßlöffeln von
500 ml (½ l) kalter Milch	verrühren, die restliche Milch zum Kochen bringen, in die von der Kochstelle genommene Milch das angerührte Pudding-Pulver rühren, kurz aufkochen lassen
2 Eiweiß	steif schlagen
3 Scheiben Ananas (etwa 200 g, aus der Dose)	abtropfen lassen, in kleine Stücke schneiden, mit dem Eierschnee unter den noch heißen Pudding heben
2 – 3 Eßl. Curaçao	unterrühren den Pudding in eine Schüssel füllen, erkalten lassen, mit
Schlagsahne	verzieren, mit
Ananasstückchen	garnieren.

Flan caramelo

1 Teel. Butter	zerlassen
100 g (4 gut gehäufte Eßl.) Zucker	hinzufügen, unter Rühren so lange erhitzen, bis der Zucker hellbraun ist, in 4 kleine feuerfeste Förmchen füllen
4 Eier	schaumig schlagen
75 g (3 gut gehäufte Eßl.) Zucker	dazugeben, nach und nach
500 ml (½ l) kochende Milch	hinzugießen, so lange schlagen, bis eine cremeartige Masse entstanden ist
1 Päckchen Vanillin-Zucker	unterrühren, die Creme mit
Salz	abschmecken, in die Förmchen füllen, in einem Topf im Wasserbad im Backofen backen
Gas:	Etwa 3
Strom:	Etwa 180
Backzeit:	20 – 25 Minuten den erkalteten Flan caramelo auf Dessertteller stürzen.
Tip:	Zu diesem spanischen Dessert kann ein Cream Sherry serviert werden.

Mokkapudding

	Aus
1 Päckchen Pudding-Pulver Sahne- oder Vanille-Geschmack	
75 g (3 gut gehäufte Eßl.) Zucker	
1 Eigelb	
6 Eßl. kalter Milch oder Wasser	
500 ml (½ l) kalter Milch	nach der Vorschrift auf dem Päckchen einen Pudding zubereiten
1 gut gehäuften Teel. Instant Kaffeepulver	unterrühren
1 Eiweiß	steif schlagen, unter den kochendheißen Pudding heben.
Beigabe:	Vanillesoße.

Königinreis

500 ml (½ l) Milch	mit
Salz	
1 Päckchen Vanillin-Zucker	zum Kochen bringen
75 g Milchreis	waschen, hineingeben, zum Kochen bringen, in etwa 20 Minuten ausquellen lassen (Reis soll noch körnig sein)
1 Päckchen Soßen-Pulver Vanille-Geschmack	mit
60 g (3 schwach gehäufte Eßl.) Zucker	
6 Eßl. kalter Milch oder Wasser	anrühren, unter den Reis rühren, kurz aufkochen lassen
1 gestrichenen Teel. Gelatine gemahlen, weiß	mit
3 Eßl. kaltem Wasser	anrühren, 10 Minuten zum Quellen stehenlassen die gequollene Gelatine zu dem Reis geben, so lange rühren, bis sie gelöst ist, erkalten lassen
125 ml (⅛ l) Schlagsahne	steif schlagen, unterheben den Königinreis in eine Glasschale oder in Portionsschälchen füllen, mit
geraspelter Schokolade	garnieren.
Beigabe:	Schokoladensoße.

Krokantring

	Für den Krokant
1½ Eßl. Butter	mit
60 g (3 schwach gehäufte Eßl.) Zucker	unter Rühren so lange erhitzen, bis der Zucker schwach gebräunt ist
100 g abgezogene, gehackte Mandeln	unterrühren, unter ständigem Rühren erzitzen, bis der Krokant genug gebräunt ist, die Masse auf eine geölte Platte geben, erkalten lassen, evtl. in kleine Stücke stoßen

2 Päckchen Pudding-Pulver Vanille-Geschmack	mit
80 g (4 schwach gehäufte Eßl.) Zucker gut 125 ml (⅛ l) kalter Milch	anrühren, mit
1 l kalter Milch	nach der Vorschrift auf den Päckchen einen Pudding zubereiten, in eine mit kaltem Wasser ausgespülte Kranzform füllen, kalt stellen den festgewordenen Pudding auf einen Teller stürzen, mit dem Krokant bestreuen
etwa 240 g Aprikosen (aus der Dose)	abtropfen lassen, den Saft auffangen, 250 ml (¼ l) davon abmessen, die Aprikosen in die Mitte des Kronkantringes geben, mit
Schlagsahne	verzieren
	für die Aprikosensoße
½ Apfelsine (unbehandelt)	waschen, abtrocknen, dünn schälen, die Schale in sehr feine Streifen schneiden, mit dem abgemessenen Aprikosensaft kurz aufkochen lassen
1 – 2 Eßl. Orangenlikör	unterrühren, die Soße erkalten lassen zu dem Kronkantring reichen.

Geleespeisen

1. Gelatine gemahlen, weiß oder rot, mit etwas kaltem Wasser anrühren. 10 Minuten zum Quellen stehenlassen, unter ständigem Rühren bei schwacher Hitze erwärmen, bis sie gelöst ist. 3 Eßl. von der Speise mit der Gelatinelösung verrühren, unter die restliche Speise rühren.
2. Eierschnee oder steifgeschlagene Sahne erst dann unter eine Gelatinespeise geben, wenn diese anfängt zu gelieren, andernfalls steigt der Schnee oder die Schlagsahne an die Oberfläche.
3. Gelatinespeisen, die gestürzt werden sollen, in mit kaltem Wasser ausgespülte Formen geben. Die Speise vor dem Stürzen vorsichtig mit einem Messer vom Formenrand lösen. Die Form einen Augenblick in heißes Wasser halten.
4. Gelatinespeisen immer rechtzeitig zubereiten, da sie Zeit zum Erstarren brauchen und kalt stehen müssen. Bei Zimmertemperaturen über 23 Grad C bleiben Gelatinespeisen flüssig, und bereits festgewordene Speisen können wieder flüssig werden.

Weingelee

1 Päckchen Gelatine gemahlen, weiß	mit
125 ml (⅛ l) kaltem Wasser	anrühren, 10 Minuten zum Quellen stehenlassen, unter Rühren erwärmen, bis sie gelöst ist
100 g Zucker	mit der Gelatinelösung verrühren
250 ml (¼ l) Weiß- oder Apfelwein	hinzufügen die Flüssigkeit in eine Glasschale füllen, kalt stellen, damit sie fest wird das Weingelee mit
Schlagsahne	verzieren.

Himbeergelee

300 g tiefgekühlte Himbeeren	bei Zimmertemperatur auftauen lassen, den Saft auffangen, mit
Himbeersirup	auf 250 ml (¼ l) auffüllen
6 Blatt rote Gelatine	in
kaltem Wasser	einweichen, 5 Minuten zum Quellen stehenlassen den Himbeersaft mit
250 ml (¼ l) Wasser	zum Kochen bringen, von der Kochstelle nehmen, die gequollene, gut ausgedrückte Gelatine hineingeben, so lange rühren, bis sie gelöst ist die Flüssigkeit mit
2 Eßl. Zitronensaft	verrühren, 125 ml (⅛ l) davon in eine mit kaltem Wasser ausgespülte Puddingform gießen, kalt stellen sobald die Geleeschicht erstarrt ist, die Himbeeren hineingeben (einige Himbeeren zum Garnieren zurücklassen), so viel von dem Fruchtsaft darüber gießen, daß die Himbeeren bedeckt sind, kalt stellen sobald diese Schicht erstarrt ist, die restliche Flüssigkeit darüber geben, kalt stellen, damit die Speise fest wird das Himbeergelee auf einen Teller stürzen, nach Belieben mit
Schlagsahne	verzieren, mit den zurückgelassenen Himbeeren garnieren.
Beigabe:	Vanillesoße.

Weinschaumsoße

Chaudeau

½ Päckchen Soßen-Pulver Vanille-Geschmack	
50 g Zucker	
1 Ei	
1 Eigelb	
250 ml (¼ l) Weißwein	
1 Eßl. Zitronensaft	in einen kleinen Kochtopf geben, gut verschlagen, im Wasserbad oder auf der Automatikplatte so lange mit einem Schneebesen durchschlagen, bis eine dicke Kochblase aufsteigt (nicht kochen lassen)
Erhitzungszeit:	Etwa 20 Minuten.

Obstsalatgelee

(6 Portionen)

1 mittelgroßen Apfel	
1 mittelgroße Apfelsine	schälen, den Apfel vierteln, entkernen, die Apfelsine in Spalten teilen
1 Banane	abziehen die Früchte in feine Scheiben schneiden, mit
1 gut gehäuften Eßl. Zucker	
1 Eßl. Kirschwasser	vermengen, gleichmäßig auf 6 Portionsgläser verteilen aus
1 Päckchen Götterspeise Zitrone-Geschmack	
250 ml (¼ l) Wasser	
100 g (4 gut gehäufte Eßl.) Zucker	nach der Vorschrift auf dem Päckchen (aber nur mit 250 ml – ¼ l Wasser) eine Geleespeise zubereiten, kalt stellen
250 ml (¼ l) Weißwein	zu der erkalteten, noch flüssigen Speise geben, über das Obst gießen die Speise mehrere Stunden (am besten über Nacht) kalt stellen, damit sie fest wird.

Sherry-Fruchtgelee

250 g getrocknete Aprikosen	waschen, abtrocknen, achteln
250 g helle Weintrauben	verlesen, waschen, abtrocknen, halbieren, entkernen die Früchte mit
250 ml (¼ l) Cream Sherry	
500 ml (½ l) weißem Traubensaft	begießen, etwa 12 Stunden ziehen lassen (am besten über Nacht)
50 g (2 gut gehäufte Eßl.) Zucker	mit
1 Päckchen Vanillin-Zucker	hinzufügen, zum Kochen bringen, etwa 2 Minuten kochen lassen
3 gehäufte Teel. Gelatine gemahlen, weiß	mit
6 Eßl. kaltem Wasser	anrühren, 10 Minuten zum Quellen stehenlassen die gequollene Gelatine zu den Früchten geben, so lange rühren, bis sie gelöst ist eine Glasschale (Puddingform) mit kaltem Wasser ausspülen, die Speise hineinfüllen, zugedeckt kalt stellen, damit sie fest wird das Sherry-Fruchtgelee auf einen Teller stürzen
250 ml (¼ l) Schlagsahne	unter Zugabe von
etwas Vanillin-Zucker	steif schlagen, in einen Spritzbeutel füllen, das Gelee mit Schlagsahne verzieren, die restliche Schlagsahne dazureichen.

Joghurtgelee

1 Päckchen Gelatine gemahlen, weiß	mit
5 Eßl. kaltem Wasser	anrühren, 10 Minuten zum Quellen stehenlassen, unter Rühren erwärmen, bis sie gelöst ist
2 Becher (je 150 g) Joghurt	mit
125 ml (⅛ l) Milch 75 g Zucker 1 Päckchen Vanillin-Zucker abgeriebener Schale und Saft von ½ Zitrone (unbehandelt)	verschlagen, zunächst 3 Eßl. davon mit der Gelatinelösung verrühren, unter die übrige Speise schlagen die Flüssigkeit in eine Glasschale oder in Schälchen füllen, kalt stellen, damit sie fest wird.

Cremespeisen

1. Creme ist eine halbsteife Süßspeise, die nicht gestürzt werden kann.

2. Als Bindemittel kann Speisestärke oder auch Gelatine verwendet werden.

3. Cremespeisen, die mit Gelatine und geschlagenem Eiweiß oder Schlagsahne bereitet werden, müssen dicklich sein, bevor der Eierschnee oder die Schlagsahne untergehoben wird; andernfalls steigt Schnee oder Sahne an die Oberfläche, und die gelöste Gelatine setzt sich als Geleeschicht am Boden ab.

4. Creme nicht im Aluminiumtopf rühren oder schlagen, da sie sonst grau wird.

Marzipancreme

(Abb. nebenstehend)

1 Päckchen Gelatine gemahlen, weiß	mit
4 Eßl. kaltem Wasser	anrühren, 10 Minuten zum Quellen stehenlassen, unter Rühren erwärmen, bis sie gelöst ist
3 Eigelb	schaumig schlagen, nach und nach
100 g Marzipan-Rohmasse	
75 g (3 gut gehäufte Eßl.) Zucker	
1 Päckchen Vanillin-Zucker	hinzufügen, so lange schlagen, bis eine cremeartige Masse entstanden ist
125 ml (⅛ l) Cream Sherry	
125 ml (⅛ l) Wasser	hinzugießen die lauwarme Gelatinelösung unterrühren, kalt stellen sobald die Speise anfängt dicklich zu werden,
3 Eiweiß	steif schlagen
250 ml (¼ l) Schlagsahne	steif schlagen, Eierschnee und Schlagsahne unter die Speise heben die Masse in eine Glasschale oder in Portionsschälchen füllen, kalt stellen die Marzipancreme mit
abgezogenen Mandeln	
Pistazienkernen	
Granatäpfelkernen	garnieren.

Paradies-Creme mit Kompott

	Aus
1 Päckchen Paradies-Creme Vanille-Geschmack	
300 ml kalter Milch	nach der Vorschrift auf dem Päckchen eine Creme zubereiten, über
500 g beliebiges Kompott	geben.

Vanille-Quarkcreme

500 ml (½ l) Milch	zum Kochen bringen
1 Päckchen Pudding-Pulver Vanille-Geschmack	
50 g Zucker	mit
6 Eßl. kalter Milch	anrühren, unter Rühren in die von der Kochstelle genommene Milch geben, kurz aufkochen lassen, kalt stellen, ab und zu durchrühren, eßlöffelweise mit
50 g Zucker	
1 Päckchen Vanillin-Zucker	unter
250 g Speisequark	rühren die Creme in eine Glasschale füllen da Quark leicht säuert, die Creme möglichst frisch essen.
Veränderung:	Die Creme über 500 g beliebiges gezuckertes weiches Obst geben.

Welfenspeise

	Für die Creme
30 g Speisestärke	
50 g Zucker	
1 Päckchen Vanillin-Zucker	mit 6 Eßl. von
500 ml (½ l) kalter Milch	anrühren, die übrige Milch zum Kochen bringen, von der Kochstelle nehmen, die Speisestärke unter Rühren hineingeben, kurz aufkochen lassen
2 Eiweiß	steif schlagen, unterheben die Speise in eine Glasschale füllen (darf nur halb gefüllt sein)
	für die Weinschaumsoße
1 Ei	mit
2 Eigelb	
1 gestrichenen Eßl. Speisestärke	
50 g Zucker	
250 ml (¼ l) Weiß- oder Apfelwein	
abgeriebener Schale von ½ Zitrone (unbehandelt)	
1 Eßl. Zitronensaft	in einen kleinen Kochtopf geben, gut verschlagen, im Wasserbad oder auf der Automatikplattte so lange mit einem Schneebesen durchschlagen, bis eine dicke Kochblase aufsteigt (nicht kochen lassen)
Erhitzungszeit:	Etwa 20 Minuten die erkaltete Weinschaumsoße auf die weiße Creme füllen, die Speise am Rand mit
Schokoladenstreuseln	garnieren.

Erdbeer-Bavarois

(6 Portionen)

600 g tiefgekühlte Erdbeeren	in eine Schüssel geben, bei Zimmertemperatur auftauen lassen
1 Päckchen und 2 gestrichene Teel. Gelatine gemahlen, rot	mit
4 Eßl. kaltem Wasser	anrühren, 10 Minuten zum Quellen stehenlassen, unter Rühren erwärmen, bis sie gelöst ist
	die Erdbeeren (einige zum Garnieren zurücklassen) durch ein Sieb streichen, mit
125 g Zucker	
2 Päckchen Vanillin-Zucker	
Saft von 1 Zitrone	verrühren, zunächst 3 Eßl. davon mit der Gelatinelösung verrühren, unter die restliche Erdbeerpülpe schlagen, kühl stellen
250 ml (¼ l) Schlagsahne	steif schlagen, unter die dicklich gewordene Erdbeerpülpe rühren
2 Eiweiß	steif schlagen, unterheben
	die Speise in eine dünn mit
Speiseöl	ausgepinselte Puddingform füllen, kalt stellen
	die vollkommen steife Speise auf eine Platte stürzen, nach Belieben mit
Schlagsahne	verzieren, mit den zurückgelassenen Erdbeeren garnieren.

Sahne-Flana

	Den Inhalt von
1 Päckchen Flana Mokka-Dessert oder Flana Vanille-Geschmack	mit
1 gut gehäuften Teel. Speisestärke	
40 g Zucker	in einer Tasse mischen, zunächst mit 2 Eßl. von
375 ml (⅜ l) kalter Milch	anrühren, dann noch 3 Eßl. Milch hinzugeben
	die übrige Milch zum Kochen bringen, von der Kochstelle nehmen, das Pudding-Pulver unter Rühren hineingeben, 1 Minute kochen lassen, kalt stellen, ab und zu durchrühren
	den erkalteten Flana mit einem Schneebesen kurz durchschlagen
125 ml (⅛ l) Schlagsahne	steif schlagen, unterheben, die Creme in eine Glasschale oder in Gläser füllen.
Veränderung:	Anstelle von Flana-Mokka-Dessert oder Flana-Vanille Flana-Schokoladen-Dessert verwenden.

Galetta-Apfelsinencreme

250 ml (¼ l) Apfelsinensaft	mit
6 Eßl. Wasser	in eine Schüssel gießen
1 Päckchen Pudding-Creme-pulver Vanille-Geschmack, z. B. Galetta	auf einmal zu der Flüssigkeit geben, so lange mit einem Schneebesen schnell durchrühren, bis eine gleichmäßige Creme entstanden ist (nach etwa 1 Minute)
125 ml (⅛ l) Schlagsahne	steif schlagen, unterheben
	die Creme in eine Glasschale füllen, etwa 20 Minuten stehenlassen, damit sie fester wird, nach Belieben mit
Apfelsinenspalten	garnieren.
	Galetta schmeckt frisch am besten und sollte möglichst bald verzehrt werden.

Likörcreme

500 ml (½ l) Milch	in eine Schüssel gießen
1 Päckchen Pudding-Creme-Pulver Schokolade	auf einmal zu der Milch geben, so lange mit einem Schneebesen schnell durchrühren, bis eine gleichmäßige Creme entstanden ist (nach etwa 1 Minute)
1 Päckchen Vanillin-Zucker	mit
2 Eßl. Curaçao	hinzufügen
125 ml (⅛ l) Schlagsahne	steif schlagen, unterheben
	die Creme in eine Glasschale oder in Gläser füllen, etwa 20 Minuten stehenlassen, damit sie fester wird.

Rotweincreme

250 ml (¼ l) Wasser	zum Kochen bringen
1 Päckchen Rote Grütze Himbeer-Geschmack	mit
100 g Zucker	mischen, mit
250 ml (¼ l) Rotwein	anrühren, unter Rühren in das von der Kochstelle genommene Wasser geben, kurz aufkochen lassen, kalt stellen, ab und zu durchrühren
250 ml (¼ l) Schlagsahne	steif schlagen, unter die abgekühlte Speise heben (etwas zum Verzieren zurücklassen)
	die Rotweincreme in eine Glasschale oder in Portionsschälchen füllen, mit der zurückgelassenen Schlagsahne verzieren.

Walnußcreme

1 Päckchen Gelatine gemahlen, weiß	mit
5 Eßl. kaltem Wasser	anrühren, 10 Minuten zum Quellen stehenlassen
2 Eigelb	mit
1 Eßl. heißem Wasser	schaumig schlagen
60 g Zucker	
1 Päckchen Vanillin-Zucker	nach und nach unterschlagen
6 Eßl. Eierlikör	
60 g gemahlene Walnußkerne	unterrühren
	die gequollene Gelatine unter Rühren erhitzen, bis sie gelöst ist, zunächst 3 Eßl. der Eigelbmasse hinzufügen, verrühren, dann unter die übrige Eigelbmasse schlagen, evtl. kalt stellen
2 Eiweiß	steif schlagen
250 ml (¼ l) Schlagsahne	steif schlagen
	wenn die Masse anfängt dicklich zu werden, beide Zutaten (etwas Schlagsahne zurücklassen) unterheben, die Creme in Portionsgläser füllen, kalt stellen, damit sie fest wird, mit der restlichen Schlagsahne,
Walnußkernen	verzieren.

Bananencreme mit Schokoladensoße

50 g Schokolade in kleine Stücke brechen, mit
3 Eßl. Sahne in einem kleinen Topf im Wasserbad zu einer geschmeidigen Masse verrühren
2 Bananen abziehen, in etwa ½ cm dicke Scheiben schneiden
aus
1 Päckchen Pudding-Creme-pulver Banane-Geschmack, z. B. Galetta
500 ml (½ l) Milch von Zimmertemperatur nach der Vorschrift auf dem Päckchen eine Creme zubereiten
2 Eßl. Rum unterrühren
die Creme abwechselnd mit den Bananenscheiben, auf die jeweils etwas von der Schokoladensoße gegeben wird, in eine Glasschale oder in Portionsschälchen schichten
die Speise etwa 20 Minuten kalt stellen, damit sie fester wird.

Zitronencreme

1 Päckchen Gelatine gemahlen, weiß mit
6 Eßl. kaltem Wasser anrühren, 10 Minuten zum Quellen stehenlassen, unter Rühren erwärmen, bis sie gelöst ist
3 Eigelb mit
4 Eßl. warmem Wasser schaumig schlagen, nach und nach 2/3 von
100 g (4 gut gehäufte Eßl.) Zucker hinzufügen, so lange schlagen, bis eine cremeartige Masse entstanden ist, darunter
etwa 5 Eßl. Zitronensaft und die lauwarme Gelatinelösung schlagen, kalt stellen, sobald die Speise anfängt dicklich zu werden
3 Eiweiß steif schlagen, unter ständigem Schlagen den restlichen Zucker hinzufügen, unter die Eigelbcreme heben
die Speise in eine Glasschale oder in Portionsschälchen füllen, kalt stellen, damit sie fest wird
die Zitronencreme nach Belieben mit
Schlagsahne verzieren.

Diplomatencreme

Aus
1 Päckchen Pudding-Pulver Vanille-Geschmack
50 g (2 gut gehäufte Eßl.) Zucker
Salz
6 Eßl. kalter Milch oder Wasser
500 ml (½ l) Milch nach der Vorschrift auf dem Päckchen einen Pudding zubereiten, kalt stellen, ab und zu durchrühren
40 g Zitronat (Sukkade) in kleine Würfel schneiden
125 g Rosinen sorgfältig verlesen
1 gestrichener Teel. Zucker
die drei Zutaten mit
4 Eßl. Wasser so lange kochen lassen, bis das Wasser verkocht ist, kalt stellen
250 ml (¼ l) Schlagsahne ½ Minute schlagen
1 Päckchen Vanillin-Zucker unter ständigem Schlagen einstreuen, die Sahne steif schlagen, unter den erkalteten, jedoch noch nicht vollkommen fest gewordenen Pudding heben
100 – 125 g Löffelbiskuits oder feine Plätzchen mit
½ Fläschchen Rum-Aroma (verdünnt mit 1 Eßl. Wasser) beträufeln
50 g bittere, geraspelte Schokolade
abwechselnd jeweils ⅓ der Creme, der Löffelbiskuits, des Zitronats, der Rosinen und der Schokolade in eine Glasschale oder in Portionsschälchen schichten, die oberste Schicht soll aus Creme bestehen
die Diplomatencreme mit den Resten von Rosinen, Zitronat und Schokolade bestreuen.

Kleine Sherry-Charlotte

(Abb. nebenstehend)

2 gehäufte Teel. Gelatine gemahlen, weiß mit
3 Eßl. kaltem Wasser in einem kleinen Topf anrühren, 10 Minuten zum Quellen stehenlassen, unter Rühren erwärmen, bis sie gelöst ist
16 Löffelbiskuits auf einen Teller legen, mit
4 Eßl. Cream Sherry beträufeln, zugedeckt stehenlassen
3 Eigelb mit

125 g (5 gut gehäufte Eßl.) Zucker
1 Päckchen Vanillin-Zucker
1 Eßl. Apfelsinensaft in eine Schüssel geben, über Wasserdampf schaumig schlagen, die Schüssel aus dem Wasserbad nehmen, die Masse kalt schlagen

375 ml (¾ l) Schlagsahne steif schlagen (etwas zum Verzieren zurücklassen), mit
4 Eßl. Cream Sherry und der lauwarmen Gelatinelösung unter die Eigelbmasse rühren, kalt stellen

in 4 Dessertgläser jeweils 4 Löffelbiskuits stellen, die Creme hineinfüllen, mit der zurückgelassenen Schlagsahne verzieren

4 Maraschino-Kirschen die Portionen mit je 1 Kirsche garnieren.

Eisspeisen und Frost-Desserts

1. Das Gefrierfach des Kühlschranks darf keine Eisschicht haben, weil diese den Gefriervorgang verzögern würde.

2. Zwischen den einzelnen Kühlschrankfabrikaten bestehen Unterschiede; darum müssen auch die Angaben über Eisbereitung in der jedem Kühlschrank beigegebenen Betriebsvorschrift beachtet werden.

Frost-Dessert mit Walnüssen

50 g Walnußkerne	zerkleinern (achteln oder vierteln)
1 Messerspitze Butter	mit
1 gestrichenen Teel. Zucker	unter Rühren so lange erhitzen, bis der Zucker schwach gebräunt ist, die zerkleinerten Walnußkerne unterrühren, unter ständigem Rühren erhitzen, bis der Krokant genug gebräunt ist, erkalten lassen, evtl. in kleine Stücke stoßen
1 Päckchen Frost-Dessert Vanille-Geschmack	mit
200 ml (⅕ l) kalter Milch	nach der Vorschrift auf dem Päckchen zubereiten, den Walnußkrokant unterheben die Masse in eine Schüssel geben, gefrieren lassen (2 – 3 Stunden) das gefrorene Dessert in Würfel schneiden, in Portionsgläser füllen, sofort servieren
heiße Kirschen	dazureichen.

Zitronen- oder Apfelsinenschaumsoße

½ Päckchen Soßen-Pulver Vanille-Geschmack	mit
60 g Zucker *1 Ei* *1 Eigelb* *125 ml (⅛ l) Wasser*	in einen kleinen Kochtopf geben, gut verschlagen, im Wasserbad oder auf der Automatikplatte so lange mit einem Schneebesen durchschlagen, bis eine dicke Kochblase aufsteigt (nicht kochen lassen), danach
3 Eßl. Zitronensaft oder 125 ml (⅛ l) Apfelsinensaft *1 Eßl. Zitronensaft*	mit einem Holzlöffel unterrühren
Erhitzungszeit:	Etwa 20 Minuten.

Soufflé Glacé

Eis-Auflauf (Abb. nebenstehend)

3 Eigelb	mit
1 Ei *50 g Zucker* *1 Päckchen Vanillin-Zucker* *Saft von einer Apfelsine* *abgeriebener Schale von einer Apfelsine (unbehandelt)* *4 Eßl. Grand Marnier*	in einer Schüssel im Wasserbad mit einem elektrischen Handrührgerät mit Rührbesen in 5 – 7 Minuten schaumig schlagen, die Schüssel aus dem Wasserbad nehmen, die Masse in etwa 5 Minuten kalt schlagen
3 Eiweiß	zu steifem Schnee schlagen, mit
2 Bechern (je 150 g) Crème fraîche	unter die Eigelbmasse rühren, eine Auflaufform bis zum Rand mit der Masse füllen Pergamentpapier zu einem festen Streifen knicken, als höheren Rand zwischen Auflaufform und Masse stecken, die restliche Masse einfüllen, so daß nach Entfernen des Papierstreifens ein „Auflaufeffekt" entsteht die Auflaufform in das Gefrierfach stellen, die Masse gefrieren lassen, mit
Kakaopulver	bestäuben vor dem Servieren den Papierstreifen entfernen
Gefrierzeit:	Etwa 3 Stunden.

Frost-Dessert Vanille mit Schokohaube

6 Teel. Schokosoße für Eis und Pudding	auf 4 Förmchen verteilen, im Gefrierfach gefrieren lassen aus
1 Päckchen Frost-Dessert Vanille-Geschmack *200 ml (⅕ l) kalter Milch*	nach der Vorschrift auf dem Päckchen eine Creme zubereiten
40 g Schokoraspeln	unterheben, die Creme auf die gefrorene Schoko-Soße füllen, bis zur gewünschten Festigkeit gefrieren lassen vor dem Servieren die Förmchen kurz in heißes Wasser halten, die Speise auf kleine Teller stürzen
Gefrierzeit:	Etwa 3 Stunden.

Eiskaffee

750 ml (¾ l)	
starken Kaffee	kalt stellen
	Gläser zu ⅔ mit dem erkalteten Kaffee füllen
1 Haushaltspackung	
Vanille-Eis	in Würfel schneiden, in die Gläser geben
125 ml (⅛ l) Schlag-	
sahne	mit
Zucker	süßen, steif schlagen, auf das Eis spritzen, nach Belieben mit
geraspelter	
Schokolade	bestreuen.

Pfirsich „Melba“

300 g tiefgekühlte	
Himbeeren	auftauen lassen, mit einem elektrischen Handrührgerät zerkleinern
4 Pfirsichhälften	
(aus der Dose)	abtropfen lassen, fächerartig einschneiden
1 Haushaltspackung	
Vanille-Eis	in Würfel schneiden, in 4 Gläser füllen, je 1 Pfirsichhälfte darauf geben, die Himbeersoße darüber verteilen
	die Portionen mit
Schlagsahne	verzieren, sofort servieren.

Erdbeer-Schlemmereis

1 Päckchen Soßen-Pulver Vanille-Geschmack	nach der Vorschrift auf dem Päckchen zubereiten, erkalten lassen, in 4 Gläser füllen
10 – 15 frische Erdbeeren	waschen, abtropfen lassen, entstielen
oder 10 – 15 tiefgekühlte Erdbeeren	auftauen lassen
1 Haushaltspackung Eis Fürst-Pückler-Art	in dreieckige Stücke schneiden, aufrechtstehend in die Gläser geben, mit den Erdbeeren garnieren, sofort servieren.

Eis „Suzette"

2 unbehandelte Apfelsinen	waschen, abtrocknen, mit den Ecken von
10 Stück Würfelzucker	abreiben
1 Eßl. Butter	in einer kleinen Stielpfanne (Flambierpfanne) zerlassen, den Würfelzucker darin auflösen, bräunen lassen
8 Eßl. Apfelsinensaft *2 Eßl. Zitronensaft*	hinzufügen, etwas einkochen lassen
4 Eßl. Grand Marnier	dazugeben oder damit flambieren
1 Haushaltspackung Vanille-Eis	in Würfel schneiden, in 4 Gläser füllen, die heiße Apfelsinensoße darübergeben, sofort servieren.

Eisschokolade

100 g Schokolade	in kleine Stücke brechen, mit
125 ml (⅛ l) Wasser	in einen kleinen Topf geben, unter ständigem Rühren so lange erhitzen, bis die Schokolade vollkommen gelöst ist, nach und nach
500 ml (½ l) Milch *125 ml (⅛ l) Schlagsahne*	hinzugießen, bis fast zum Kochen erhitzen, abkühlen lassen die lauwarme Flüssigkeit zum Erkalten in den Kühlschrank stellen
1 Haushaltspackung Vanille-Eis	in Würfel schneiden, gleichmäßig auf die Gläser verteilen, mit der erkalteten Schokolade auffüllen
125 – 250 ml (⅛ – ¼ l) Schlagsahne	steif schlagen, auf das Eis spritzen.

Warme Getränke

Feuerzangenbowle

5 Gewürznelken	mit der
gelben Schale von 1 Apfelsine (unbehandelt)	in ein Mullsäckchen binden, mit
2 Flaschen Rotwein	in einem Kupferkessel erhitzen (nicht kochen), auf einem Rechaud heiß halten, Gewürze herausnehmen
1 kleinen Zuckerhut (etwa 250 g)	auf einer Feuerzange darüber legen
250 ml (¼ l) Rum (mindestens 54%)	nach und nach mit Hilfe einer Schöpfkelle über den Zuckerhut laufen lassen, nach dem ersten Übergießen anzünden (der Zucker muß restlos in den Rotwein tropfen) die Bowle heiß servieren.

Würziger Tee

2 Eßl. schwarzen Tee	mit
500 ml (½ l) kochendem Wasser	übergießen
1 Messerspitze gemahlenen Zimt *1 Messerspitze geriebene Muskatnuß* *1 Messerspitze gemahlenen Piment*	hinzufügen, 2 Min. ziehen lassen, den Tee durch ein Sieb gießen, mit
100 g Zucker	verrühren
gut 250 ml (¼ l) Wasser	mit
250 ml (¼ l) Apfelsinensaft *2 Eßl. Johannisbeersaft* *5 Eßl. Zitronensaft*	hinzufügen, den Tee erhitzen
4 Zitronenscheiben (unbehandelt)	hinzufügen.

Rotweinpunsch

500 ml (½ l) heißen, starken Tee	durch ein Sieb auf
75 g Zucker	gießen
250 ml (¼ l) Rotwein	mit
125 ml (⅛ l) Arrak oder Rum *Saft von 1 Zitrone*	hinzufügen, fast bis zum Kochen erhitzen, den Rotweinpunsch mit
Zucker	abschmecken.

Glühwein
(Abb. oben)

250 ml (¼ l) Wasser mit
1 Stück Stangenzimt
4 Nelken
1 Stück gelber Zitronenschale (unbehandelt) zum Kochen bringen, kochen lasssen
60 g Zucker darin auflösen
500 ml (½ l) Rotwein hinzufügen, fast bis zum Kochen erhitzen, die Gewürze herausnehmen, den Glühwein mit Zucker abschmekken, nach Belieben in jedes Glas
1 dünne Zitronenscheibe (unbehandelt) geben
Kochzeit: Etwa 5 Minuten.
Veränderung: Anstelle des Wassers 750 ml (¾ l) Rotwein mit den Gewürzen erhitzen.

Grog
(Abb. oben)

500 ml (½ l) Wasser mit
2 Eßl. Zucker zum Kochen bringen, mit
250 ml (¼ l) Rum oder Arrak verrühren.

Kalte Getränke

Kalte Ente

1 Zitrone (unbehandelt)	mit heißem Wasser abwaschen, dünn schälen, die Schale in ein Bowlengefäß geben
2 Flaschen Weißwein	darüber gießen, etwa 2 Minuten stehenlassen, die Zitronenschale herausnehmen, den Wein mit
1 Flasche gekühltem Sekt	auffüllen.

Erdbeermilch

250 g Erdbeeren	waschen, entstielen, durch ein Sieb streichen oder im Mixer pürieren, mit
500 ml (½ l) kalter Milch	
2 Eßl. Zitronensaft	verschlagen, mit
100 g Zucker	abschmecken.

Kullerpfirsich

4 mittelgroße reife Pfirsiche	waschen, abtrocknen, rundherum mit einem Holzspießchen einstechen die Pfirsiche in 4 große Gläser geben, mit
1 Flasche gekühltem Sekt	auffüllen.

Orangen-Flip

250 ml (¼ l) Orangensaft	mit
1 Becher (150 g) Crème fraîche	verschlagen, mit
Zucker	abschmecken.

Bowle

500 g Pfirsiche	halbieren, entsteinen, kurze Zeit in kochendes Wasser legen, in kaltem Wasser abschrecken, enthäuten die Früchte in Stücke schneiden, abwechselnd mit
100 g Zucker	in ein Bowlengefäß geben, mit 250 ml (¼ l) von
2 Flaschen Weißwein	übergießen die Früchte gut zugedeckt 1 – 2 Stunden, am besten im Kühlschrank, stehenlassen, dann den restlichen Wein,
1 Flasche Sekt	hinzufügen
Veränderung:	Die Bowle mit Ananas oder Erdbeeren zubereiten.

Joghurt-Fruchtgetränk

1 gut gehäuften Eßl. Ananas-, Aprikosen-, Erdbeer-, Himbeer-, Kirsch- oder Orangenkonfitüre	geschmeidig rühren
1 Becher (150 g) Joghurt	unterrühren, auf 4 Gläser verteilen, mit
kalter Milch	auffüllen.

Eiermilch

Diät

1 Eigelb	mit
1 Teel. Zucker	
1 Teel. Zitronensaft	schaumig schlagen, nach und nach
250 ml (¼ l) kochendheiße Milch	hinzugeben, so lange schlagen, bis die Masse abgekühlt ist nach dem völligen Erkalten
1 Eßl. Weinbrand	hinzufügen
1 Eiweiß	steif schlagen, unterheben.

Kaffee auf brasilianische Art

2 Eßl. Kaffee-Extraktpulver	mit
50 g Zucker	mischen, mit
500 ml (½ l) Milch	verrühren, bis Extraktpulver und Zucker gelöst sind
1 Haushaltspackung Vanille-Eis	in Würfel schneiden, in hohe Gläser verteilen, darüber die Kaffee-Milch geben das Getränk sofort servieren.

Teelimonade

1 l kalten schwarzen Tee	mit
4 Eßl. Zitronensaft	
3 Eßl. Zucker	mischen.

Zitronenlimonade

3 – 4 Zitronen	auspressen, den Saft durch ein Sieb gießen, mit
1 l kaltem Mineralwasser	
60 – 80 g Zucker	mischen, in jedes Glas
dünne Zitronenscheiben (unbehandelt)	geben, die Limonade hinzugießen.

Erdbeerzauber (2 Portionen)

250 ml (¼ l) Milch	mit
2 Eßl. Erdbeer-Konfitüre	verschlagen die Erdbeermilch auf 2 Gläser verteilen, mit
250 ml (¼ l) Zitronenlimonade	auffüllen
100 g Erdbeeren	waschen, abtropfen lassen, entstielen, halbieren, die Erdbeeren in das Getränk geben, den Erdbeerzauber gut gekühlt servieren.

Apfelsinenmilch

500 ml (½ l) kalte Milch	mit dem
Saft von 3 Apfelsinen (etwa 200 ml) ***etwa 2 Eßl. Honig*** ***1 Päckchen Vanillin-Zucker***	verrühren das Getränk gekühlt in Gläser füllen, nach Belieben mit
Apfelsinenscheiben	garnieren.

Rezeptverzeichnis nach Kapiteln

Seite

FISCHE, KRUSTEN- UND SCHALENTIERE

Seite

FLEISCH

Seite

Seite

WILD UND GEFLÜGEL

Seite

GEMÜSE

Seite

EINTÖPFE UND AUFLÄUFE

Seite

QUARK- UND EIERSPEISEN

Seite

GERICHTE AUS KARTOFFELN, REIS UND TEIGWAREN

Seite

OBST, SÜSSE SPEISEN UND GETRÄNKE

Seite

SOSSEN

Rezeptverzeichnis, alphabetisch

F

Seite

G

Seite

H

Seite

I

Seite

J

Seite

K

Seite

L

Seite

M

Seite

N

Seite

O

Seite

P

Seite

Q

Seite

R

Seite

S

Seite

SCH

Seite

ST

Seite

T

Seite

U

Seite

V

W

Z